곽선희 목사 설교집
52

한 아버지의 눈물

곽선희 지음

계몽문화사

머리말

　'복음은 들음에서'—이는 진리이며 우리의 경험입니다. 하나님께서 우리에게 주신 복 가운데 가장 큰 복은 말씀을 주신 것입니다. '말씀이 육신을 입어서 오신 것'입니다. 말씀을 주셨고 들을 수 있게 하셨고 마음문을 열고 받아 믿게 하신 것, 참 놀라운 은혜입니다.

　말씀은 단순한 지식이 아닙니다. 추상적인 이론이 아닙니다. 말씀은 선포되는 하나님의 계시적 능력인 것입니다. 말씀의 권능, 그 능력을 알고 체험하면서 비로소 '말씀 안에서 태어나는 생명적 기적'이 나타나게 됩니다. 오늘도 그 말씀이 증거되고 새롭게 선포되고 있습니다. 설교가 곧 말씀입니다. 성령의 역사와 함께 끊임없이 이루어지는 생명의 역사입니다. 이 선포되는 말씀, 증거되는 진리를 통하여 구원의 능력은 항상 새로워집니다. 말씀 안에서 새 생명이 탄생하고 말씀 안에서 영혼이 소생하며, 그 큰 능력 안에서 우리는 강건해집니다. 우상을 이기는 능력의 사람으로 성장해가는 신비롭고 놀라운 사건을 강단에서 늘 경험하고 있습니다.

　여기에 또다시 설교말씀을 모아 책자로 내어놓습니다. 예수소망교회 강단을 통하여 하나님께서 우리에게 주신 말씀입니다. 이제 그 말씀을 책자로 엮어 내어놓음으로써 우리가 시간과 공간을 월하여 개별적으로 하나님을 만나게 되는 '말씀의 역사'에 귀중한 방편이 되고자 합니다. 책자라는 그릇에 담긴 이 말씀들은 읽는 자의 마음 안에서 또다른 '말씀의 신비한 기적'을 낳게 되리라 확신합니다.

　한 시간 한 시간의 설교를 위하여 간절히 기도해주신 모든 성도들과 이 책자를 출간하기까지 수고해주신 여러분께 진심으로 감사를 드립니다. 그리고 또다시 영광을 오직 하나님께 돌리면서……

곽 선희

곽선희 목사
장로회 신학대학 졸업
프린스턴 신학석사
풀러신학 선교신학박사
인천제일교회 목사
장로회 신학대학 교수 역임
숭의여자전문대학 학장 역임
서울장로회신학교 교장 역임
소망교회 원로목사

곽선희 목사 설교집 제52권

한 아버지의 눈물

인쇄 · 2014년 11월 15일
발행 · 2014년 11월 20일
지은이 · 곽선희
펴낸이 · 김종호
펴낸곳 · 계몽문화사
등록일 · 1993년 10월 11일
등록번호 · 제16—765호
전화 · (02)917-0656
　　　010-3239-5618
정가 · 22,000원
총판 · 비전북 / (031)907-3927
ISBN 978-89-89628-35-4　03230

한 아버지의 눈물

일어나 벧엘로 올라가자

하나님이 야곱에게 이르시되 일어나 벧엘로 올라
가서 거기 거하며 네가 네 형 에서의 낯을 피하여 도
망하던 때에 네게 나타났던 하나님께 거기서 단을 쌓
으라 하신지라 야곱이 이에 자기 집 사람과 자기와
함께 한 모든 자에게 이르되 너희 중의 이방 신상을
버리고 자신을 정결케 하고 의복을 바꾸라 우리가 일
어나 벧엘로 올라가자 나의 환난 날에 내게 응답하시
며 나의 가는 길에서 나와 함께 하신 하나님께 내가
거기서 단을 쌓으려 하노라 하매 그들이 자기 손에
있는 모든 이방 신상과 자기 귀에 있는 고리를 야곱
에게 주는지라 야곱이 그것들을 세겜 근처 상수리나
무 아래 묻고 그들이 발행하였으나 하나님이 그 사면
고을들로 크게 두려워하게 하신 고로 야곱의 아들들
을 추격하는 자가 없었더라 야곱과 그와 함께 한 모
든 사람이 가나안 땅 루스 곧 벧엘에 이르고 그가 거
기서 단을 쌓고 그곳을 엘벧엘이라 불렀으니 이는 그
형의 낯을 피할 때에 하나님이 그에게 거기서 나타나
셨음이더라

(창세기 35 : 1 - 7)

일어나 벧엘로 올라가자

어느 주간지 기자가 차를 타고 가다가 우연하게 한 사건의 현장을 보게 되었습니다. 자동차 한 대가 길을 달려가다가 길에서 탈선하면서 이리저리 흔들리더니 잔디밭으로 자동차가 그대로 달려가는 것입니다. 그는 자기 차에서 내려서 이 사고현장의 사진을 찍으려고 구경꾼들 사이를 밀치고 들어가려 하는데 사람들이 너무 많이 모여서 도대체 이 현장으로 들어갈 수가 없는 것입니다. 이 비극적인 순간을 꼭 포착을 해야 되겠기에 그는 카메라를 숨기고 마치 기자가 아닌 것처럼 그렇게 위장을 하고 군중 속에 뛰어들면서 이렇게 말했습니다. "나는 저 희생자의 아버지입니다. 제발 좀 길을 비켜주세요." 그랬더니 모였던 사람들이 둘로 나눠지면서 길을 열어 주었습니다. 그래서 그 갈라진 군중 속으로 뛰어들어가서 보았더니 차에 치여 죽은 것은 콜리종의 강아지였습니다.

여러분, 목적을 위해서는 수단과 방법은 아무래도 된다 하는, 이런 인생관 때문에 세상이 어지럽습니다. 알고 보면 모든 문제가 여기에 있습니다. 아무리 좋은 목적이라도 정당한 방법, 합당한 방법이 아니면 안됩니다. 목적만 가지고 되는 것이 아닙니다. 목적만 선하면 될 수 있다 그게 바로 공산당의 마음입니다. 공산당의 중요한 철학이 있습니다. '결과가 방법을 정당화한다.' 방법이 잘못되었더라도 결과만 좋으면, 저 끝에 가서 결과만 좋으면 잘못된 모든 방법과 수단은 다 정당화될 수 있다, 바로 그것입니다. 많은 소설가들과 철학자들이 이것을 말하는데 알고 보면 다 같은 얘기입니다. 아무리 목적이 좋아도 그 목적을 향한 방법이 잘못되면 그것은 옳을 수 없다. 그 목적은 선할 수 없다. 그걸 우리는 분명히 알아야 하겠습니다.

우리의 사회에 가장 만연하고 있는 잘못된 철학 두 가지가 있습니다. 마음에 깊이 새겨야 됩니다. 그 하나가 목적지향적인 것입니다. 목적만 좋으면 나머지는 상관없다— 이런 생각이 세상을 어지럽게 하고 있습니다. 두 번째는 성과주의입니다. 비슷한 맥락입니다. 마지막 결과만 좋다면 나머지 수단은 관계가 없는 것이다— 이건 무서운 철학입니다. 바로 이것 때문에 오늘 우리가 사회적으로나 국가적으로나 다 그렇게 문제가 많습니다. 여기에 문제가 있습니다.

부정을 많이 한 아버지가 있었습니다. 아버지가 감옥에 들락날락하고보니 살림은 넉넉한 집이지만 그 아이들이 참 어렵게 됐어요. 결국은 아들이 그 아버지에게 대드는 것을 제가 현장에서 목격했습니다. 아들이 하는 말입니다. "아버지, 난 아버지 때문에 장가도 못갑니다. 아버지가 이렇게 부정을 했고 이러이러한 일로 인해서 감옥에 들어가고해서 나는 장가도 못갑니다." 이러고 막 대들어요. 그러니까 아버지 말이 "나는 자수성가 하면서 고생 많이 하고 살았는데 너희들은 나처럼 고생하지 않게 하려고 너희들을 위해서 조금 불의와 타협하고, 조금 탈선도 하고, 잘못된 일도 하면서 여기까지 왔다. 하지만 이것은 다 내가 너희들을 위해서 한 것이다." 그러니까 그 아들이 말합니다. "아버지, 가난은 부끄러운 일이 아닙니다. 내가 차라리 가난해서 고학을 하고, 내가 대학을 못나왔더라도 그건 창피한 일이 아닙니다. 단, 아버지 아들된 것 때문에 고개를 들고 살 수가 없고요, 어떤 여자하고도 연애도 할 수가 없습니다." 그러고 막 대드는데 아버지가 기가막혀하는 것을 보았습니다.

여러분, 이 성과주의가 문제입니다. 요새 모든 것을 성과로 평가하고 그 과정에 대해서는 묻지 않습니다. 이래서 세상 전부가 어지러워지고 있습니다. 유명한 신학자인 에밀 브루너의「Justice and freedom in society」라고 하는 유명한 책이요, 아주 명작이 있습니다. 우리말로 번역할 때는「자유의 역설」이라고 번역이 되어 있습니다. 그런데 여기서 말합니다. '인간은 자유하다. 자유한 것보다 더 큰 행복은 없다. 그런데 자유, 그러나 이 자유는 하나님께 얽매어져야 한다. 양심에 매여야 한다. 진리에 매여야 자유할 수 있다. 자유란 방종이 아니다. 하나님을 떠나서의 자유를 말하는 순간 당신은 벌써 타락의 노예가 되고 정욕의 노예가 되고 죄의 노예가 되는 것이다. 하나님께 얽매일 때 비로소 참 자유함을 누릴 수 있는 것이다.' 조금 전에 우리 성가대에서 부른 찬송 중에도 가만히 보면 '사랑은 진리와 함께 기뻐합니다'라는 가사가 나왔어요. 참 그렇습니다. 사랑 좋아요. 그러나 사랑한다고만 되는 것 아닙니다. 진리 안에 사랑이 있어야 합니다. 진리를 떠날 때 그것은 욕정입니다. 그것은 사랑이 아닙니다. 그것은 집착입니다. 진리 안에 진정한 사랑이 있는 것입니다.

매디슨 새럿(Madisen Sarratt)이라고 하는 유명한 교수님의 이야기입니다. 이 교수님은 이렇게 말했습니다. "자네들은 지금 두 가지 시험을 본다. 하나는 수학시험이요, 하나는 정직시험이다." 시험이라는 것이 뭡니까? 우리가 답안지를 바로 써야 되는 그러한 시험도 있지만, 또 하나는 뭐냐하면 양심입니다. 정직함입니다. 이것을 떠나면 백점을 맞아도 소용없습니다. 아니, 출세해도 소용없습니다. 돈을 벌어도 소용없습니다. 우리는 항상 두 가지 시험을 보는 것입니다. 하나는 사업이라는 시험, 또 하나는 양심이라는 시험입니다. 정직하지 않고는 아무것도 아니라는 것을 알아야 합니다.

여러분, 오늘 성경말씀에 보면 야곱이라는 사람이 나타납니다. 저는 이 사람을 현대인의 예표라고 생각합니다. 참 꾀도 많고 정열도 있고 욕심도 많고 목적을 위해서라면 수단과 방법도 가리지 않습니다. 복 받고자 했고 성공하고자 했으며 부자가 되려고 했고 큰 가정의 추장이 되려고 했습니다. 그러나 애당초부터 그의 삶은 거짓투성이였습니다. 출발할 때부터 아버지를 속이고 형을 속이고 복을 받기 위해서라면 어떤 일이라도 할 수 있다는 그런 사람이었습니다. 요새말로 표현하자면 욕망지향적 인간이었습니다. 아버지를 속였습니다. 그것도 하나님 앞에서 말입니다. 그리고 하란으로 쫓겨나서 20년 동안 외삼촌댁에 가서 삽니다. 부지런히 일했습니다. 저는 생각해봅니다. 참 장가가기 힘듭니다. 한 여자를 사랑해서 7년 동안 머슴살이를 했다면서요. 여러분 가운데 이런 사람 있으신가요? 그는 또한 참 열렬한 사랑을 했습니다. 성경에 보면 이렇게 말씀해요. '7년을 며칠같이 여겼더라.' 뜨겁게 사랑하니 7년을 하루같이 지냈대요. 얼마나 뜨겁게 사랑했는지 말입니다. 그래서 결국은 아내를 삼았어요. 그러나 이게 또 빗나갔어요. 또 7년. 결국 14년 머슴살이를 해서 사랑하는 여인과 결혼을 했어요. 보통사람이 아니지 않습니까? 이 가운데 다 결혼하고 살지만 아마도 이런 분은 없을 것입니다.

이렇게 해서 그는 20년 동안 집을 떠나 살다가 큰 가족을 이뤄 가지고 돌아옵니다. 그리고 늘 마음에 걱정했던 형님과 화해합니다. 그 장면은 기가 막힙니다. 그가 너무 걱정이 돼서 얍복 강 가에서 밤새 기도하지 않습니까? 그러고나서 아침에 형님을 만나게 되는데 형님을 만나는 순간 "내가 형님을 보니 하나님의 얼굴을 보는 것 같습니다." 이런 감격을 누리게 됩니다. 그래서 원수로서 만난 것이 아니라 형과 동생으로 만나게 되고 이제 화해했습니다. 문제가 해결이 됐습니다.

그러면 이제 해야 될 일이 뭡니까? 그가 20년 전에 고향을 떠날 때 벧엘에서 하나님을 만났거든요. 그리고 하나님께서 "내가 너와 함께하겠다" 하실 때에 야곱이 하나님 앞에 맹세했습니다. "제가 무사히 돌아오면 여기다 기름을 붓고 제사를 드리겠고 십일조를 바치겠습니다." 하나님 앞에서 맹세했어요. 그 피난의 길을 갈 때 이 귀중한 맹세를 했는데 그 맹세를 까맣게 까먹었어요. 그리고 세겜 땅으로 가서 7년 동안을 살았습니다. 맹세하는 사람들 보면 대개 일이 잘되면 그 맹세는 물건너가요. 꼭 그렇단 말입니다. 그랬는데 이 세겜 땅에 살면서도 또 야곱같은 짓을 했어요. 이제 뭐냐면 이 세겜 사람들이 이 야곱과 그 가족이 다 괜찮거든요. 유목민이고요. 이걸 자기네가 흡수해버릴 생각을 하고 "우리 화친하고 지냅시다." 그래요. "좋아요. 그럼 화친하려면 우리는 이스라엘 사람들이라서 할례받지 않은 사람하고는 상종하지 않고 서로 통혼을 하지 않습니다. 결혼하는 일이 없는데 우리하고 통혼하면서 이렇게 편안하게 살려면 당신들이 할례를 받아야 할 거요." 저들이 생각해보니까 할례 하나만 받고나면 이 이스라엘 족속을 다 자신들의 것으로 만들 수 있을 것같단 말입니다. 그래서 할례를 받기로 합니다. 이건 신앙도 아닙니다. 다만 수단입니다. 그런데 할례받은 다음에 몸이 상해서 아프고 괴로울 때 바로 이 순간을 이용해서 이 이스라엘 사람들 야곱의 자식들이 가서 이 세겜 청년들을 다 죽여 버렸어요. 하나님의 거룩한 백성의 상징인 할례를 이용해서 세겜 사람을 죽여 버렸어요. 그러나 다 죽인 것은 아니니까 다시 이 화근 때문에 세겜 사람들이 야곱과 그 모든 족속을 몰살하겠다고 대듭니다. 그러니 어떡하면 좋겠습니까?

바로 이 순간입니다. 그 백성을 속였다가 이것이 발각되면서 마침내 야곱과 그 족속들은 몰살당할 수밖에 없는 그런 지경에 왔거든요. 바로 그때에 하나님께서 나타나 주십니다. 그리고 야곱에게 말씀하십니다. "그만하고 이곳을 떠나라." 그리고 5절에 보는 바와 같이 하나님께서 하나님의 권능과 권세로 이들을 보호해주셔서 모든 백성이 야곱과 그 가족들을 두려워하게 됩니다. 그래서 무사히 빠져나오게 되는데 생각건대 이제야 회개합니다. 생각하면 7년 전에 하란에서 나와가지고 형님과 화해하자마자 직행을 해서 벧엘로 왔어야지요. 그래야 했던 것입니다. 7년 전에 벧엘로 와야 했던 사람들이 7년 동안 방황하다가 다 망하고 다 죽게 되고 한 다음에야 빈털터리가 돼가지고 "벧엘로 가자. 이제는 벧엘로 가자" 하고 가족들을 이끌고 벧엘로 옵니다.

이게 야곱의 모습입니다. 비참한 모습이 아닙니까? 어찌 이럴 수가 있습니까. 7년 전에 가야 했던 그 벧엘을 7년 후 오늘에야 다 망한 다음에 이제 벧엘로 돌아갑니다. 다시 말하면 원점으로 돌아간다는 것이지요. 또한 서원했던 그 시점으로 돌아가는 것입니다. 하나님 앞에 기도하고 하나님과 만나고 하나님께서 그에게 말씀하시고 하던 바로 그 자리, 그 장소, 그 시점으로 다시 돌아가고 있어요.

제가 아는 장로님 한 분이 계십니다. 이제는 돌아가셨는데 한태범이라고 하는 장로님이십니다. 어쨌든 제가 인천에서 목회할 때 이 장로님이 참 훌륭하고 은혜로운 분이어서 우리 온 교인들이 별명을 지어 드렸습니다. 장로님의 별명이 '예수동생'입니다. 아마도 저 분쯤 되면 예수님 동생쯤 될 거라고, 그런 분이었습니다. 그 사례가 많아요. 그 집을 가보면 안방 한구석에 배낭 하나가 걸려 있습니다. 아주 먼지묻은 다 낡아빠진 배낭 하나가 딱 걸려 있어요. 짐작을 합니다마는 그것이 알고 싶었어요. 제가 물어보았습니다. "저 배낭이 뭐예요?" "아 그거요. 소중한 보물입니다. 내가 6.25 전쟁 때 북쪽에서 남쪽으로 피란을 올 때 저 배낭을 하나 메고 오는데 뒤에서 총을 쏘았어요. 인민군들이 총을 쏘아가지고 다 죽었는데 나는 살았어요. 가만히 보니까 죽은 사람 속에서 나 하나만 꿈틀꿈틀하고 살았는데 버티고 있다가 일어나보니 저 배낭에 총알이 세 개가 박혔어요. 배낭 때문에 제가 살았어요. 저것 보세요. 구멍뚫린 배낭, 저 구멍뚫린 배낭 저것 때문에 내가 살았기 때문에 저 배낭은 내게 소중한 보물입니다." 딱 걸어놓고 그랬어요. 그분 말을 들어보세요. "사업이 잘 안되고 어려울 때마다, 조금씩 속상한 일이 생길 때마다 배낭을 쳐다보면 그때에 그 장면으로 돌아가는 거예요. 그 다 죽는 데서 나 하나 살았는데 하면서 그 죽을 곳에서 살아났던, 바로 '펑'하고 총소리가 나던 바로 그 시간으로 말입니다. 그 시간을 생각하면 아무 근심도 없습니다. 아무 걱정도 없고 미워할 사람도 없습니다."

여러분, 내가 하나님 앞에 맹세했던 바로 그 시간 그 원점으로 돌아가야 됩니다. 오리지널 포인트 벧엘로 돌아가라. 벧엘로 돌아가자. 은혜 받았던 때, 하나님의 음성이 들려오던 때, 하나님 앞에 맹세할 때, "하나님 절 살려주시면 제가 제 일생을 하나님께 바치겠습니다." 하던 바로 그 순간 말입니다. '그 원점으로 다시 돌아가라.'

이것이 하나님께서 야곱에게 주시는 말씀입니다. 7년 동안을 기다리고 기다렸다가 지금 말씀하십니다. "어딜 방황하고 있느냐. 왜 여기에 머물렀느냐. 벧엘로 돌아가라."

파스칼의 유명한 「팡세」라고 하는 작품이 있지요. 그 「팡세」에서 말합니다. "하나님을 알면서도 자신의 비참함을 모르면 교만해지고, 자신의 비참함은 알면서도 하나님을 모르면 절망에 빠진다." 깊이 생각해야 합니다. 종교개혁자 칼뱅은 말합니다. "신앙생활이란 한평생 계속해서 자기를 부정하는 행위요, 또 하나는 내가 하나님 앞에 있는 순례자됨을 확인하는 것이다."

여러분, 순간순간 잊지 마세요. 계속적으로 자기를 부정해야 됩니다. 내게 잘못된 것 털어버리세요. 잘못된 생각 고쳐버리세요. 오직 그리스도 중심적으로 계속적으로 자기부정을 해야 하고 또 하나는 나그네 됨을 확인해야 됩니다. 순례자임을 기억해야 합니다. 순례자는 최종 목적지가 있습니다. 우리는 하늘나라를 지향하고 있습니다. 이제 주님을 만나야 됩니다. 그 순간을 생각하며 오늘을 살아야 됩니다.

여러분, 야곱은 이제 자기 가족들에게 말합니다. "이방 신상을 버려라." 그동안에 7년 동안 여기 와서 이방 사람들하고 왔다갔다 교류하며 살면서 그만 우상을 섬겼다는 말입니다. 그걸 버려라. 다시 돌아가서 라헬을 말합니다. 라헬이 야곱을 사랑했고 야곱이 라헬을 사랑했으나 사랑한 나머지 라헬이 가지고 있는 우상을 버리지 못했습니다. 그가 하란에서 우상을 가지고 나왔어요. 그 라헬이 야곱을 타락시킨 원조입니다. 그래서 우상을 섬기고 있었는데 다 갖다버리라. 그리고 자신을 정결케 하라. 마음을 경건하게 하고 의복을 바꾸라. 아주 귀한 얘기입니다. 이스라엘사람들은 독특한 의복을 입습니다. 우리는 지금 다 얼룩덜룩하게 입고 하지만 이스라엘사람들은 검은 옷을 입고 하얀 옷을 입습니다. 섞어서 짠 것은 입지 않습니다. 음식도 채소를 담는 그릇, 고기를 담는 그릇 다 따로입니다. 우리는 주로 비빔밥 문화입니다. 썩썩 비비는 걸 좋아하지만 이 사람들은 절대 안됩니다. 채소면 채소를 먹고 고기면 고기를 먹고. 왜요? 혼합은 안됩니다. 그런고로 실을 섞어서 짠 것은 안됩니다. 그렇게 단순문화인데 거룩한 문화인데 이방에 살면서 다 옷이 바뀌었어요. 얼룩덜룩해지고 이렇게 됐어요. "옷을 바꾸라. 다시 이스라엘의 거룩한 이스라엘의 문화로 돌아가야 한다." 이것입니다. 대단히 중요한 말씀이지요.

여러분, 내가 어디까지 왔습니까? 목적은 그런대로 선했어요. 그러나 잘못된 길을 택했어요. 잘못된 방법으로 살았어요. 그 결과 잘못된 방법이 목적을 배신했어요. 이제는 무엇을 위해 살았는지도 알 수 없는 지경까지 왔습니다. 다시 생각합시다. 벧엘로 돌아가자. 원점으로 돌아가서 하나님의 말씀을 따라 거룩하고 의롭게 남은 생애를 재정비해야 되겠습니다. 예수님께서 말씀하십니다. "그 나라와 그 의를 먼저 구하라. 그리하면 이 모든 것을 너희에게 더하시리라."
△

위에서 부르신 상을 위하여

내가 그리스도와 그 부활의 권능과 그 고난에 참예함을 알려 하여 그의 죽으심을 본받아 어찌하든지 죽은 자 가운데서 부활에 이르려 하노니 내가 이미 얻었다 함도 아니요 온전히 이루었다 함도 아니라 오직 내가 그리스도 예수께 잡힌 바 된 그것을 잡으려고 좇아가노라 형제들아 나는 아직 내가 잡은 줄로 여기지 아니하고 오직 한 일 즉 뒤에 있는 것은 잊어버리고 앞에 있는 것을 잡으려고 푯대를 향하여 그리스도 예수 안에서 하나님이 위에서 부르신 부름의 상을 위하여 좇아가노라 그러므로 누구든지 우리 온전히 이룬 자들은 이렇게 생각할지니 만일 무슨 일에 너희가 달리 생각하면 하나님이 이것도 너희에게 나타내시리라 오직 우리가 어디까지 이르렀든지 그대로 행할 것이라

(빌립보서 3 : 10 - 16)

위에서 부르신 상을 위하여

제 목회생활 중에 잊을 수 없는 아주 특별한 경험이 한번 있었습니다. 제주도에서 큰 체육관을 빌려서 그곳에 있는 모든 교회가 한 자리에 모여 주일날 저녁에 선교대회를 했던 적이 있습니다. 여기에 설교를 맡아서 제가 가게 되었습니다. 그런데 여러분 아시는 대로 주말이 되면 신혼여행 가는 사람들이 제주도 가는 비행기 표를 다 사버려서 한 장의 표도 살 수가 없었습니다. 그래서 많이 애쓰다가 가긴 꼭 가야겠고 할수없이 신혼부부들의 전세비행기 한자리를 제가 얻어 탔습니다. 그러니까 300명이 탔는데 나만 빼고 그 300명이 다 신혼부부입니다. 눈 둘 데를 모르겠어요. 방금 예식장에서 나온 사람들인데 화장도 안지우고 나와서 모여 앉아 여기서 붙들고 있고, 저기서 안고 있고, 도대체 정신이 하나도 없어요. 도대체 눈을 어디다 두어야 될지 모르겠어요. 눈을 감았다 떴다 하다가 제가 결심을 했습니다. 이런 기회도 일생에 늘 있는 게 아닌데 어차피 볼 거 제대로 보자. 그랬어요. 아주 제대로 볼 생각을 하고 자세히 보았습니다.

여러분, 놀라지 마세요. 자세히 보니 그들이 다 행복한 것만은 아니더라고요. 왜요? 결혼식장에서는 자기 여자가 제일 예쁜 줄 알았거든요. 그런데 여기 와서 보니까 아니거든요. 더 예쁜 사람이 많아요. 그러니까 남자들이 여기 보고 저기 보고 하니 그 신부들이 가만있겠어요. 옆에서 꼬집지요. "어딜 봐?" 그리고 또 꼬집어요. 여자도 그렇습니다. 결혼식장까지에서는 자기 남자가 제일 잘난 줄 알

앉는데 여기 와 보니까 더 잘난 남자 많아요. 어쩌다가 이 남자한테
걸렸나, 그런 것같아요. 아무튼 난리가 났어요. 대판 싸우는 것입니
다. 그 싸움 구경을 하다가 비행기에서 내려서 마중나온 젊은 목사
님들에게 제가 한마디 했어요. "내 오늘 오면서 참 진귀한 구경을 했
는데 일생에 드문 참 특별한 구경이었소." 했더니, 여기 신혼여행 왔
다가 여기서 이혼하고 끝내고 가는 사람 통계가 하루에 평균 5쌍 이
상이라고 그래요. 왜 그러냐고 하니까 죄목이야 똑같대요. 남편이
목욕하는 동안 여자가 옛날 애인한테 전화걸다 들켰어요. 이것 살아
야겠습니까? 말아야겠습니까?

　여러분, 결혼식이라는 게 뭡니까? 땡 하는 순간 이제 과거는 없
어요. 옛날에 애인이 있었든 없었든 문제가 아닙니다. 다 떠나서 이
제 새롭게 시작하는 것입니다. 그래서 결혼식, 세리머니가 중요합니
다. '땡' 하는 순간 이제 과거는 없고 오직 미래만 있는 것입니다. 이
게 결혼식이 아니겠습니까? 이것 굉장히 중요한 문제입니다.

　하버드대학에서 20년 동안을 강의하고 현재 '할로웰 인식정서센
터'라고 하는 것을 만들어서 경영하고 있는 에드워드 M. 할로웰이라
고 하는 분이 있습니다. 이분이 쓴 책을 제가 아주 탐독한 일이 있는
데 책 제목이 마음에 들어요. 「창조적 단절」이란 책입니다. 「창조적
단절」 현대인들은 정보중독증에 매여 있다는 것입니다. 메일을 받아
야 하고, 확인해야 하고, 정보 과잉이 되고, 심지어는 뇌가 과부하가
걸려서 멍청해질 정도라는 것입니다. 정보가 너무 많아요. 너무 많
은 것을 듣고 보고, 그러다보니까 정신이 하나도 없어요. 이래서 불
안에 떨고 있다는 것 아닙니까. 두 번째 특징은 멀티태스킹 세대라
는 것입니다. 이 말은 뭐냐하면 주의력 결핍증입니다. 공 두 개로 테

니스를 칠 수는 없는 것처럼, 언제나 하나에 집중할 때만 일은 이루
어질 수 있는데 우리의 생각이 너무 이렇게 갈래갈래 찢겨서 하나도
집중하지 못한다는 겁니다. 요새 젊은 사람들하고 얘기해보면 불만
이 많아요. 많이 아는 것같아요. 그러나 대부분 피상적이고요, 제대
로 본 게 없어요. 깊이 생각한 것도 없고요. 죄송하지만 젊은 사람들
에게 하고 싶은 말이 있어요. IQ는 높은데, 한 가지도 제대로 아는
게 없다고요. 왜 그런고하니 그만 주의력 결핍증이 왔어요. 멍멍한
것입니다. 다 아는 것같은데 다 몰라요. 다 될 것같은데 되는 게 없
어요. 이게 바로 정신세계라는 말입니다. 그러니까 이분이 강조하는
것이 뭐냐하면 창조적 단절이 있어야 한다는 것입니다. 아니, 창조
적 단절 기능이 있어야 하고 창조적 단절 능력이 있어야 된다는 것
입니다.

　여러분 잘 아시는 워런 버핏같은 분, 유명한 사업가가 아닙니
까? 그에게 이런 일화가 있습니다. 수천만 달러의 중요한 사업을 결
정할 때는 적어도 컴퓨터 없는 책상에서 해요. 이게 중요한 것입니
다. 앞에 컴퓨터가 있으면 또 한 번 흔들린다는 것입니다. 또 한 번
빗나가기 때문에 컴퓨터 없는 방을 만들어 놓고 결제는 거기서 하는
것입니다. 심각한 상징적 의미가 있고요, 여러분 잘 아는 빌 게이츠
같은 분은 외딴 별장에 가서 일주일 동안 외부와 단절하는 그런 시
간을 많이 가져요. 이걸 유명한 'Think weekend'라고 합니다. 이 기
간에는 보지도 않고 듣지도 않고 생각만 하는 것입니다. "많은 정보
에 시달리고 있는 것, 이 많은 생각을 단절하고 집중하는 그것이 없
이는 창조적 미래가 없다." 이렇게 말합니다. 이 두 분의 공통점은
외부와의 단절입니다. "과거 심지어는 현재까지도 잊어 버려라. 그

래야 미래를 열 수가 있는 것이다. 창조적 단절이 없이는 창조적 미래는 없다." 라고 말합니다. 신앙이란 뭡니까? 과거를 십자가에 못박는 것입니다. 그리고 십자가로부터 주시는 생명력을 가지고 십자가를 통해서 보이는 미래를 바라보고 사는 것이 그리스도인입니다.

여러분, 큰 생각에는 두 가지 흐름이 있습니다. 하나는 이데올로기이고 다른 하나는 신앙의 세계입니다. 소위 이데올로기라고 하는 이 이념은 사람의 이성으로부터 출발합니다. 이성이 기준이요, 이성이 목적이요, 이성이 판단의 핵심이 됩니다. 이 이데올로기의 세계는 철저하게 인간세계요, 그것은 절망으로 끝날 수밖에 없게 되는 것입니다. 반면 믿음의 세계란 나의 이성을 십자가에 못박아버리고 위에서 부르는 부름, 위에서 말씀하시는 바에 따라서 오늘을 살아가는 것입니다. 이것이 신앙인의 모습입니다. 그렇기 때문에 사도바울이 고백한대로 "나는 그리스도께 잡혔다. 나는 그리스도께 포로가 되었다" 하는 운명 지어진 존재로서의 생을 살아가는 것입니다. 사도 바울은 다메섹에서 예수의 포로가 됩니다. 그가 예수믿는 사람을 체포하기 위해서 다메섹으로 가던 길에 정오에 예수님께서 길을 막고 그를 부르십니다. "사울아! 어찌하여 나를 핍박하느냐?" 여기서 사울이 바울이 됩니다. 확 바뀝니다. 종래에 가졌던 생각을 싹 버리고 이제 그가 핍박하던 그리스도를 위해서 살기로 결심을 하고 출발합니다. 위에서 불렀습니다. 위에서 부르는 부름에 응답했습니다. 내 과거로부터 위에서 부르는 부름에 응답했습니다. 내 과거로부터, 내 이성으로부터, 내 경험으로부터 내 지식으로부터가 아니고 차원이 전혀 틀립니다. 위에서 부르는 부름에 겸손히 응답하면서 새로운 생이 시작이 됩니다. 신앙은 응답입니다. 위에서 부르는 부름에 대한 겸손한 응답이 신앙입니다.

여러분, 내 소원을 이루려고 하는 그런 교만한 생각은 버려야 합니다. 제가 부흥회를 인도하러 다니면서 보니 기도 열심히 하는 분들 계십니다. 그리고 그분들 중에 '주여, 삼창'하시는 분들이 있어요. "주여! 주여! 주여!" 세 번하고나서 그야말로 열심히 기도하는데 기도하는 내용을 제가 좀 알고 싶었어요. 가만히 들어보니까 이게 자기 고집으로 하나님의 뜻을 꺾겠다는 것입니다. "하나님, 내 소원 들어주세요. 왜 안들어줍니까?" 하나님 앞에 원망, 불평하는 겁니다. 그래서 그렇게 악을 쓰는 것입니다. 자기 고집으로 하나님을 이기겠다는 겁니다. 내 소원을 관철하자는 것은 신앙이 아닙니다. 하나님의 소원, 하나님의 뜻을 헤아리며 하나님의 부름에 응답하는 것이 신앙이라는 것을 잊지 말아야 합니다. 소원성취 그것 신앙 아닙니다. "내 소원이 이루어질 것이라고 믿습니다" 한다고 해서 그걸 신앙이라고 봐서는 안됩니다. 그건 하나의 자기신념에 불과한 것입니다.

사도 바울은 생각합니다. '나는 그리스도께 잡혔다. 그리스도가 나를 포로로 만드셨다. 그리스도께 잡힌바 된 것을 잡으려고 쫓아가노라.' 참 귀한 말씀입니다. '나는 그리스도께 잡혔다. 나에겐 자유가 없다. 나는 내가 아니다. 나는 과거의 내가 아니다. 주님이 나를 포로로 잡으셨다'는 생각입니다. 그 다음 말이 더 중요합니다. "그리스도께 잡힌바 된 것을 잡으려고 쫓아가노라" 잡혔다는 말은 포로되었다는 말이고, 잡으려고 쫓아간다는 말은 자율적인 것입니다.

여러분, 운명적인 것을 선택적으로 받아들이는 사람에게 복이 있는 것입니다. 이걸 잊지 말아야 합니다. 하나님께서 나를 붙드셨어요. 여기에 하나님의 뜻이 있어요. 그건 내가 선택하는 것입니다. 우스운 얘기지만 결혼도 그런 것같아요. 결혼 한번 했으면 운명지어진 것입니다. 결정된 것입니다. 그럼 어떻게 해야겠습니까? 가끔 저에게 부부간의 문제가 복잡한 사람들이 와서 상담을 할 때가 있어요. 대개 그때 보면 남편은 아내 흉보고, 아내는 남편 흉봐요. 이래서 못살겠고, 저래서 못살겠고. 그러면 제가 한바탕 얘기하는 것 그냥 앉아서 다 들어줍니다. 한 30분 들어주고나서 이제 내가 말할 차례거든요. 그러나 제 말은 간단합니다. 딱 한마디입니다. "살 거요? 말거요?" 이때 다들 대답이 뭔가하면 "살긴 살아야겠죠. 애가 셋인데." 그래요. 그러면 대답은 이미 결론이 났습니다. "살려면 제대로 살아."

　여러분, 어차피 살 거 제대로 살지 그게 뭐하는 짓입니까. 한평생을 결혼 잘못했다고 하면서 사는 사람이 있어요. 정신나간 사람 아닙니까? 기왕에 살 거면 제대로 살아야지요. '다 하나님께서 내게 주신 복이다.' 그러고 살면 안 되겠습니까? 유명한 소크라테스의 말이 있어요. 소크라테스 부인이 역사적으로 유명한 악처 아닙니까? 밖에서 뭘 가르친다고 젊은 사람들하고 지내다가 집에 돌아가는데 소크라테스의 아내가 화가 났어요. 설겆이하다 말고 설겆이 구정물을 소크라테스 얼굴에다가 확 뿌렸어요. 이 정도 되면 어떻게 될 것 같습니까? 그러니까 소크라테스가 껄껄 웃더니 하는 말입니다. "뇌성이 치더니 비가 오누만!" 그러더래요. 그러자 제자가 "아니 선생님, 저런 못된 여자랑 이혼해버리고 말지 그걸 왜 데리고 삽니까?" 그랬더니 소크라테스의 말좀 들어보세요. "잘 생각해봐라. 저 여자가 아니면 내가 철학자가 됐겠느냐."

여러분, 그저 다 잘 만난 줄 알고 사세요. 또 살려거든 제대로 사세요. 그리스도께 잡힌바 되었어요. 억지로 사는 것 아닙니다. 이제는 자발적으로 살아야지요. 잡힌 바 된 것을 내가 잡으려고 선택받은 것을 선택하고 사는 것입니다. 이게 사도 바울의 위대한 점입니다. 그래서 말입니다. 그리스도께서 나를 붙잡아놓고 나를 인도하시는 것입니다. 어디까지 생각하느냐? 갈라디아서 1장 15절에 말씀합니다. "어머니의 태로부터 택정함을 받아" 가만히 생각하니까 날 때부터 주님께서 나를 붙드셨다는 것을 알기 시작합니다. 그 다음에 내가 살아가는 모든 생애에서 어려움이 많았어요. 육체에 가시가 있고 시험이 있고 환난이 있고…… 이제 생각합니다. 깊이 생각합니다. '아, 이것 다 필요한 것이구나.' 이 육체의 가시가 내게 필요한 것이었다고 빌립보서 1장 12절에서 말씀합니다. "나의 당한 모든 일이 복음의 진보가 된 것을 너희가 알기를 바라노라." 내가 당하는 시련과 환난과 역경과 이 모든것들이 다 필요한 것이며, 나를 위해서 나의 나됨을 위하여 내가 하나님의 사람 되기 위하여 아니, 하나님의 선교적 큰 위대한 역사를 이루기 위해서 이 모든 일은 필요한 것이라고 받아들입니다. 이것이 바울의 위대한 점입니다.

그는 자신에게 윤리가 있었습니다. 그는 정해준 교과과정을 겸손히 받아들입니다. 하나님께서 정해주신 curriculum(교과과정)을 잘 받아들이고 따라오고 있습니다. 순종하고 있습니다. 또한 오늘 본문에서 말씀합니다. "잡은 줄로 여기지 아니하노라." 그는 완성을 생각하지 않았습니다. 완전하다고 교만하지도 않았습니다. 항상 미완성 중에 완성을 찾아 살았습니다. 홈런왕 베이브 루스의 기록을 깨면서 한평생 무려 755개의 홈런을 날렸던 홈런 왕이 있습니다. 세계적인 야구선수인 행크 아론(Hank Aaron)이라는 사람인데 그에게 재미있는 일화가 있습니다. 깊이 생각할만합니다. 그는 홈런을 수없이 쳤지마는 홈런을 딱 치고나서 자기가 친 공이 담장을 넘어가는 것을 쳐다본 일이 없어요. 딱 치고 지금 볼은 담장을 넘어가고 있는데도 상관 안해요. 그는 1루를 향해서 그대로 달리는 겁니다. 내가 친 공이 담장을 넘어가든 말든 상관없습니다. 이미 쳤어요. 그리고 나는 1루를 향해서 달리는 겁니다. 대개 그렇지 않거든요. 홈런 치는 사람들 보면 딱 쳐서 넘어가면 기분이 좋아서 슬슬 돌아오지 않습니까? 이 사람은 그렇지 않았어요. 자기가 친 공이 담장을 넘어가는 것을 쳐다본 일이 없대요. 무려 755개를 쳤는데도. 무엇을 의미하는 겁니까? 내가 할 일을 내가 할 뿐입니다. 내가 갈 길은 달려가는 길입니다. 홈런이 있다고해서 내가 슬슬 걸어가야 할 이유는 없어요. 위에서 부른 상을 위하여 좇아가노라— 땅의 것이 아닙니다. '위에서 부르는 상. 그것을 위해 달려가노라.' 그랬습니다.

성도 여러분, 작은 과거의 성공이 귀한 미래를 망쳐버립니다. 여러분, 과거의 실패도 문제지만 성공이 더 큰 문제입니다. 변변치 않은 조그마한 성공 때문에 일생이 망가지는 사람 많이 봅니다. 거기에 집착할 필요 없습니다. 어차피 지나간 일입니다. 또 그 모든 일이 합동하여 선을 이룰 것입니다. 옛 것은 언제나 옛것일 뿐입니다. 성공했다고 교만할 것도 없고 실패했다고 절망할 것도 없어요. 다만 위에서 부르시는 상을 바라보고 오늘도 겸손하게 또 진실하게 달려갈 것입니다.

사도 바울은 그의 유서같은 마지막 편지에서 말씀합니다. 디모데후서 4장 7절로 8절에 보면 "달려갈 길을 다 가고 믿음을 지켰다.

내 앞에 의의 면류관이 있다." 마지막까지 그의 초점은 여기에 있습니다. 의의 면류관, 그리스도께서 내게 주시는 면류관 그것만을 바라보고 오늘을 삽니다. 위에서 부르시는 상을 위하여 그렇게 살아가야 할 것입니다.   △

십 리를 동행하라

또 눈은 눈으로, 이는 이로 갚으라 하였다는 것을
너희가 들었으나 나는 너희에게 이르노니 악한 자를
대적지 말라 누구든지 네 오른편 뺨을 치거든 왼편도
돌려 대며 또 너를 송사하여 속옷을 가지고자 하는
자에게 겉옷까지도 가지게 하며 또 누구든지 너로 억
지로 오리를 가게 하거든 그 사람과 십리를 동행하고
네게 구하는 자에게 주며 네게 꾸고자 하는 자에게
거절하지 말라

(마태복음 5 : 38 - 42)

십 리를 동행하라

요즘 세계를 놀라게 한 책 한권이 나왔기에, 제가 지난 주간에 이 책을 급히 주문해서 읽어보았습니다. 「경제심리학」이라는 책입니다. 사업하시는 분들은 한번쯤 보셔야 될 책으로 원제목은 「The upside of irrationality」입니다. 댄 애리얼리라고 하는 교수님이 쓴 책인데, 이분은 경제학계의 코페르니쿠스라고 하는 별명까지 얻은 특별한 학자입니다. 그의 명제는 이렇습니다. '경제는 감정으로 움직인다.' 이것은 포스트모더니즘의 대표적인 경제철학이라고 생각합니다. 실리가 아니라 감정이라는 것입니다. 돈의 문제가 아니라 기분의 문제라는 것입니다. 같은 물건이라도 비싼 가격을 붙일 때 더 잘 팔린다는 것입니다.

우스운 얘기 하나 들려드리겠습니다. 아주 오래전 얘기입니다. 1955년에 제가 신학대학에 들어가서 처음 공부할 때는 모든것이 열악했습니다. 전쟁 후에 모든것이 어려운 시절 고학을 하고 있을 때의 이야기입니다. 저와 같이 기숙사에 룸 메이트로 있는 사람이 서울대 화공과 나온 사람이었습니다. 아주 똑똑한 사람이었습니다. 이 사람하고 같이 지내는데 하루는 저한테 "우리가 이렇게 어렵게 살아가고 있는데, 돈 좀 법시다." 그래요. 그래서 "어떻게 벌어?" 했더니 "제가 화공과를 나오지 않았어요. 내가 파리약을 만들 터이니 곽전도사는 팔아주세요." 그래서 "그러지 뭐." 그래서 요샛말로 말하면 무허가 파리약을 만들었어요. 제법 파리가 잘 죽더라고요. 그래서 둘이 나가서 서문시장에서 팔아봤는데 이게 안팔리는 겁니다. 아무리 좋다고 얘기해도 사람들이 안사요. 이걸 어떡하나? 해서 저녁에 앉아서 열심히 연구를 해보았습니다. 그래서 제가 지혜를 냈습니다. "이러지 말고…… 똑같은 병에다가 파리약을 넣었으니까 안되는 것같아요. 파리약을 큰 병, 작은 병, 큰 병, 작은 병 여러 병에다 넣고 팔자고." 사실 파리약은 다 같은 겁니다. 그러나 작은 병은 비싸게 붙이고 큰 병은 싸게 붙이고 가격표를 붙여서 해보았더니요 글쎄 전부 작은 병만 사가요. 덕분에 파리약은 많이 안쓰고 돈은 많이 벌었어요. 그랬던 경험이 한번 있습니다.

여러분, 물건을 사러 갈 때는 '될수있는대로 싼 것을 사겠다' 하는 생각을 가지고 갑니다. 하지만 딱 가서 물건을 두 가지를 보면 비싼 것, 싼 것이 있으면 어떻게 해서라도 비싼 것을 사려고 하지 싼 것을 사려는 마음이 없어져요. 이게 바로 사람의 마음입니다. 그러니까 이분은 말합니다. '사람들은 비싼 것을 좋아한다. 또 완제품보다 반제품을 좋아한다.' 여러 가지 의미가 있습니다.

또하나는 현대를 디자인 시대라고 합니다. 쉽게 말하면 포장이라는 말입니다. 이 디자인이라는 것이 뭐냐? 실용적 문제보다 심미학적 문제가 더 중요하다는 것입니다. 얼마나 실용적이냐? 하는 것보다는 얼마나 보기 좋으냐? 얼마나 마음에 드느냐? 뭐 그런 것입니다. 그러니까 우리 어른들과 젊은이들이 부딪히는 게 바로 이것 아닙니까? 어른들은 생각해서 이 여자하고 결혼해라, 이 남자하고 결혼해라, 결혼 조건을 말합니다. 학벌이 어떻고 인물이 어떻고 건강이 어떻고……. 그런데 젊은이들은 딱 만나고 싫다는 것입니다. "왜 싫으냐? 이렇게 조건이 좋은데……"라고 말하면 "조건은 상관없어요. 필(feel)이 안와서요"라고 답합니다. 이게 무슨 말인고하니 옆에 앉았을 때 무슨 느낌이 와야지 이게 없으면 안된다는 것입니다. 이게 뭡니까? 포스트모더니즘입니다. 만사는 기분이요, 이게 문제라는 것입니다. 현대에는 행동은 있으나 마음은 없어요. 기술은 있으나 진실이 없어요. 순종은 있으나 기쁨이 없어요. 교회적으로 말하면 율법은 있으나 은혜가 없어요. 행동은 있는데 정성이 없어요.

그렇다면 성공이 뭡니까? 이런 차원에서 성공을 생각하면 첫째 성경은 소유나 지식이나 권력이나 명예의 문제가 아닙니다. 문제는 행복의 문제입니다. 얼마나 행복하냐? 얼마나 마음에 차느냐? 솔직히 말하면 얼마나 기분이 좋으냐? 그것입니다. 행복감을 말합니다. 그렇다면 첫째는 행복감은 concentration(집중)에 있습니다. 유감없이 수고를 다 기울였을 때 행복합니다. 아직도 할 수 있는 일을 못했어요. 하고 싶은 만큼 못했어요. 그러면 찜찜합니다. 기분이 좋지 않습니다. 내가 할 만큼 최선을 다했어야 후련한 것이지 열심히 하지 않았거든요. 그러면 마음이 편하지 않습니다. 그러니까 후회 없이 얼마나 총력을 다했느냐? 그것이 문제입니다. 옛날에 공부할 때 얼마나 충성을 다했습니까? 주어진 시간 안에 얼마나 최선을 다했는가 하는 겁니다. 그렇지 못했거든요. 그래서 행복하지 못한 것입니다.

또하나는 얼마나 즐겼느냐 하는 것입니다. 기쁜 마음으로 했느냐? 억지로 했느냐? 할수없이 했느냐? 자발적인 마음으로 했느냐? 마음 가득한 가운데서 했느냐? 그것이 문제라는 것입니다.

또하나는 얼마나 감사한 마음으로 했느냐? 사는 것도 감사하고, 일하는 것도 감사하고, 오늘도 건강하니 감사하고, 우리가 이 자리에 나올 수 있으니 감사하고, 감사로 충만한 그것이 바로 성공이고,

이제 문제가 하나 더 있습니다. 나만 기쁘고 감사하면 되는 게 아닙니다. 다른 사람에게 얼마나 기쁨을 줬느냐 하는 것이지요. 다른 사람을 얼마나 감사하게 만들었느냐? 다른 사람을 얼마나 행복하게, 내 주변에 있는 모든 사람에게 행복을 줬느냐? 이것이 없이는 내가 절대 행복할 수가 없는 것입니다. 감사하는 마음 참 중요합니다. 그러나 문제는 내가 만나는 모든 사람을 감동케 해서 그들의 마음에 감사가 있어야 내가 행복한 것입니다. 이것이 있기 전까지는 나는 절대로 행복할 수가 없습니다. 감사는 절대로 이기적으로 감사할 수 없고 나만 행복할 수는 없으니까요. 이처럼 행복이란 그의 자유의식과 주도성에서부터 비롯됩니다. 주는 것과 빼앗기는 것은 다릅니다. 선물과 뇌물은 다릅니다. 같은 행복이요, 물리적으로는 같으나 마음에서는 하늘과 땅입니다.

여러분, 오늘 성경말씀에 우리에게 중요한 교훈을 주십니다. 주어진 운명 안에서 얼마나 선택적으로 자유하며 사느냐? 이것을 묻고 있는 것입니다. 성경은 이렇게 말씀합니다. "악한 자를 대적하지 말라." 몇 번이고 외워봅시다. 한평생 외우십시오. "악한 자를 대적하지 말라." 이게 뭡니까? 악한 자를 원수로 대하지 말라, 악한 자를 악한 자로 대하지 말라— 아주 중요한 말씀입니다.

이 말씀을 준비하면서 생각이 납니다. 너무나 유명한 얘기지요. 우리나라의 애국자 이상재 선생님이라고 계십니다. 그 이상재 선생님의 기록에 이런 얘기가 있어요. 어느날 촛불을 켜놓고 책을 보는데 밤중에 담장을 넘어서 도둑놈이 들어오더래요. 문을 살짝 열고 들어와요. 다 알았지요. 이 방 저 방 다니면서 뒤지다가 이상재 선생님 촛불 켜놓고 책보는 방문을 딱 여니까, 이상재 선생님께서 "어서 오십시오." 그랬어요. 깜짝 놀라서 벌벌 떠니까 "미안하이. 뭐 가져갈 게 없을 텐데." 그래 손에 옷가지를 들었어요. 그거 그냥 가지고 가라고 그러면서 미안하다고 그랬어요. 했더니 가지고 나가려고 하는데 갑자기 이상재 선생이 도둑을 불러 세웁니다 "아니, 이 사람아!" 그러니까 "예?" "고맙다고 인사를 하고 가야지 그냥 가면 되나?" 그래서 "고맙습니다." 그러고 나갔어요. 그런데 그만 도둑이 가다가 순경한테 붙들렸어요. 그래가지고 끌고 들어와서 "이놈이 선생님 집에서 이걸 훔쳐가지고 나갔습니다"라고 합니다. 그러자 이상재 선생이 "무슨 소리요, 내가 줬는데, 고맙다고 인사까지 했는데, 안녕히 가시라고……" 그랬어요. 빼앗기는 게 아니고, 빼앗겼지만 주면 되는 거고 고맙다고 인사까지 하게 만들면 되는 것입니다. 이게 대적하지 않는 것입니다. 악한 자를 악한 자로 원수를 원수로 대적하는 것이 아닙니다. 빼앗기는 게 아니고 주는 것입니다. 줄 뿐만 아니라 주는 자체를 내가 감사하고 있는 것입니다.

여러분, 가정에서 어떻습니까? 아이들이 용돈 달라고 할 때 조심해야 합니다. 그저 안주려면 끝까지 안주고요 주려거든 말없이 주세요. 이걸 달라고 하는데 안된다 된다 실랑이 하다가 마지막에 주면요 애들이 받아가지고 나가면서 이럽니다. "역시 돈 벌기 힘들다." 또 준 사람은 뭐입니까. 빼앗기는 마음입니다. 강도 만나는 마음입니다. 주는 마음이 아닙니다. 주는 기쁨이 없어요. 받는 감격도 없어요. 완전히 날강도입니다. 자, 이렇게 강도맞아가면서 일생을 살아서 무엇이 되겠어요. 깊이 생각해야 합니다. 그래서 줄 때마다 "많이 못줘서 미안하다. 네 아버지도 무능하고 나도 재주가 없어서 이것밖에 없으니 어떡하니?" 미안하다고 하면서 줘야 됩니다. 또 준다면 그저 고맙게 줄 수 있으니 좋고 이게 얼마나 행복한 일입니까? 주고 받는다는 게 사실 자식에게 주는 게 얼마나 재미있습니까? 얼마나 좋은 겁니까? 그게 아무나 하는 일입니까? 이래서 주는 자도 행복하고 받는 자는 더 행복해야 되는데 이런 관계가 아니라면 그 행위는 다 잘못된 것입니다.

그래서 오늘 성경은 말씀합니다. "대적하지 말라." 어떻게? 원수로 대하지 말고 형제로 대하라. 형제로 대하면 형제요, 애인으로 대하면 사랑하는 사람이지요. 깊이 생각해야 합니다. 오늘성경은 말씀합니다. "억지로 오 리를 가게 하거든……" 재미있는 말씀입니다. 너무 오묘한 말씀입니다. 억지로 오 리를 가자고 하거든 이건 억지입니다. 피동적입니다. 부득이합니다. 억지로 오 리까지는 억지로 가는 것입니다. 그런데 가다가 친해졌어요. 그러면 오 리 딱 간 다음에 나머지 오 리는 자발적으로 가는 것입니다. 이제 자동적으로 가는 것입니다. 그래서 시작은 억지이지만 출발한 다음부터는 기쁨이요, 자발성이요, 행복이란 말입니다. 이걸 뭐라고 합니까? 동기전환입니다. 동기전환.

여러분, 결혼이 어떻습니까? 결혼들 해놓고 제가 늘 애기를 하면요, 억지로 결혼한 사람 많아요. 어쩌다가 실수로 결혼한 사람도 많아요. 그러나 그랬더라도 그건 처음 오 리고 나머지 오 리는 그렇게 생각하지 마세요. 내게 주어진 특권이요, 내게 주어진 행복이요, 하나님께서 내게 주신 최고의 은사라 생각하고 처음의 오 리는 억지로 후반부 오 리는 자발성이요, 감사요, 행복이요, 이걸 말하는 것입니다. 깊은 뜻이 있어요. 동기전환이 있어야 합니다. 처음에 오 리를 갈 때는 '내가 어디로 가나? 재수없이 오늘 아침 이 사람을 만났고만. 내가 왜 이렇게 이 시간을 보내야 돼? 이 사람을 위해서 내가 왜 이렇게 해야 되나?' 하는 생각이 있었겠지요. 그러나 오 리를 간 다음부터는 생각이 달라집니다. 어디로 가느냐? 묻지 않습니다. 왜요? 사람이 좋으니까? 이제 나머지 오 리를 갈 때는 "어디로 가느냐? 왜 가느냐? 결과가 뭐냐? 대가가 뭐냐?" 아무것도 묻지 않습니다. 왜요? 같이 가는 게 좋으니까. 그것이면 충분해요. 그렇게 살아야 한다는 말씀입니다. 함께 있으면 됐지 어디로 가느냐는 물어서 뭐합니까? 무엇이 주어질 것이냐는 것 알아서 뭐해요. 그건 잘못 사는 것입니다. 그런고로 타의를 내 일로, 남의 일을 내 일처럼, 남과의 관계를 나 자신의 문제로, 할수없어서 하던 일을 하고 싶어서 하는 일로, 자기중심적으로 하던 일을 이제 와서는 다른 사람 중심적으로 살아요. 그의 필요에 의해서 그가 기뻐하니까, 그에게 내가 필요하니까, 강요된 사랑을 선택된 사랑으로 아니 특권적 사랑으로 바꿔서 사는 것이지요. 이것이 진짜로 십 리를 가는 사람의 모습이지요.

지난 주간에 어떤 일간 신문 한 쪽에 기사가 난 것을 보고 마음이 좀 아팠습니다. 어느 목사님의 아들입니다. 목사님은 세상을 떠났어요. 그 아들이 글을 썼는데 "우리 아버지는 평생 열심히 일했습니다. 밤에 집에 돌아와서는 옷도 벗지 않고 그냥 침대에 누워 있는 것도 보았습니다. 아버지 얼굴을 볼 수가 없었습니다. 아버지가 너무 바빠서, 그래서 난 아버지와의 정이 없었다." 그것까지는 괜찮아요. 이 말에 제가 마음이 걸려요. 우리 아버지가 말하기를 "네가 목사를 아니하겠다고 하는 것을 몹시 기뻐하노라." 저런 불효자가 있습니까? 이건 아버지를 두 번 죽이는 것입니다. 우리 아버지는 목회하는 것을 십자가로 생각해서 너무 힘들어서 제발 너희들은 목사 되지 마라 그랬다는 것입니다. 이것은 아버지 두 번 죽이는 것입니다. 그런 불효자가 어디 있어요? 그럼 어때야 되느냐? "경제적으로는 좀 어려워보여도 목사는 좋은 것이다. 행복한 것이다. 그런고로 너희들은 꼭 목사가 되라." 그래야 되는 것 아닙니까. 반대로 얘기해 봅시다. 목사 사모라고 합시다. 사모가 딸이 있어요. 그럼 딸에게 뭐라고 해야 됩니까? "너는 절대로 목사하고 결혼하지 마라." 어떻게 되겠어요? 그 사람 예수믿는 사람입니까? 그게 사모입니까? 목사 사모가 됐으면 "봐라. 목사 사모가 얼마나 좋으냐? 날 좀 봐라. 남편이 바람을 피우느냐? 술을 마시느냐? 얼마나 좋으냐? 목사 사모 좋은 거다. 제발 너는 목사와 결혼해라." 이래야 진짜 예수믿는 사람 아니겠어요? 그런데 어쩌다가 "절대로 목사하고 하지 마라." 기가 막힌 것입니다. 어떻게 살았다는 것입니까. 어째서 목회가 십자가를 지는 거냐고요. 어떻게 선한 일이 그처럼 고통스러운 거냐고요. 아름답고 귀하고 행복한 것 아니겠어요. 또 그래야 되고 그뿐만 아니라 내 주변에 있는 사람까지도 행복하게 만들어야 합니다. 내가 행복하니까 너도 행복하고 내가 기쁘니까 저들에게도 감동을 주는 이것이 그리스도인의 길입니다. 이걸 잊지 말아야 합니다.

　본회퍼는 말합니다. 「신도의 공동생활」이라고 하는 책에서 하는 말입니다. 섬김의 첫째라는 것은 나 중심이 아니라 상대방을 듣는 것이다. 먼저는 하나님의 음성을 듣는 것이고, 하나님의 말씀을 듣는 것이고, 이웃의 소리를 듣는 것이고, 이웃이 무엇을 필요로 하는지 그리고 이웃의 마음속에 기쁨과 감사가 있어지도록 그렇게 살아갈 때 내가 사는 것이다— 그걸 잊지 말아야 됩니다.

인도의 간디에게 아주 재미있는 얘기가 하나 있습니다. 인도의 교통수단이 아주 어려울 때 기차를 타는데 기차가 막 달려갈 때 간디가 부지런히 달려가서 간신히 붙들고 기차를 탔어요. 타기는 탔는데 서두르다가 신발 하나가 그만 벗어져서 땅에 떨어졌어요. 그러니까 기차를 타자마자 나머지 신발을 벗어가지고 던지더래요. 사람들이 "어째서 이렇게 했습니까?" 하니까 "나야 어차피 신발을 잃어버렸지만 누군가 저 신발을 주웠을 때는 저 한 짝 가지고는 안될 것 아닌가. 또 한 짝이 있어야 될 것 아니겠는가." 그래서 신발을 던졌다는 것입니다. 이 급박한 시간에도 내 신발 잃어버렸다고 울부짖는 게 아니고 저 신발 신을 사람을 위해서 나머지 한 짝을 던져주는 마음 말입니다. 얼마나 아름다운 마음입니까?

성도 여러분, 인생길 어디까지 왔습니까? 억지로 살았습니까? 팔자로 살았습니까? 부득이 살았습니까? 여기까지 오 리는 왔습니다. 이제 남은 오 리는 그렇게 살지 맙시다. 억지로 살지 말고 자발적으로 삽시다. 선택적으로 살고 감사하며 살고 십자가를 져도 행복한 십자가로, 어떤 고난을 당해도 절대로 대적하지 말고 오히려 감사한 마음으로 말입니다. 이렇게 얘기를 했더니 언젠가 어느 젊은 목사님이 그래요. "그런데 말입니다. 목사님! 제 아내가 저를 늘 괴롭혀서 목회하는데 힘들거든요. 이건 어떡해야 됩니까?" 그래요. 그래서 제가 소크라테스 얘기를 해주었습니다. 소크라테스의 아내는 유명한 악처거든요. 하루는 소크라테스가 밖에 나가서 제자들을 가르치고 돌아오는데 설겆이를 하다가 부엌에서 설겆이 구정물을 얼굴에다 확 부어버렸어요. 그러니까 소크라테스가 껄껄 웃으면서 "뇌성이 나더니 비가 오누만." 그랬어요. 그러자 제자가 물었습니다.

"아니, 선생님, 저런 여자랑 이혼해 버리고 말지, 그래 뭘 데리고 삽니까?" 그러니까 소크라테스가 껄껄 웃으면서 하는 말이 "이놈아! 잘 생각해 봐라. 저 여자가 아니면 내가 철학자가 됐겠느냐?"

여러분, 그저 그런 줄 아세요. 늘 감사하는 것입니다. 늘 만족하는 것입니다. 내가 행복하고야 남을 행복하게 할 수 있습니다. 이제 남은 바 오 리는 제대로 갑시다. 억지로 가지 말고 이제는 감사한 마음으로 마치 특권을 누리는 것처럼 하나님께서 내게 주신 은혜에 감사하며 삽시다. 제가 미국에 처음 갔을 때 영어가 부족해서 여러 가지로 어려웠습니다마는 내가 참 영어라는 게 묘한 말이구나, 생각을 해봤어요. 어떤 교회에, 모르는 교회에 들어가 봤더니 예배 마친 다음에 그 집사님 한분이 가까이 오더니 이렇게 말해요. 인사를 하고나서 하는 말이 참 고상한 말입니다. "Would you give me honor to serve you?(내게 오늘 당신에게 점심 대접하는 영광을 주시겠습니까?)" 이러더라고요. "내가 오늘 점심 대접할게요." 그게 아닙니다. "점심 대접하는 영광을 주시겠습니까?" 제가 그래서 "주죠." 그랬습니다. 가서 얻어먹었어요. 같은 말이라도 이게 기가 막히구나! 안그렇습니까? 당신을 대접하는 영광을 주시겠습니까? 이렇게 좀 멋스럽게 살아봅시다. △

구름기둥 불기둥

바로가 백성을 보낸 후에 블레셋 사람의 땅의 길은
가까울지라도 하나님이 그들을 그 길로 인도하지 아
니하셨으니 이는 하나님이 말씀하시기를 이 백성이
전쟁을 보면 뉘우쳐 애굽으로 돌아갈까 하셨음이라
그러므로 하나님이 홍해의 광야 길로 돌려 백성을 인
도하시매 이스라엘 자손이 애굽 땅에서 항오를 지어
나올 때에 자손으로 단단히 맹세케 하여 이르기를 하
나님이 필연 너희를 권고하시리니 너희는 나의 해골
을 여기서 가지고 나가라 하였음이었더라 그들이 숙
곳에서 발행하여 광야끝 에담에 장막을 치니 여호와
께서 그들 앞에 행하사 낮에는 구름 기둥으로 그들의
길을 인도하시고 밤에는 불 기둥으로 그들에게 비취
사 주야로 진행하게 하시니 낮에는 구름기둥, 밤에는
불 기둥이 백성 앞에서 떠나지 아니하니라

(출애굽기 13 : 17 - 22)

구름기둥 불기둥

　　장지연이 지은 「일사유사」라고 하는 5권에 다음과 같은 고전이 있습니다. 한편의 이야기인데 우리 마음에 뭔가를 많이 생각하게 하는 귀중한 교훈이 있기에 소개해드립니다. 한양에 김학성이라고 하는 분이 있었는데 그의 어머니는 일찍이 과부가 되어서 삯바느질을 하면서 두 아들을 키웠고 서당에 보내고 있었습니다. 어느날 비가 많이 오는데 처마끝에 떨어지는 물소리가 좀 이상하게 들렸습니다. 처마끝에 주룩주룩 비가 쏟아지고 있지마는 좀 울림같은 여운이 있어서 나가서 보았습니다. 그곳의 땅 밑을 파보니 큰 솥이 하나 있고 그 솥 안에는 은이 가득히 들어 있습니다. 이것은 난리가 많았던 시절이라 요새처럼 은행에 돈을 저금하지 못하고 이렇게 땅에다 묻어놓았던 보화였습니다. 이 사람들은 어딘가 멀리 가버렸고 어쩌면 죽었을지도 모릅니다. 그야말로 임자 없는 보화입니다.

　　이것을 보고 이 어머니는 어떻게 했을까요? 급하게 땅을 다시 다 메웠습니다. 그 솥을 흙으로 덮어놓고 서둘러 집을 팔았습니다. 그리고 딴 집으로 이사를 갔습니다. 왜 그랬을 것같습니까? 요새 우리 현대인으로 볼 때는 이해가 안되지요. 그야말로 로또복권 당첨된 건데, 대박이 터졌는데 이거 무슨 짓입니까? 그러나 어머니는 생각했습니다. 훌륭한 어머니입니다. "저 돈이 있으면 우리 아이들은 공부 안할 것이다. 자식들 다 망한다." 생각했습니다. 인격이 먼저지, 번영이 먼저가 아니고 재산이 아닙니다. "재(財)는 곧 재(災)를 일으킨다. 재산은 재난을 불러일으킨다. 그런고로 안된다." 해서 이렇게 딴 집으로 이사가서 또다시 삯바느질을 하면서 자식을 키웠고 유명한 김학성이라는 재상도 여기서 나오게 됩니다. 옛날 어른들이 얼마나 지혜로웠는가? 깊이 생각하게 합니다. 그 조상들을 볼 때 오늘 우리는 너무나 부끄러움이 많습니다. 너무나 형편이 없습니다.

에버딘 대학교수 존 스원튼이라고 하는 분이 「화평케 하는 자는 복이 있나니」라고 하는 책을 썼습니다. 그런데 그는 이 책에서 "세상을 살아가는 데 있어서 가장 중요한 덕목이 무엇인가?"라는 질문에 '온유'라고 답하고 있습니다. 저는 많은 분과 상담을 하게 되는데 복잡한 문제를 다 듣고나면 제가 무슨 해답을 줄 수 있을 것같지 않아요. 그러면 저는 성경 한 절을 줄 테니까 돌아가서 두고두고 생각하며 읽고 기도하고, 읽고 외우고 그러면 해답이 나올 거라고 말씀 드립니다. 그 성경이 뭐냐고요? 여러분 잘 아시는 말씀입니다. "온유한 자가 땅을 차지한다."

여러분, "온유한 자는 복이 있나니 저가 땅을 차지할 것이다. 마지막에는 온유한 자가 이긴다. 당신 한 사람을 온유하게 만들기 위하여 이 시련은 있어야 한다. 그렇게 생각할 수 없겠느냐?"하는 것입니다. 온유라고 하는 것은 하나님나라 백성의 덕목입니다. 그리스도인의 성품입니다. 그 온유 속에서 인내와 여유와 충분한 시간이 나옵니다. 하나님의 시간, 하나님의 지혜, 하나님의 능력을 수용하는, 받아들일 수 있는 그릇은 온유입니다. 교만은 안됩니다. 초조함도 안됩니다. 불안에 떨어도 안됩니다. 서두를 것 없습니다.

여러분, 우리 삶 속에 속도를 늦출 필요가 있습니다. 인내를 배워야 됩니다. 하나님의 길이 있고, 내 길이 있고, 하나님의 방법이 있고, 내 방법이 있는데 하나님의 그 위대한 방법을 그 지혜와 그 능력을 내가 수용하려면 나는 팍 내려앉아야 합니다. 그의 뜻, 그의 시간을 맞춰야 됩니다. 내 시간 아닙니다. 그의 시간입니다. 속도를 늦추어야 합니다. 그래야 하나님의 선물이 보입니다. 하나님의 선물을 자각하고 감사하며 그렇게 기다려야 합니다.

17세기의 기독교 영성가인 잔느 귀용이라고 하는 분이 「Experiencing God through prayer」(하나님을 경험하는 기도)라고 하는 책을 썼습니다. 여기서 '하나님을 만나는 경험, 하나님의 세계에 가까이 가려면 첫째 고요해지기라는 수련이 필요하다. 자기욕망, 근심 걱정으로부터 자유해서 마음을 고요하게 함을 찾아야 된다. 시끄러운 중에는 주의 음성이 들리지 않는다. 정욕과 욕심으로 증오와 질투로 부글부글 끓는 동안은 하나님의 음성을 들을 수 없다. 고요해지기를 찾아야 된다.'

또하나는 '내려놓기를 훈련해야 한다.' 포기하라는 말입니다. 마음을 내려놓아야 됩니다. 낮추고 낮추어야 됩니다. 예수께서 십자가를 지시는 바로 거기까지 낮추고 낮추어야 됩니다. 그리할 때 하나님을 경험하게 되고, 하나님의 시간을 이해하게 되고, 하나님의 무궁무진한 사랑의 세계를 우리가 이해하고 감사하고 수용할 수 있게 된다는 말씀입니다.

여러분, 이스라엘 백성이 애굽에서 나옵니다. 430년 동안 애굽의 노예생활을 하다가 출애굽 합니다. 그리고 10가지 재앙을 통해서 아주 드라마틱한 경험을 하면서 그들이 당당하게 출애굽해서 바로의 손에서 빠져나와 광야로 나오게 됩니다. 굉장한 사건입니다. 그런데 여러분이 잘 아시는 대로 이스라엘 백성이 물리적으로는 애굽에서 나왔습니다. 지정학적으로도 나왔습니다. 정치적으로도 나왔습니다. 어쩌면 경제적으로도 나왔습니다마는 인격적으로는 아닙니다. 출애굽은 했는데 출애굽 된 사람은 아니었습니다. 애굽에서 나온 자유인이 아니더라고요.

이 자유인의 인격에 도달하기까지는 많은 시련이 필요합니다. 여기에는 하나님의 방법이 있고 하나님의 교과과정이 있고 하나님의 세밀한 지혜가 나타나고 있습니다. 이것을 믿고 따라간다는 것이 너무 어려운 것이었어요. 또 힘든 과정이었습니다. 그래서 하나님께서는 그들에게 구름기둥과 불기둥을 주었습니다. 구름기둥, 불기둥, 아주 중요한 의미가 있습니다. 하나님께서는 멀리 계시지 않습니다. 바로 머리 위에 계셨습니다. 구름기둥으로— 그 뜨거운 사막을 지나가는 것 그냥 내버려두면 다 타죽습니다. 구름을 덮어서 타죽지 않게, 시원하게 가게 하고, 밤에는 이 구름기둥이 빨간 불덩어리가 됩니다. 그래서 여기서 얼어죽지 않도록 보호해줍니다. 구름기둥, 불기둥, 상상해보세요. 얼마나 희한한 일입니까? 이스라엘 백성 60만이 지정표 하나 없이 이 무서운 사막을 지나가게 됩니다. 지금도 이 사막은 지나기 어렵습니다. 오래전에 본 책입니다마는 이 사막이 얼마나 어려운가? 이걸 경험하겠다고 어느 젊은 사람이 지프차를 타고 나갔답니다. 그러다 그만 지프차가 고장이 나고 물도 떨어져서 죽었어요. 이 사막이 무서운 곳입니다. 이건 그야말로 밤에는 얼어죽고 낮에는 타죽습니다. 이게 사막입니다. 그런데 이스라엘 60만이 이 사막을 통과합니다. 구름기둥과 불기둥으로 덮어서…… 얼마나 놀랍습니까? 하나님의 위대한 능력, 하나님의 사랑의 상징이요 하나님의 존재와 하나님의 보호의 증거입니다. 구름기둥, 불기둥, 그 안에서 이스라엘 백성은 삽니다.

　그런데 참 놀라운 것은 그렇게 살아가면서 그 속에서 또 하나님을 원망합니다. 왜요? 자기 마음대로 안된다고, 자기 뜻대로 안된다고, 왜 빨리 가나안 땅에 못가느냐고, 왜 여기서만 맴도는 것이냐입니다. 원하는 시간에, 원하는 방법대로, 화끈하게 기왕에 시작한 것 아름답게 결말을 지어줬으면 좋겠는데 아니더라고요. 왜 그랬을 것 같습니까? 가나안 땅에는 들어갈 수 있으나, 먼저 가나안 땅에 들어가 살 수 있는 하나님의 백성이 돼야 되거든요. 선민된 백성, 선민된 사람이 되어야 되거든요. 이걸 재창조하기 위하여 무려 40년이 필요한 겁니다. 가끔 그런 질문 받아요. "교회에 왜 이런 일이 있을까요? 교인들인데도 왜 이런 일이 있을까요?" 이런 질문을 받을 때마다 제가 말합니다. "이스라엘 백성이 애굽에서 나와서 가나안까지 들어가는 자격증을 따는 데, 가나안 들어가는 사람을 만드는 데 40년 걸렸다." 아시겠어요? 모세라는 사람을 하나님께서 들어서 쓰시려고 합니다. 애굽에서 40년 동안 산 이 사람을 불러서 하나님의 사람으로 쓰시려고 할 때 광야로 내보내서 40년 동안 목자생활을 하게 하십니다.

　여러분, 너무 그렇게 마술적으로 변화하려고 하지 마세요. 마술하는 사람들이 보자기를 들고 흔들다가 툭하면 비둘기가 나오고, 툭하면 없어지고, 사람이 그렇게 달라지는 것은 아니더라고요. 사람 하나 달라지는 것 사람 되는 것 참 힘듭니다. 많은 어려움, 많은 환난, 많은 시련을 겪으면서 이제 하나님께서 원하시는 작품이 그려지는 것입니다. 시간이 필요합니다.

　자, 그래서 구름기둥, 불기둥으로 인도하시는데 자, 이제 구름기둥, 불기둥이 이동하는대로 따라가거든요. 그러니까 이스라엘 백성이 빨리 가나안에 가고 싶은데 빨리 못가는 책임이 누구에게 있습니까? 하나님께 있다는 것입니다. 아니, 애굽에서 나왔으면 가나안에 들어가게 하지 왜 할 일도 없는데 광야에서 이렇게 40년이나 지내게 하냐는 거지요. 사실은 농사도 짓지 못하거든요. 그런데 하늘에서 만나를 내려서 먹이시면서 40년을 머물게 하시니 이 초조함이 얼마나 크겠어요. 그래서 원망 불평하는 것입니다. 그러나 하나님께서 왜 그리하셔야 했겠습니까? 이 시련이 꼭 필요한 것이었기 때문입니다.

그런데 오늘본문을 보면 이 시련의 시작이 여기서부터 됩니다. 불기둥과 구름기둥으로 인도하시는데 이스라엘 백성은 그것만 바라보고 따라갑니다. 하나님께서 인도하시는대로 따라가는데 그 길이 평탄해야 되는 것 아닙니까? 하지만 이상하게도 하나님께서는 우리 인간의 생각과는 다르거든요. 내 생각과는 다른 방향으로 인도하십니다. 이스라엘 백성이 지정학적으로는 일단 북쪽으로 블레셋 땅으로 올라가야 돼요. 홍해가 거기 있기 때문에 올라갔다가 동쪽으로 가야 돼요. 북쪽으로 갔다가 동쪽으로 가는 게 상식입니다. 그냥 동쪽으로 가면 저기서 홍해를 만나거든요. 바다밖에 없어요.

그런데 왜 하나님께서는 어떻게 바다길로 인도하시는 것입니까? 성경은 참 중요한 말씀입니다. "홍해의 광야길로 인도했다." 홍해의 광야길로…… 이건 못가는 길입니다. 저 앞에는 바다가 있어요. 어떻게 하나님께서는 상식을 벗어나는 것입니까? 상식으로는 북쪽으로 갔다가 동쪽으로 가야 되는데 하나님께서는 그리 아니하신 겁니다. '그냥 동쪽으로 가라.' 그래서 홍해를 만나게 하십니다. 홍해를 딱 만났을 때 이스라엘 백성은 '아이고! 이제는 죽었다.' 그러고 하나님을 원망하지 않습니까? 원망하면서도 또 거기에 유머가 있어요. "애굽에 매장지가 없더냐? 우리를 왜 여기 와서 죽이느냐?" 이렇게 하나님을 원망합니다.

그러나 여러분 잘 아시는대로 하나님께서는 홍해를 여십니다. 홍해를 갈라지게 해서 바다로 건너가는 기적을 체험하게 하십니다. 왜요? 성경은 이 사실을 자세하게 말씀해줍니다. 저들이 오합지졸인데, 애굽에서 나왔는데 전쟁을 만나면 애굽으로 돌아가자 할 것 아니냐? 그럴 것같아서 하나님께서는 이곳으로 인도하셨고 홍해를 열었다가 닫는 큰 기적을 보게 해서 다시는 애굽으로 돌아갈 생각을 못하게 하기 위한 세밀한 배려가 여기 있었던 것입니다. 애굽으로 다시 돌아가지 못하게 홍해로 막아 놓는 기적을 보여주셨다는 말입니다. 하나님의 깊은 배려가 있었다고 17절에 말씀하고 있습니다. 그러니까 저들이 홍해로 가까이 오는 것은 하나님의 능력을 향하여 오는 길이요, 하나님의 큰 배려와 깊은 뜻 안에서 이루어지는, 그의 계획 속에 있는 것입니다.

그런데 말입니다 사람들은 특별해서 기적은 믿어요. 그러나 기적은 어제까지고 오늘부터는 하나님의 간섭 없는, 하나님의 기적 없는, 나 자신의 자유함을 찾고자 한다는 말입니다. 여기에 문제가 있어요. 어제까지 있었던 기적을 믿어요. 어쩌면 오늘 이후는 기적을 믿고 싶지 않아요. 기적 없이 하나님의 간섭 없이 내 멋대로 한번 자유하고 싶은 못된 마음이 있어요.

여러분, 이스라엘 백성은 애굽에서 10가지 기적을 보았습니다. 홍해를 건너오는 기적을 보았습니다. 또 앞으로도 기적 속에 살아야 돼요. 그 은총과 능력 속에 사는 것입니다. 그런데 이렇게 생각을 못하고 여기까지만 기적이고 이제부터는 내 마음대로 내 이성의 판단대로 그렇게 살아가고 싶은 그런 마음이었어요.

그래서 이스라엘 백성이 하나님을 원망하다가 큰 어려움을 당합니다. 신명기 1장 22절에 보면 이스라엘 백성이 여기 가데스 바네아까지 왔을 때 저 앞에 가나안 땅이 있습니다. 여기서 구름기둥과 불기둥이 인도하는대로 가면 됩니다. 더이상 바랄 게 없지 않습니까? 그 기적만 믿고 따라오면 되는데 여기 와서 쓸데없는 짓을 합니다. 정탐꾼을 보냅니다. 자기들이 언제 전쟁을 했다고요, 언제 자기네 능력으로 살았습니까? 이렇듯 정탐꾼을 보낸 그 사건 자체가 큰 죄가 됩니다. 불신앙이 되는 것입니다. 그리고 정탐꾼이 갔다 와서 보고한 다음에 저들이 이제는 죽었다, 살았다, 가나안 땅에 못들어간다, 우리가 잘못 왔다 난리를 치며 하나님을 원망하였을 때 하나님께서 크게 진노하십니다. 신명기 1장 40절에 보면 무서운 말씀이 있습니다. "다시 회정하라." 가나안 땅까지 왔지마는 아니다, 다시 광야로 돌아가라. 이 무서운 심판이 내려집니다. 자격 미달이요, 함량 미달이요, 거룩함 미달이요, 온유함 미달이다, 다시 광야로 돌아가라, 그래서 회정, 40년 동안의 시련을 겪게 됩니다.

여러분, 하나님의 큰 은혜 가운데 구원을 받았어요. 이제는 그 은혜 가운데 살고 오늘도 내일도 은혜 가운데 살아가면 되겠는데 어느 순간에 불신앙적인 소행이 나올 때 다시 뒤로 돌아 또다시 시련에 빠집니다. 그러면 또다시 깊은 시련의 수렁에서 40년 고생을 해야 합니다.

여러분들은 잊지 말아야 합니다. 구름기둥과 불기둥으로 하나님께서 인도하십니다. 여기에 세 가지 특징이 있습니다. '구름기둥과 불기둥이 앞서 갔다.' 그렇게 기록이 됩니다. 더구나 앞서간다는 말이 정답입니다. 요한복음 10장에 보면 예수님께서 비유로 말씀하시면서 목자와 양을 말씀하실 때 선한 목자는 양을 불러모으고 목자가 앞서 가면 양들이 따라간다 하십니다. 아주 아름다운 그림 같은 얘기입니다. 전 중동에 가서 이걸 많이 보았습니다. 이스라엘에 가서 보니까 정말 양이 많은데 수백 마리의 양이 있지마는 양은 목을 매는 것도 아니고 재갈을 물리는 것도 아닙니다. 그저 양무리가 있는데 그 중의 하나를 탁 치고 목자가 앞서 갑니다. 앞서가면 양들이 졸졸 따라갑니다. 그 삼백여 마리의 양이 한 줄로 쭉 따라가는 걸 볼 때 참 부러웠습니다. 무슨 생각 했는지 아세요? '우리 교인들이 이랬으면 좋겠다.' 아주 한 줄로 따라갑니다. 어디까지 갑니까? 사망의 음침한 골짜기로 가더라도, 밤이고 낮이고 상관하지 않습니다. 목자가 앞서가면 양들은 따라갑니다. 그 길로 갑니다. 얼마나 아름다운 그림이었는지 모릅니다. 제가 너무 재미있어서 여러 시간을 들여다보았습니다. 이게 양입니다. 오늘 성경대로 구름기둥과 불기둥이 앞서갑니다. 그가 다 알고 계십니다. 어디로 가는지도 그가 알고 계시고 우리의 고난도 알고 계시고 우리의 최종목적지도 그가 알고 계십니다. 목자가 앞서 가면 양들은 믿고 따라가면 되는 것입니다.

두 번째는 '그들을 인도한다.' 그랬습니다. 인도한다는 말은 가르친다는 말보다 더 친근하고 더 위대한 말씀입니다. 넘어지면 일으키고 잘못 가면 징계하고 인도하시는 하나님이십니다. 유명한 우찌무라 간조는 마지막 세상을 떠날 때에 이런 기도를 했다고 합니다. "하나님, 내 평생 내 기도를 잘 들어주시지 않은 것을 감사합니다. 내가 원하는대로 됐더라면 안될 뻔했습니다. 당신의 뜻대로 하신 것을 감사합니다.”

　여러분, 내 소원 내 마음대로 돼서 될 것같습니까? 내 뜻대로 안된 것을 감사합니다. 나의 의지와 상관없이 주의 선하신 뜻대로 인도해주신 것을 감사합니다. 인도하시는 하나님, 그리고 보호하시는 하나님, 구름기둥과 불기둥으로 보호해서 애굽 군대가 가까이 오지 못하게 했습니다. 대단히 중요한 말씀 아니겠습니까?

　미국의 대표적인 영화사 중의 하나인 ‘Paramount pictures(파라마운트사)’라고 하는 곳을 여러분이 잘 아십니다. 거기 회장인 Sherry Lansing이라고 하는 분이 유명한 말을 남겼습니다. “과정을 즐겨라, 성공은 염려하지 말라. 더 빠른 것이 항상 현명한 것은 아니다.” 온유한 마음으로 주를 따를 것입니다. 주의 인도하시는대로 따를 것입니다.

　여러분, 우리나라가 일본사람들의 손에 먹혀서 고생을 할 때 말입니다. 많은 젊은이들의 울분이 터졌어요. 그래서 잘못된 두 가지 길이 생겼는데 하나가 고향과 땅을 버린 것이고 또 하나는 타락한 것입니다. 그때부터 우리나라에 술버릇이 생긴 겁니다. ‘나라를 잃어버렸는데 소망이 무엇이냐? 부어라 마셔라.’ 그 술이라는 것도 음식인데 우리나라처럼 못되게 먹는 술버릇이 없어요. 전 유심히 봤습니다. 중국 사람들은 술 많이 마셔도 절대 취하게 마시지 않습니다. 길거리에서 저렇게 맘대로 퍼 마시고 음주운전을 하면서 사고를 내고 그런 미련한 인간은 없어요. 어디서 생긴 것이냐? 나라 잃어버렸을 때, 소위 애국적으로 술을 먹었어요. 나라를 잃어버렸는데 이제 소원이 무엇이냐. 부어라 마셔라. 이것이 지금까지 내려온 망국적인 것입니다.

　　잘 생각해보세요. 그러나 신앙의 사람들은 안창호 선생님이라든가 귀중한 분들은요 '배워야 산다. 늦었지만 배워야 산다. 신앙이 애국이다 애국이 신앙이다. 교회에서 애국가를 부르고 그리고 신앙생활 바로 하라. 그것이 애국이다. 다시 배워야 한다. 늦었지만 다시 시작하는 것이다.' 이것이 바로 온유한 마음입니다.

　　자 여러분, 깊이 생각합시다. 하나님의 하시는 일에 원망하지 맙시다. 그분의 경륜, 그의 교과과정을 그대로 수용합시다. 온유한 마음으로 구름기둥과 불기둥을 따라갑니다. 찬송하며 따라갑니다. 믿고 감사하며 따라갑니다. 하나님께서는 당신이 원하시는 그 시간, 바로 그 장소에서, 주의 뜻을 이루어가실 것입니다. 오늘도 구름기둥과 불기둥으로 우리를 인도하십니다. 훤히 바라보면서 다시 한 번 온유를 점검하면서 따라가는 귀중한 신앙의 사람들 되기를 바랍니다.　△

사람에게 보이려고

    사람에게 보이려고 그들 앞에서 너희 의를 행치 않
도록 주의하라 그렇지 아니하면 하늘에 계신 너희 아
버지께 상을 얻지 못하느니라 그러므로 구제할 때에
외식하는 자가 사람에게 영광을 얻으려고 회당과 거
리에서 하는 것 같이 너희 앞에 나팔을 불지 말라 진
실로 너희에게 이르노니 저희는 자기상을 이미 받았
느니라 너는 구제할 떼에 오른손의 하는 것을 왼손이
모르게 하여 네 구제함이 은밀하게 하라 은밀한 중에
보시는 너의 아버지가 갚으시리라 또 너희가 기도할
때에 외식하는 자와 같이 되지 말라 저희는 사람에게
보이려고 회당과 큰 거리 어귀에 서서 기도하기를 좋
아하느니라 내가 진실로 너희에게 이르노니 저희는
자기상을 이미 받았느니라 너는 기도할 때에 네 골방
에 들어가 문을 닫고 은밀한 중에 계신 네 아버지께
기도하라 은밀한 중에 보시는 네 아버지께서 갚으시
리라 또 기도할 때에 이방인과 같이 중언 부언하지
말라 저희는 말을 많이 하여야 들으실 줄 생각하느니
라 그러므로 저희를 본받지 말라 구하기 전에 너희에
게 있어야 할 것을 하나님 너희 아버지께서 아시느니
라

                    (마태복음 6 : 1 - 8)

사람에게 보이려고

　성도 여러분, '미중년(美中年)'이라고 하는 말을 들어보셨습니까? 요새 새로운 말들이 많이 나오는데 그저 우리 나이든 분들은 공부하는 마음으로 좀 알아둘 필요가 있습니다. '미중년'입니다. 베이비 페이스라든가 혹은 얼짱, 몸짱, S라인이라는 말은 많이 들었지요. S라인이라는 말에다가 '쭉쭉 빵빵'이니 '꿀벅지'라는 말들도 있습니다. 다 옛날사람들은 못들어보고 죽은 말입니다. 그런데 이제는 아저씨들도 문제가 있습니다. 아가씨들에게는 이런 것이 있는데, 아저씨들에게는 '미중년'이라는 신드롬이 있습니다. 아저씨들도 외모강박에 시달리고 있다는 것이지요. 먹고 살기도 바쁜데 외모까지 신경을 써야 한다니 고민이 많아질 수밖에 없습니다. 게다가 요즘 남성들에게는 몸짱에다가 초콜릿복근이라는 말이 있습니다. 옛날에는 팔뚝에 근육이 있으면 됐지만 지금은 아닙니다. 복근, 뱃살근육이 있어야 그게 쓸만한 남자라는 것입니다. 스트레스에 시달릴 수밖에 없습니다. 과거에는 아저씨들의 불뚝 나온 배가 사장님 배라고 해서 괜찮았거든요. 요새는 배 나오면 좋다 나쁘다가 아니라, 그건 죄악이랍니다. 배를 탓하는 이런 세상이 됐습니다. 그래서 동안(童顔)집착신드롬에 빠지고 있습니다. 동안집착현상입니다. 그러니까 옛날에는 "건강해보입니다"가 인사였고 "젊어보입니다" 하는 것도 괜찮았어요. 요새는 그것 가지고는 안됩니다. 요새는 "어려보입니다" 그래야 됩니다. 동안집착이니까요. 주름살에다가 뱃살에까지 신경을 써야 하는 그런 세태가 됐습니다. 그래서입니다. 성형수술을 아가씨들이나 하는 줄 알았는데 아닙니다. 요새는 남자들이 부지런히 드나들고 있대요. 그렇다면 그런 줄 아세요. 참 어려운 세대에 살아갑니다. 병들어서 불편한 것이 아니고 병들어보인다는 데 문제가 있습니다. 딱 보면 건강미가 보여야 되는데 벌써 시들시들해요. 그러면 안되는 것이지요.

여러분, 한 가지 처세학적으로 생각할 것이 있습니다. 절대 누구를 만날 때 "어디 아프십니까?" 그 말 하지 마세요. 그건 기독교인으로는 안되는 것입니다. 내가 조금 그런 경우을 만날 때가 많아요. 어쩌다가 기침 할 수 있잖아요? 그런데 한번 기침하면 "목사님, 감기 걸렸습니까?" 물어요. 그래 어쩌란 말입니까? 참 말할 줄 몰라요. 현대를 살면서 그렇게 하면 안되는 겁니다. 제가 제일 싫어하는 말이 저녁에 집에 들어갈 때, 아무래도 하루종일 시달렸으니까 얼굴이 그렇게 환할 수는 없지요. 들어가게 되면 바로 "당신 감기 걸렸소?" 그러면 제가 화를 버럭 냅니다. "그래서 어쨌다고?" 감기 걸린 줄 알면 서비스 바꿀 생각을 해야지, 기껏 하는 게 감기 걸렸느냐고 물어보는 건데 그런다고 달라지나요. 쓸데없는 말 해가지고 오히려 사람 감기 걸리게 만들어요. 재미없어요. 그렇지 않아요? 저도 이제 좀 나이가 들고보니까 이런 말 하지만 좋은 사람들이 있어요. "늘 젊어보입니다. 늘 건강해보입니다. 무슨 좋은 일 있습니까?" 이런 좋은 말 많잖아요. 기껏 한다는 소리가 그저 자기 느끼는 아주 동물적 본능입니다. 딱 보자마자 "어디 아파요? 무슨 고민 있습니까?" "있다 왜?" 어쨌단 말입니까. 이게 무슨 소리요?

자, 성경을 외웁시다. "이웃을 내 몸과 같이 사랑하라." 결국 내가 다른 사람에게 하는 말은 바로 내가 듣고 싶은 말과 관계된 것입니다. 내가 듣기 싫은 말은 남에게 하지 말아야지요. 돈 가지고 구제하는 것 아닙니다. 말 한마디 가지고 구제하는 것입니다. 그러니까 그저 만나거든 "전보다 건강해보입니다. 항상 동안입니다. 요새 무슨 좋은 일 있습니까?" 이게 돈 안들이고 구제하는 것입니다. 이걸 알아야 됩니다. 말 한마디, 우리는 요새 너무 심각해요. 그러니까 '젊어보인다'가 아니라 '어려보인다'고 해야 된다니까요. "건강해보입니다. 동안입니다." 자, 이 말 한마디 속에 중요한 의미가 있습니다.

사람들이 참 이상해요. 특별히 여성들은 아주 어렵게 돈을 모아서 자기가 사고 싶은 옷 한 벌을 산대요. 그거 하나 사기 위해서 몇 달 동안 돈을 저축했어요. 그래서 사들고 나오다가 똑같은 옷을 입은 사람이 보이면 그만 그 옷을 입지 못한대요. 그게 여자의 마음이지요. 자, 이걸 어떡하면 좋겠습니까? 왜 이렇게 사람에게 신경을 쓰며 살아야 됩니까? 내가 산 옷 좋아요. 다른 사람이 입었으면 더 좋아요. 그러면 안되겠습니까? 나와 같은 옷을 다른 사람이 입으면 "나 그거 못입어"라고 했다면 회개해야 됩니다. 깊이 생각해봅시다. 다른 사람이 나와 같은 것 좋고 나보다 더 좋은 것 더 좋고 다른 사람이 좋은 옷을 입었으면 "아! 그 옷 참 좋습니다." 한마디 해주면 안되겠어요? 밑천 안들이고 봉사하는 것인데요. 사람을 기분좋게 해주는 것인데요. 그렇지 않아요?

누가 그래요. 미국에서 꽤 오래 살았는데 다 집어치우고 한국으로 나왔어요. 돈도 꽤 많이 번 줄 알고 있는데, 왜 나왔느냐고 물었더니 미국에 살 재미가 없어 나왔대요. 그래 무슨 말이냐고 물으니까 이렇게 말해요. "내가 몇 년 동안 돈을 모아서 캐딜락 자동차를 하나 샀는데, 큰 맘 먹고 사가지고 딱 몰고 갔는데, 교회에 가면 그래도 '아이고 차 바꿨네, 이거 얼마짜리야?' 하고 물어주었으면 좋겠는데 쳐다보는 사람도 없대요. 미국이 그래서 재미가 없대요. 여러분, 자, 이거 묘한 것 아닙니까? 확실히 심리학적 세대에 사는 것입니다. 우리의 삶은 심리학적으로 좌우되고 있는 것입니다. 자, 사람됨의 기준이 어디에 있습니까? 소유에 있다고요? 그거 옛날 얘기입니다. 돈 아무리 벌어도 그것가지고 행복하지 못합니다. 지식에 있다고요? 공부 많이 해봤자 누가 알아주는 때는 지났습니다. 옛날에는 대학에 입학만 해도 벌써 일등 사윗감이었어요. 그러나 지금은 박사학위가 있어도 사윗감이 못됩니다. 보세요. 지식, 지위, 명예…… 아무것도 아닙니다.

어쩌면 여기까지 왔습니다. 사람들이 날 어떻게 보나, 어떻게 평가해주나, 이걸 신경쓰고 있는 것입니다. 그래서 오늘 성경에 보면 예수님께서 누누이 말씀하십니다. 그 옛날에 이렇게 정확하게 말씀하셨어요. "사람에게 보이려고 하지 마라." 사람들이 뭐라고 말하느냐에 신경쓰지 말라는 것입니다. 신경 안쓰고 살면 안되겠느냐, 이것입니다. 더구나 하나님 앞에 사는 사람이 무슨 사람이 그렇게 대수냐, 그렇게 자유할 수 없겠느냐, 예수님께서 말씀하십니다.

여러분, 빈곤이라는 말도 그렇습니다. 절대빈곤이 있고 상대적 빈곤이 있습니다. 지금 우리는 상대적 빈곤에 시달리는 것입니다. 밥을 굶어서 고민이 있는 것이 아닙니다. 가난해서 고민이 있는 것이 아니고 중요한 것은 다른 사람이 나보다 잘살기 때문입니다. 그것 때문에 고민이 많습니다. 간혹 우리가 남녀간에 동창회라는 것을 갑니다. 동창회에 가기 싫어하는 사람이 있어요. 왜냐하면 가보니까 옛날 학교 다닐 때는 나보다 공부도 못하던 놈들이 돈 벌어가지고 거들먹거리거든요. 그거 보기 싫어서 나 안간다, 이겁니다. 회개하세요. 그냥 가세요. 가서 그 친구들 돈벌어서 잘살거든 차라리 노골적으로 이렇게 말하지요. "야, 너 공부할 때는 시시하더니 말이야, 돈 잘버는 재주가 있었구나." 좀 칭찬해주면 안되겠습니까? 그 칭찬 듣고 싶어서 동창회에 나오는 건데요. 그걸 그래, 그 한마디가 싫어서 동창회 안나가겠다고요. 그건 안되는 겁니다. 그런 마음 가지고는 안되는 겁니다. 칭찬할 줄 알아야지, '너 예뻐졌다. 좋아졌다. 야, 너 뭐가 잘되는가 보다' 좀 그러면 안되겠어요? 내가 좀 어렵다고 해서 꼭 이렇게 열등의식에, 피해망상에 사는 사람이 돼야 되겠느냐고요. 굉장히 중요한 문제입니다. 그래서 상대적 박탈감을 느끼는 것입니다. 내가 빼앗긴 것도 없어요. 그러나 저 사람이 잘살면 내가 뭔가 빼앗긴 것같거든요. 언제나 여기서 벗어날 것입니까? 정말로 중생해야 됩니다. 오늘 성경에 누누이 말씀합니다. "사람에게 보이려고 하지 마라." 사람들에게 인정을 받고, 사람에게 칭찬을 받고, 사람에게 존경을 받고 그러려면 내가 남을 존경해야지요. 내가 남을 칭찬할 수 있어야지요.

성도 여러분, 칭찬하고 존경받는 것은 저 멀리 있는 결과입니다. 이것이 동기가 될 수는 없습니다. 여러분, 좋은 일 많이 하면 칭찬 받을 수 있어요. 아주 의롭고 선하게 살면 많은 사람에게 추앙을 받을 수도 있겠지요. 그러나 칭찬받기 위해서 살아서는 안됩니다. 칭찬받기 위해서 선한 일을 해서는 안된다는 것입니다. 이것은 결과이지 동기가 아닙니다. 그냥 선한 일을 하고 칭찬받을 수 있어요. 그냥 좋은 일을 하고 존경받을 수 있지마는 그러나 존경이 목적이고 칭찬이 목적이면 어느 사이에 병들어 위선자가 되는 것입니다. 여기에 문제가 있다는 말입니다. 선한 일을 하고 칭찬과 존경을 받을 수 있으나, 존경과 칭찬을 받기 위하여 선한 일을 하는 것은 신앙인의 모습이 아닙니다. 오늘 예수님께서 이걸 강하게 말씀하십니다. 교회가 처음 설립되던 오순절, 초대교회 때에 맨먼저 있은 큰 사건이 바로 이것입니다. 유무상통 하는 일이 있었습니다. 신앙의 불길이 일어날 때 내 것을 내 것이라고 하는 사람이 없어서 여유있는 것들을 싸다가 다른 사람에게 주고 모든 사람에게 필요에 따라 나누어주는 이런 은혜롭고 아름다운 분위기가 됐다는 것입니다. 그러다보니 바나바라고 하는 사람이 좀 생활의 여유가 있었던 것같아요. 그래서 남는 땅을 팔아서 사도들의 발 앞에 가져다놨어요. 성경에는 거기까지 기록이 되어 있는데, 그 다음은 우리가 한번 추리를 해야 돼요. 그러니까 많은 사람들이 바나바를 존경하게 됐어요. '그 생명같은 땅을 팔아서 갖다바쳤구먼.' 훌륭하고 위대한 분이라고 모든 사람들이 높이 존경을 했더라는 거지요. 그랬더니 아나니아와 삽비라가 그 존경이라는 것이 일생을 가도 한번 받기가 어려운데 그저 돈 몇푼 가지고 되는 것이라고 생각했어요. 간단한 것이라고 생각하고 '우리도 합시다' 그랬어요. 그래서 아나니아와 삽비라가 땅을 팔았더랍니다. 땅을 팔아 갖다놓고 보니까 너무 많은 것같아요. 그래서 반을 떼고 반만 가지고 갔답니다. 그러나 거기에 문제가 있어요. 심리학적으로 전부인 것처럼 그랬던 것같아요. 반을 바치면서 전부인 것처럼 했단 말입니다. 베드로가 이것을 딱 알고 "어찌하여 성령을 속이느냐" 말했고, 결국은 아나니아와 삽비라가 죽어버렸어요. 이게 왜 큰 사건이 되느냐하면, 이것은 거룩한 명예를 도둑질하는 것이거든요.

존경을 날치기한 것입니다. 선한 마음이 있어서 한 게 아니고, 칭찬을 듣기 위하여 또는 존경을 받기 위하여 이 땅을 팔았더라고요. 그래놓고는 선한 일 하는 것처럼 했더라고요. 이걸 용납치 않아요. 초대교회에서 제일 먼저 이 사건을 만나게 됩니다.

여러분, 교회생활 하는 여러분은 정말 사람에게 보이려고, 칭찬받으려고 그러면 안됩니다. 제가 소망교회에 있으면서 보니까 어느 장로님이 좋은 일을 많이 해요. 그분 특별히 여러 가지로 고아원, 양로원, 선교 등 참 많이 하시는 분입니다. 소문났어요. 그런데 그분의 단점이 딱 하나 있어요. 그게 뭐냐하면 꼭 구제하러 갈 때 나한테 전화하고 가요. 갔다와서 또 전화해요. 꼭 이렇게 하거든요. 그걸 모든 분들이 다 알아요. 그래서 그 장로님 참 좋은데 그게 문제라고, 갔다오면 갔다왔다고 하고 또 사진 찍어 와서 발표하고 하는 게 문제라고들 그래요. 그래서 내가 그 고자질하는 분에게 이렇게 대답을 했어요. "그것까지 없으면 성자가 됩니다." 어쩌면 좋아요? 그것 한 가지 없으면 참 좋은데, 가만히 생각해보세요. 사람이 알면 어떻고 모르면 어때요. 목사가 알면 어떻고 모르면 어때요. 그걸 꼭 목사에게 알려야 될 이유가 뭡니까. 하나님께서 다 알고 계십니다. 이것이 문제입니다.

칭찬은 결과이지 동기가 될 수 없는 것입니다. 사람은 삼자 관계에 삽니다. 그래서 하나님 앞에서 얼마나 정직하게 사느냐의 문제입니다. 신앙이란 하나님 앞에 정직함입니다. 하나님 앞에 선 모습으로 사는 것입니다. 그것이 신앙입니다. 그 다음에는 사람들 안에서 삽니다. 어차피 사람과의 관계를 맺고 삽니다. 그 다음에는 자기 자신과의 관계입니다. 자기 자신에게 얼마나 정직하고 진실한가 하

는 것입니다. 바리새인의 큰 실수가 여기에 있는 것 아닙니까? 하나
님 앞에 나가서 기도할 때에도 많은 사람 보는 데서 소리를 질러요.
"하나님이여! 나는 저 세리와 같지 아니함을 감사하나이다. 내가 하
나님 앞에 십일조를 바치나이다." 그래 예수님께서 크게 책망하셨습
니다. 이걸 알아야 됩니다. 세리는 아무것도 바친 것 없습니다. 그러
나 저 뒤에 엎드려서 "나는 죄인이로소이다" 라고 했어요. 그런데 그
세리가 더 의롭다 함을 얻고 돌아갔다고 하십니다. 예수님의 판단입
니다.

고린도전서 4장 3절에 보면 읽고 또 읽어도 우리 마음에 깊은
감동을 주는 사도 바울의 간증이 있습니다. "너희에게나 다른 사람
에게나 판단 받는 것이 내게는 매우 작은 일이라 나도 나를 판단하
지 아니하노니⋯⋯" 사람들이 나를 두고 뭐라 하든지 그것은 내게
중요한 일이 아니고, 대수로운 일이 아니고, 나는 사람의 평판에 대
해서 신경을 안쓴다고 합니다. 그 다음 말씀이 있어요. "나도 나를
판단하지 아니하노니⋯⋯" 여러분, 자기 판단에 매여서 교만하고,
자기 판단에 매여서 절망하는 그것도 잘못입니다. 자기를 높이 평가
하지도 말고 낮춰 평가하지도 말라는 것입니다. "나도 나를 판단하
지 아니하노니⋯⋯ 다만 나를 심판하실 이는 주시니라." 오직 나를
판단하시는 이는 하나님뿐이라는 것입니다. 그것도 지금이 아니고
주님 오실 때 그때 나를 판단하실 것이라고 합니다. 이렇게 그는 멀
리 내다보고 있습니다. 참으로 훌륭한 간증입니다.

위선, 외식 다 피곤합니다. 사람에게 신경쓰는 것처럼 피곤한
일이 없습니다. 집안에서도 그렇습니다. 그저 알게 모르게 했으면
참 좋은데 말입니다. 제가 북한에 갔을 때입니다. 언젠가 한번 거기

장관되는 사람이 내게 이런 말을 해요. "남조선 기독교인들이 예수를 믿는지 안믿는지 모르겠어요." 그래서 내가 "무슨 말을 그렇게 하시오?" 그랬더니, 그 다음 말이 재미있어요. "남조선에서 우리에게 의약품도 주고 쌀도 주고 뭐 좀 이렇게 주는데, 그때마다 와서는 감사장을 달라 하고 영수증을 달라 하고 표창장을 달라고 해요." 그리고 이분이 오히려 나한테 전도를 해요. "성경에 오른손이 하는 것 왼손이 모르게 하라 했는데 왜 남조선 교인들은 이렇게 말이 많습니까?" 참 그런 말을 들을 때마다 마음이 괴로워요. 받긴 받아야겠으니 그냥 그저 굴욕을 참고 받지마는 마음인즉 안받고 싶다는 것입니다. 그러면 구제 한 것입니까, 안한 것입니까? 잘 들으세요. "오른손이 하는 것 왼손이 모르게……" 얼마나 참 기가 막힌 말씀입니까? 구제는 이래야 되는 것입니다. 누가 볼까봐 겁을 내야 합니다.

　저는 당시에 있지 않아서 모르지만 일제 말년에 목사님들이 월급을 못받았습니다. 교회가 핍박을 받고 사방에서 순교하고 그리고 교회에 잘 모이지도 못하는데 헌금이 있겠어요? 그래서 목사님들이 생활비가 없었어요. 그래도 시골이라면 들에 나가서 뭘 뜯어다 먹기라도 하지만 도시에서 어떡하겠어요? 평양 한 시내에서 목사님들이 그냥 굶게 됐거든요. 그럴 때에 교인들이 어디서 귀하게 구한 쌀을 한줌씩 모아 보따리를 만들어가지고 새벽마다 담장 너머로 던져주었대요. 아침에 마당에 나가면 쌀 보따리가 사방에 있어서 그걸 걷어다가 마치 엘리야 때에 까마귀가 떡을 갖다 준 것처럼 그거 걷어 먹고 살았노라고, 한 목사님이 제게 그 얘기를 회상하면서 눈물을 흘리더라고요. 그렇습니다. 누가 줬는지 모르게 하기 위해서 이걸 이렇게 해서 갖다 던져주는 마음, 그것을 받는 마음, 여기에 하나님의 뜻이 있는 것입니다. "오른손이 하는 것 왼손이 모르게 하라."

여러분, 반대로 잘못돼서 위선자가 되다보면 피곤합니다. 자기 존재를 파괴하는 것입니다. 능력도 지혜도 인격도 아무것도 없습니다. 마지막에 스스로 내가 뭘 했는지 알 수가 없습니다. 무얼 하고 살았는지, 이름도 없이 빛도 없이― 이거 안되겠습니까? 어떤 분은 찬송가 '부름받아 나선 이 몸'의 3절에 "이름도 없이 빛도 없이"라는 가사가 있는데 이 3절은 안부르고 싹 지나간대요. '이름도 없이 빛도 없이', 그건 안되고 또 못하겠다는 것입니다. 여러분, 예수님 말씀하십니다. "구제할 때에 오른손이 하는 것 왼손이 모르게, 기도할 때에 골방에 들어가서 하라." 뒤에 16절에 보면 금식할 때에 세수하라고 그랬어요. 얼굴을 씻으라고요. 초췌하게 다니면서 금식하는 중이라고 알리지 말라고요. 얼굴을 씻고 머리에 기름을 바르고 골방으로 들어가라고 합니다. "은밀한 중에 계시는 하나님이 갚으신다." 그리고 "자기 상을 이미 받았느니라." 이미 받았다 '아페쿠신'이라는 이 말은 재미있는 말입니다. 영수증이라는 말이고 지불완료라는 뜻입니다. 사람에게 칭찬을 받았으면 벌써 계산 끝났다는 것입니다. 하나님 앞에는 받을 것이 없다는 그런 말입니다.

여러분, 빌라도 앞에 서신 예수님을 보세요. 생명을 하나님께 위탁했습니다. 후속결과를 하나님께 위탁했습니다. 나 죽은 다음에 어떻게 되느냐고 묻지 마세요. 그 다음 묻지 마세요. 다 하나님께 맡깁니다. 특별히 명예를 위탁했습니다. 인간 중에 가장 더럽고 추한 이름을 가지고 십자가에 돌아가십니다. 그러나 상관없습니다. 하나님 앞에, 여러분, 사람에게 인정받으려는 마음, 사람에게 보이려는 마음, 아주 깨끗이 꺼버리고 지워버리고 한번 살아 보실까요. 이제는 자유해야 되겠습니다. 사람의 평판은 사실은 피곤합니다. 정확하지도 않고요 하나님께서 보시고 하나님께서 갚아주십니다. 은근하게 갚아 주십니다. 반드시 갚아주십니다.

저는 소문만 들었지 실제는 몰랐었는데, 제가 그런 분을 몇분 만날 때 얼마나 감동을 하는지 모릅니다. "곽 목사! 곽 목사 할아버지가 곽치응 장로님 맞아?" "맞습니다." "드디어 만났구먼! 내가 할아버지 장학금 받아서 공부하고 목사가 됐어. 그런데 그 손자가 목사 됐다는 말을 들었는데 오늘 만났구먼." 그리고 제 손을 잡고 인사할 때 정말 감사했습니다. 제가 미국 가서 5년 동안 공부를 했지마는 한국에서 돈은 한푼도 가지고 가지 않았습니다. 전부 미국 돈으로 공부했습니다. 장학금으로요. 그때마다 생각합니다. 할아버지가 심어놓은 것 내가 거둔다는 것을요. 이름도 없이 빛도 없이 거기서 심어놓은 것 손자가 거두고 있다고 저는 그런 생각을 하고 늘 감사했습니다. 여러분, "사람에게 보이려고 하지 마라. 은밀한 중에 보시는 하나님이 반드시 갚아주신다."   △

내가 믿고자 하나이다

예수께서 저희가 그 사람을 쫓아냈다 하는 말을 들
으셨더니 그를 만나사 가라사대 네가 인자를 믿느냐
대답하여 가로되 주여 그가 누구시오니까 내가 믿
고자 하나이다 예수께서 가라사대 네가 그를 보았거
니와 지금 너와 말하는 자가 그이니라 가로되 주여
내가 믿나이다 하고 절하는지라 예수께서 가라사대
내가 심판하러 이 세상에 왔으나 보지 못하는 자들은
보게 하고 보는 자들은 소경되게 하려 함이라 하시니
바리새인 중에 예수와 함께 있던 자들이 이 말씀을
듣고 가로되 우리도 소경인가 예수께서 가라사대 너
희가 소경되었더면 죄가 없으려니와 본다고 하니 너
희 죄가 그저 있느니라

(요한복음 9 : 35 - 41)

내가 믿고자 하나이다

　제가 개인적으로 경험한 뼈아픈 하나의 사건이 있었습니다. 제가 고향에서 피란의 길을 나올 때에 같이 나온 하나의 이웃이 있었습니다. 저는 혼자 나왔지만 그 집은 온식구가 다 같이 나왔습니다. 그래서 잠깐 그 집에 얹혀서 같이 피란생활도 하고 그랬는데, 그 이웃집에 저보다 한 십 년 아래 나이가 되는 동생같은 분이 있었습니다. 사대독자입니다. 그 집이 좀 여유가 있고 하니 얼마나 귀하게 자랐는지 모릅니다. 부족한 것 없이 그렇게 귀하게만 키웠습니다. 그러다보니 버릇이 좋지 않고 그랬어요. 그래서 늘 걱정이고 제가 생각할 때도 '저놈이 정말 사람이 되려나?' 하는 걱정을 했습니다. 그런데 저는 피란을 나와서도 혼자서 군대생활도 하고 이러면서 외롭게 살았지만 그 친구는 아버지와 어머니 계시고 위로 누나가 둘이 있고 이래서 여유있게 가정적으로나 경제적으로나 편안하게 지냈습니다. 그러다보니 고등학교 다닐 때부터 빗나가기 시작하더니, 그 다음에는 대학이라고 들어갔다가 중도에 그만두고 등록금 가지고 나가서 술 먹고 없애며 밖으로 나도는데 끝이 없어요. 정말 어디까지 갈는지 모르겠어요. 기다리고 위해서 기도하고 또 앉아서 얘기도 해보고 권면해보지만 끝이 없어요. 그런 청년이 하나 있었어요. 그러나 너무 멀리 나가서 깡패들 속에 한 멤버가 돼서 어깨에 힘주고 온동네를 헤매고, 이렇게 됐습니다. 그러니 그 어머니는 그냥 붙들고 기도하고 아버지도 늘 걱정이며 어쨌든 저도 늘 함께 걱정을 했습니다.

그런데 어느날 자기 딴에는 그래도 깊은 회심이 있어서 '내가 이 대로는 안되지' 하고 결심하고 군대에 입대하게 됩니다. 나쁜 친구 들과의 관계를 끊을 수가 없으니 내가 아무리 결심해도 안되니까 군 대 가서 한 3년 동안 있다 와서 새로운 생을 살고 싶었던 것입니다. 그 얼마나 좋은 얘기입니까. 그래서 '천지개벽같은 얘기다. 너 참 잘 생각했다'고 하면서 군대에 입대할 때 위해서 기도해주고 축하파티 를 하고 그랬습니다. 큰 기대를 가지고 군대를 보냈어요. 가서 몇달 동안 훈련을 받고 첫번째 휴가를 나왔습니다. 첫 휴가를 일주일 나 왔는데 오랜만에 자유를 얻으니까 얼마나 좋겠습니까? 그런데 바로 그 시간이 문제입니다. 그때에 조용히 지냈어야 되는데 다시 또 옛 날 친구들하고 어울렸습니다. 이래서 그 며칠 동안 또 옛날로 돌아 가 버리고 말았어요. 그러나 생각하다보니까 아까운 시간을 잘못 보 냈어요. 그러다가 그만 귀대날짜를 잊어버렸어요. 군대는 휴가가 있 잖아요? 끝나고 돌아가야 되는데 돌아가는 날짜를 이틀이나 지나 서야 정신을 차렸어요. 깨고 보니까 이틀 전에 돌아가야 되는 것입 니다. 큰일났어요. 이렇게 되면 탈영병이 되거든요. 그래 정신을 차 렸는데, 이 사실을 아버지 어머니한테 얘기를 합니다. "내가 이렇게 실수를 했고 부대에 돌아가야겠는데 빈손으로 가면 나 맞아죽습니 다. 그러니까 좀 여유있게 용돈을 주면 좋겠습니다." 그러니까 그때 에 아버지와 어머니가 "그러냐?" 했으면 좋았을 것을 "네 말을 어떻 게 믿느냐?" 그랬어요. 여기서 상처를 입었어요. 그래서 나한테 왔 어요. 그 전에도 늘 나한테 용돈을 타갔거든요. 또 만나가지고 "형님 저 좀 도와주세요" 그래서 저도 똑같은 말을 했어요. "이놈아! 아직 도 정신을 못차려? 네 말을 내가 어떻게 믿어?" 그랬거든요. 그랬더니 "알았습니다" 그러고 갔어요. 가서 기합을 많이 받았어요. 영창에 들어갔는데 유서를 써놓고 자살했어요. 그 다음에 이제 후회하면 뭘 합니까?

여러분, 저에게는 참 아픈 경험입니다. 그 마지막 한마디는 믿어야 되는데 말이지요. 여러분, 아무리 거짓말 백번을 했더라도 마지막 한마디만은 진실이거든요. 이건 믿어야 되거든요. 마지막 진실이 이렇게 부도나면 못사는 것입니다. 딱 한 사람만 날 믿어줘도 되는데, 한 사건만 믿음으로 끝나도 되는데 믿지 못했어요. '아무도 믿는 자가 없다. 나를 믿어주는 자 없다'고 생각되면 그는 살 수가 없었습니다. 여러분, 사람이 밥 먹고 사는 것같지만 믿음으로 사는 것입니다. 믿음의 힘으로 사는 것입니다. 남을 믿어야 하고, 내가 나를 믿어야 하고 또 모든 사람이 나를 믿어준다 할 때 그만큼 존재의 영역이 넓어지고 확고해지는 것입니다. 아무도 나를 안믿는다고 하면 이제는 살 수가 없습니다. 게다가 나도 나를 믿을 수가 없어요. 그러면 인생은 끝난 것이다 하는 말입니다. 마지막 그 한마디만은 꼭 믿어야 하고 믿어줘야 했는데 그렇지 못했어요.

오늘 본문말씀에도 있습니다마는, "믿고 싶습니다" 그랬어요. 그렇습니다. 믿고 싶어요. 믿어야 살 줄을 누가 모릅니까? 그러나 고민은 여기에 있습니다. 믿어지지 않는 걸 어떡하면 좋아요. 아무리 믿고 싶지만 안믿어지는 것입니다. 여기에 문제가 있는 것입니다. 심리학자 에릭 에릭슨이라고 하는 분은 인간을 이성적이며 창조적인 존재라고 전제하고 그의 심리학 연구에 있어서 이렇게 말합니다. 인간은 8단계의 발달단계를 거치는데, 그 첫번째가 믿음의 단계라고 했습니다. 믿고야 지식도 오고, 믿고야 사랑도 사랑이 될 수 있고, 믿고야 힘도 지혜도 생기는 것입니다. 믿음이라고 하는 기초가 무너지면 끝나는 것입니다. 그래서 제가 결혼주례 할 때마다 부탁하는 것입니다. '사랑의 기초는 믿음이다. 그런고로 그냥 믿어라. 절대 의심하지 마라.' 그래서 제가 결혼주례 할 때마다 이 말은 꼭 한마디 합니다. 또 이 말은 꼭 해달래요. 주례 부탁하는 사람들이 부탁하는 그게 뭔지 아십니까? 밤에 잘 때 남편의 핸드폰 눌러보지 말라고요. 핸드폰 눌러보고 누구냐고 그렇게 의심하며 살려거든 살지 말라고요. 헛된 세월 보내고 있는 것입니다. 그냥 믿어요. 무슨 전화가 왔나 무슨 얘길 했나 알면 어떻고 모르면 어떡하겠다는 것입니까. 그냥 믿어요. 하늘처럼 믿어요. 그러면 행복한 것입니다. 사랑의 심리학에서 말합니다. 사랑의 결정적인 병은 의심입니다. 이 의심이라는 병은 못고쳐요. 오직 믿음인데, 그런데 믿어줘야 믿지요. 인간발달의 첫번째가 믿음입니다. 신뢰감과 불신감의 단계인데, 이처럼 믿음이 없으면 애당초 출발할 때부터 어렵게 출발합니다. 두 살 때 믿음이 이루어진다고 합니다. 두 살에서부터 그래서 태어나서부터 두 살까지가 문제라는 것입니다. 말도 못할 때 벌써 믿음의 문제가 결정이 됩니다. 아이들이 어머니를 믿을 수 있으면 편안해요. 의심이 생기면 불안에 떨게 됩니다. 여기에 우리가 쉽게 알 수 있는 결정적 증거가 하나 있습니다. 일찍 동생이 태어나면 여기에 문제가 있거든요. 자, 내가 독차지하던 어머니를 이제 엉뚱한 것이 빼앗았어요. 그럼 애는 그냥 우는 것입니다. 이 심리학적 문제가 일생 가는 것입니다. 그래서 중요하지 않습니까? 나를 전적으로 사랑하는 어머니의 사랑이 엉뚱한 곳으로 가는 것입니다. 배신자입니다. 저 사람은 배신자라고요. 이렇게 하고 그 불안 속에서 살아가게 되니 이 얼마나 무서운 것입니까?

　믿음의 단계에서 확실한 믿음을 얻어야 하는데 그 믿음 중에 가장 중요한 것이 시간입니다. 시간을 지켜줘야 됩니다. 약속을 지켜줘야 됩니다. 자, 학자들은 이렇게 말합니다. 아이들이 무엇을 달라고 할 때 믿음을 키우기 위해서 즉석에서 주지 말라는 것입니다. 돈이든 뭐든 달라고 할 때 바로 "그래" 하면 안되는 겁니다. 게다가 더 안되는 게 있어요. 울면 주지 말아요. 울면서 달라고 하는 것을 주면 안돼요. 울음을 멈추고 웃으면서 달라고 해야 돼요. 저희 집에서 이건 원칙입니다. 아들, 딸이고 손자든 울면서 달라는 것은 절대 안줍니다. 밤새껏 울어도 안줍니다. 울음으로써는 문제가 해결되지 않는다는 것을 알아야 되니까요. 이게 하나의 계약입니다. 그리고 또 한 가지는 달라고 할 때는 지금 당장 줄 수 있어도 '아니라'고 하는 것입니다. '한 밤 자면 줄게.' 아이들은 한 밤 두 밤 그렇게 말하지 않습니까? '한 밤 자면 줄게'하고 딱 연기해놓거든요. 그러면 한 밤 잔 다음에는 벌써 다 잊어버렸어요. 그래도 기억을 해가지고 "어제 약속한 것이다"그러고 줘요. '그리고 조금 지난 다음에는 세 밤 자면 줄게'라고 하고 세 밤 자고나면 딱 줘요. 이렇게 연결해나가면 그 다음에 믿음이 커집니다. 그러면 '일 년 후에 줄게'가 되는 것입니다. 자기가 경험하지 못한 세계에서까지 부모님의 말씀을 믿음으로 받아들이게 되는 것입니다. 약속과 성취 사이에 온전한 믿음을 가지게 됩니다. 여기서 인격이 형성이 되는 것입니다. 이 얼마나 중요한 것입니까? 어떤 분은 말합니다. 에덴동산에서 아담과 하와가 하나님께서 "이 선악과를 먹으면 정녕 죽으리라" 하셨을 때 그 한마디를 제대로 믿었더라면 인류역사가 달라지는 것인데, 그걸 의심한 결과로 오늘 이렇게 불행해졌다고 합니다. 믿음, 이 얼마나 중요합니까? 먼저 믿음이 제일 중요하다는 것을 알아야 합니다. 다른 것 다 없어도 믿음이 있어야 돼요. 오직 믿음으로 살고, 믿음으로 세우고, 믿음으로 구원받고 믿음, 그런고로 철저하게 믿음의 체질이 돼야 됩니다.

그리고 두 번째는 나만 믿으면 되는 것이 아닙니다. 남을 믿게 해야지요. 믿을 수 있는 사람이 돼야지요. 죄송하지만, 제가 이 나이 되도록 한 가지 크게 성공한 것이 있습니다. 그건 시간약속입니다. 그래서 어디 가나 '몇시 몇분까지 간다'고 할 때, 우리 교인들에게는 시간 지키라는 광고를 하는 일이 없어요. 딱딱 나오니까요. 또 나도 '어느 집에 몇시에 갑니다' 그러면, 딱 5분 전에 들어갑니다. 올 줄 알고 밖에 나와 서 있는 경우가 있는데, 그럼 내가 어떻게 하겠어요? 차를 가지고 그 근방에 가서 멀찌감치 서서 한 30분 기다렸다가 시간 땡 하면 들어가거든요. 일찍 들어가도 안되고 늦게 가도 안돼요. 이건 약속이니까 믿음이 이루어져야죠. '저분은 반드시 온다. 이 시간에는 반드시 온다.' 이 얼마나 중요합니까? 이거 하나 만드는 데 80년 걸렸어요. 서로 믿는 것입니다. 신뢰가 이루어지는 것입니다. 그래야 편안해요. 안 올까 걱정할 필요 없어요. 반드시 와요. 이 얼마나 중요합니까? 믿음, 그러니까 나만 믿는다고 되는 것이 아닙니다. 남에게 믿음을 줘야 됩니다. 믿을 수 있는 사람으로 나타나야 합니다.

또한 믿음의 성장과정이 있어요. 작은 믿음에서부터 큰 믿음으로, 사소한 일에서부터 중요한 일로 그래서 이 세상의 일에서부터 내세까지 믿음이 점점 커지고 높아지고 신령해져야 합니다. 엄청난 믿음에까지 성장해야 한다는 말입니다. 이 본문에 나면서부터 소경

된 사람이 있습니다. 나면서부터 소경 돼서 눈을 떠본 일이 없는 사람입니다. 그가 예수님을 만납니다. 그런데 여기 중요한 것은 예수님을 만나서 "내 눈을 뜨게 해주세요"라는 말도 없어요. 여기에는 간구가 없어요. 다만 예수님께서 이리 오라 불러놓고 예수님께서 자발적으로 땅의 진흙을 이겨서 눈에다 묻혀주십니다. 참 중요한 얘기입니다. 저는 그래 생각을 해요. '장님의 눈은 눈이 아닌가? 먼지가 들어가도 아픈데 진흙을 이겨서 눈에다 바른다. 이건 좀 괴로운 일인데.' 한데 이 사람이 잘 참았어요. 나같으면 못참는데 잘 참았어요. 의심이 가지마는 믿고 참았어요. 그 다음에 "당장 눈을 떠" 하시질 않고, "실로암에 가서 씻어라"고 하십니다. 거기서 실로암까지는 장님이 지팡이 짚고 가면 1시간 반을 가야 돼요. 그런 정도의 먼 거리인데, 이제 "실로암 가서 씻어라" 하시는 말씀을 믿고 가는 것입니다. 갈 때 어떠했을 것같아요? 지팡이 짚고 가면서 "일진 사납다. 도대체 내가 지금 뭘 하고 있는 거야?" 그런 생각 안했을 것같습니까? 그러나 순종했어요. 끝까지 순종했어요. 실로암에 가서 자기 손으로 눈을 씻었더니 눈을 뜨는 것입니다. 이렇게 해서 깨끗해집니다. 그 경험이 여기에 있어요.

그런데 문제는 이 기적을 체험했습니다마는 누가 내 눈을 뜨게 했는지 몰라요. 이것이 무엇을 의미하는지 모르고 있더라고요. 그래 오늘 예수님께서 이 사람이 눈을 뜬 다음에 딱 만났어요. 눈뜬 다음에 예수님께서 하시는 말씀입니다. "네가 인자를 믿느냐?" 이것 참 중요한 질문입니다. 그러나 이 사람 뭘 믿을 수가 없잖아요? 눈만 떴지 예수님에 대해서 아는 바가 없으니까요. 그 때 예수께서 말씀하시되 "네가 그를 보았느니라." 다시 말하면 '체험했느니라' 하십니

다. 그러나 이것이 무엇을 의미하는지 몰랐어요. 오늘도 전쟁도 경
험하고 기근도 경험하고 지진도 경험해요. 이것이 무엇을 의미하는
지를 모르는 것입니다. 그러면 무효입니다. 이 속에 하나님의 말씀
이 있고 하나님의 능력이 있어요. 하나님의 귀한 손길이 거기에 있
는데 모르는 것입니다. 보고도 모르고, 체험하고도 모르고, 죽어도
몰라요. 이것처럼 불행한 일은 없어요. "네가 보았느니라. 네가 체
험했느니라." 그러나 그는 이것이 무엇을 의미하는지 모르고 있습니
다. 그 다음 말씀하십니다. "지금 너와 말하는 그 이니라." 이제 말
씀하시는 것입니다. 믿어야 합니다. 말씀이 있고 믿고, 말씀이 있
고 듣고, 순종하고 받아들이고 믿고, 그때 가서야 진정한 평안이 있
을 수가 있는 것이지요. "내가 그니라. 내가 너의 눈을 뜨게 한 자니
라." 그때 가서야 이 사람이 엎드려 경배하고 "내가 주를 믿습니다"
합니다. 여러분, 여기서 생각해야 합니다. 이 사람이 신학적으로 이
해한 것도 아니고 성경을 이해했다는 것도 아닙니다. '내 눈을 뜨게
한 분이 이분이다. 내가 이분으로 인해서 산다.' 그것을 알게 된 것
이지요. 그 믿음을 가지게 된 것이지요. "내가 그니라." 참 믿음을
가져요. 그리고 "내가 믿나이다." 고백을 하게 됩니다.

　여러분, 구약성경에 보면 아브라함이라는 믿음의 조상이 있습
니다. 그는 분명 믿음으로 하나님의 말씀에 따라서 고향을 떠났습니
다. 그리고 약속의 땅으로 갔습니다마는 믿음을 가졌는데 흉년이 드
니까 약속의 땅을 떠나서 애굽으로 갑니다. 자식을 주신다는 약속
을 믿고도 10년이 지나면서 아마도 아내가 단산하는 것을 보고 여기
서 편법을 취합니다. 그래서 이스마엘을 얻습니다. 큰 실수가 두 번
있었습니다. 약속의 땅을 떠난 것, 이스마엘을 얻은 것, 편법을 취한

것이지요. 이것은 불신앙입니다. 창세기 17장에 보면 하나님께서 중요한 말씀을 하십니다. "나는 전능한 하나님이다. 내 앞에서 온전하라." '왜 휘청거리느냐? 자식을 주신다고 했으면 주는 줄 믿어. 네가 몇살이냐가 중요하지 않고 네 아내가 단산을 했느냐 안했느냐가 중요하지 않아. 말씀했으면 말씀대로 되리라고 믿어. 내년 이때 네 아내가 아들을 낳으리라.' 깜짝 놀라는 것입니다. 나는 99세요, 아내는 89세인데, 아니, 여기에 무슨 일이 있을 수 있느냐는 것입니다. 로마서 4장에서 분명히 말씀합니다. "아브라함이 하나님을 믿으매 이것을 의로 여기시고……" 휘청휘청하다가도 다시 마지막으로 주시는 말씀 앞에서 믿음을 정비합니다. "믿습니다." 아브라함이 하나님을 믿었어요. 100세에 아들을 얻게 됩니다. 아주 놀라운 얘기가 아닙니까?

　　심리학자 윌리엄 제임스(William James)는 「종교체험의 여러 모습들(The Varieties of Religious Experience)」라고 하는 책에서 유명한 말을 합니다. '사람은 두 번 중생하는 것같다. 한 번 중생함으로 말미암아 하나님이 계신 것을 알고, 하나님의 의를 알고, 하나님의 심판을 알고, 하나님께서 상주시는 것을 알고, 하나님의 축복을 안다. 때로는 하나님께서 벌하시는 것도 안다. 여기까지가 중생이다. 그런데 두 번째 중생한 사람은 다르다. 이 사람은 고난 중에 있는 하나님의 사랑을 안다. 환난과 고통 속에 있는 하나님의 은총을 알게 된다. 믿게 된다. 그러니까 일이 잘될 때만 하나님의 은혜를 경험하는 것이 아니라 병들고 고통당하고 환난당하고 지진을 당할 때 그 속에서 하나님의 음성을 듣고 하나님의 귀한 사랑을 느끼게 된다. 이것이 두 번 중생한 사람의 모습이다' 말합니다. 교육학자 가드너 머피(Gardner Merphy)라고 하는 분이 아주 재미있는 학술용어를 하나 썼습니다. 'Aha phenomenon'입니다. 우리말로 '아하 포인트, 아하 현상'이라고 하는데, '아하'가 뭡니까? 우리에게 지식이 있어요. 우리에게 욕구가 있어요. 우리가 경험을 해요. 경험했다가도 미처 무슨 뜻인지 몰랐다가 뒤에 알게 돼요. 경험한 바와 깨닫는 바와 감격하는 바 이것이 합쳐질 때 '아하' 그렇잖아요. '아하 현상'이 오지요. 그게 극치입니다. 그저 '아하' 바로 그 마음으로 사는 것입니다. 거기에는 의심이 없어요. 거기에는 오직 합리적 이해가 있어요. 에베소서 2장에서 말씀합니다. 이래서 믿음은 하나님의 선물이라고요. 우리것이 아닙니다. 하나님께서 믿음을 주셔야 이 믿음을 가질 수 있어요. 경험한다고 되는 것이 아니고 공부한다고 되는 것이 아닙니다. 하나님께서 그 귀한 믿음을 선물로 주실 때 내가 하나님을 믿게 됩니다. 그 믿음 안에서 알게 됩니다. 그 믿음 안에서 모든것을 합리적으로 소화하게 됩니다. '아하 현상'에 도달하게 되는 것입니다. 그 기쁨, 그 감격으로 살 것입니다.

유명한 찬송가가 있습니다. 그 찬송가의 가사는 그렇습니다. '그때는 알리라.' 그게 주제입니다. 무슨 소리인고 하니 지금은 모순된 게 많아요. 내가 왜 병들었는지, 내가 왜 실패했는지, 내가 왜 혼자 사는지 내가 왜…… 그러나 주님 앞에 갔을 때, 요단강을 건너갔을 때 그때는 알지요. 그렇지요. 병들었기 때문에 천당 왔지요. 사업이 망했기 때문에 천당 왔지요. 그 많은 고통이 있었기 때문에 내게 오늘의 구원이 있는 것입니다. 진짜 아하 포인트는 거기에 있습니다. 거기서 다시 돌아가 보면 이 세상일은 다 감사요, 다 은혜요, 합동하여 선을 이루는 것입니다. 그 믿음에 도달하게 된다는 말입니다. 이 감격으로 살아가는 것이 그리스도인입니다. △

요나의 표적

무리가 모였을 때에 예수께서 말씀하시되 이 세대는 악한
세대라 표적을 구하되 요나의 표적 밖에는 보일 표적이 없나
니 요나가 니느웨 사람들에게 표적이 됨과 같이 인자도 이
세대에 그러하리라 심판 때에 남방 여왕이 일어나 이 세대
사람을 정죄하리니 이는 그가 솔로몬의 지혜로운 말을 들으
려고 땅 끝에서 왔음이어니와 솔로몬보다 더 큰 이가 여기
있으며 심판 때에 니느웨 사람들이 일어나 이 세대 사람을
정죄하리니 이는 그들이 요나의 전도를 듣고 회개하였음이
어니와 요나보다 더 큰 이가 여기 있느니라
(누가복음 11 : 29 - 32)

요나의 표적

　1957년경인 것같습니다. 아주 오래전 제가 신학생 때에 주로 전철과 버스를 타고 다닐 때입니다. 그때에 영어공부도 겸할 「리더스 다이제스트」라고 하는 잡지를 늘 주머니에 넣고 다녔습니다. 언젠가 한번 버스 안에서 이 잡지를 보는 중에 그 한 페이지가 제게 큰 충격을 주었는데, 오랜 얘기지만 오래 두고두고 생각이 납니다. 그 이야기는 이렇습니다. 어떤 교회의 목사님에게 여자 집사님 한분이 찾아와서 자기 가정사의 어려운 얘기를 상담하게 됩니다. 아이들은 속을 썩이고, 남편은 남편대로 문제고, 가정경제는 이렇고 하면서 30분 동안을 말하는데 그저 목사님은 앉아서 '그렇습니까? 그렇습니까?' 하고 다 들어주었습니다. 들으면서 목사님이 느낀 것은 '이 사람의 생각 속에 하나님이란 없구나! 도대체 신앙이라는 건 전혀 없구나' 하는 그런 것이었고 그래서 이 사람의 말을 다 듣고나서 이렇게 물었답니다. "Do You know GOD?(혹 하나님을 아십니까?)"라고 물었더니, 이 교인은 목사님이 예상한대로 '자신은 알지 못한다'고 대답했습니다. 그런데 그분이 자신도 하나 물어보겠다고 하면서 "목사님은 하나님을 아십니까?"라고 묻는 것입니다. 그러니까 목사님이 대답하기를 "No I don't"라고 하고는 이어서 말씀하시는데, 그 다음 말이 중요합니다. "I am surprised by GOD every moment.(난 하나님께서 하시는 일에 순간순간 놀라고 있을 따름입니다.) 당신은 지금 당신 혼자서 고민하고 있지만 나는 모든것을 볼 때, 모든것을 들을 때, 그 모든 사건 속에 하나님께서 함께하시는 것을 보고 있습니다. 나는 그렇게 하나님을 압니다." 이런 이야기가 이어지는 것을 보면서 깊은 감동을 받았습니다.

성도 여러분, 하나님을 안다는 게 뭡니까? 누가 하나님 얼굴을 보았습니까? 하나님의 옷자락을 만졌습니까? 그것 아닙니다. 하나님을 안다는 것은 하나님께서 하시는 역사를 보고 놀라며 그 사건 속에서 하나님의 음성을 듣는 것입니다. 그 위대한 역사 속에서 세밀한 하나님의 지혜를 발견하고, 때로는 하나님의 위대한 역사를 보면서 깜짝 놀라요. 정신이 나갈 만큼 놀라요. 그렇지요. 그런가하면 하나님의 진노를 느끼기도 합니다. 때로는 그 사건 속에서 하나님의 사랑을 느껴요. 엄청난 사건 속에서 사랑을 느낍니다. 그것이 바로 하나님을 믿는다는 이야기입니다.

어느 교회의 젊은 집사님 한 분, 벌써 망해서 손댈 수 없는 공장 하나를 인수해서 열심히 일해 신제품을 개발하고 큰 성공을 했습니다. 돈이 막 벌렸습니다. 그러니까 교회에 갈 시간이 없었습니다. 너무 바빠서 신앙은 밑바닥을 쳤습니다. 어쩌다 한번 교회에 나와도 그저 피곤해서 졸고 있다가 축도하기도 전에 빠져나갔습니다. 바빠서 이렇게 가면서 그 영혼은 망가졌습니다. 그런 중에 IMF가 걸렸고 융자받았던 돈은 고스란히 빚으로 남게 됩니다. 사업은 완전히 망했고, 이제와서 하나님 앞에 무릎을 꿇었습니다. 그리고 목사님께 부탁했습니다. 여러분, 모든 사람이 목사님께 와서 예배부탁을 하지마는 이런 부탁을 받은 일은 이 목사님도 없고 저도 없었습니다. "개업예배합니다. 와서 예배드려주세요"하는 말은 들었지만 이 집사님은 뭐라고 그랬느냐 하니, "폐업 예배합니다. 와서 예배드려주세요" 하는 것입니다. 그래 공장에 가서 폐업예배를 드렸습니다. 그때에 집사님이 하는 말입니다. 예배 후에 말합니다. "사업이 잘될 때 정신없었습니다. 영혼은 죽었습니다. 그렇게 끝나면서 사업은 망했지만 내 영혼은 살아났습니다. 그래서 폐업예배를 부탁드린 것입니다." 여러분, 깊이 생각해야 합니다.

오늘 본문말씀은 그 본문말씀이 기록된 그 사건 그 당시로 돌아가서 생각을 좀 해야겠습니다. 예수님께서 많은 사람들과 함께 계십니다. 매일같이 환자를 치료하고 바다를 고요하게 하고 그리고 이적을 나타내십니다. 죽은 사람을 살리시고…… 깜짝 놀랄만한 일이 계속 이어집니다. 여러분, 이걸 잊지 말아야 합니다. 예수님의 사역이 30년이라고 하지마는 사실은 예수님께서 본격적으로 일하신 것은 3년밖에 안됩니다. 마가복음을 깊이 연구한 분의 말에 의하면 예수님께서는 한 90일 동안 일하신 것같다고 합니다. 그러니까 아주 집중적입니다. 아침부터 밤까지 이적을 나타내시고 많은 하나님의 말씀을 전하십니다. 부지런히 전하십니다. 쉴새없이 전하십니다. 이렇게 역사하고 계신 바로 그때입니다. 자, 그 사람들은 이만하면 예수님을 통해서 하나님을 만나고 주의 음성을 들어야 하지 않겠습니까? 그러나 그렇지 않았습니다. 불신앙의 사람들은 예수님을 쫓아다니면서 계속적으로 또다른 표적을 구했습니다. 여기에 귀신이 나가는 표적을 보았고, 바다가 고요해지는 표적을 보았습니다. 오천 명을 먹이시는 표적을 보았어요. 뭐 그만하면 될 것같은데 아닙니다. 이것 말고 또 좀 특별한 표적, 천지개벽과 같은 화끈한 표적을 구합니다. 또다른 표적 또다른 표적…… 표적이라는 말은 요새 드라마 제목처럼 'sign'이라는 말입니다. 헬라어로는 '쎄메이온'입니다. sign이라는 말은 중요한 말입니다. 당신이 하나님의 아들이라는 sign을 보여주세요, 당신이 하늘로부터 왔다고 하는 표적을 보여주세요 그런데 보여줘도 또 다른 표적을 구하고 있더란 말입니다. 그래서 예수님께서 대답을 하십니다. 마지막 대답입니다. "요나의 표적밖에는 더 보일 것이 없다." 참 귀한 말씀입니다.

"요나의 표적밖에는……" 표적이라는 것은 귀로 듣는 말씀이 아닙니다. 눈으로 보는 말씀입니다. 몸으로 실제 경험하는 말씀입니다. 표적입니다. 우리가 눈으로 보는 것만 사건이 아닙니다. 귀로 듣는 것만 사건이 아닙니다. 몸에 부딪히는 사건이 있잖아요. 엄청난 사건이 우리 앞에 계속 전개되고 있습니다. 그 속에 말씀이 있습니다. 사건 속에 말씀이 있습니다. 그리고 계속해서 체험하도록 우리가 경험하고 그리고 깨닫도록… 가장 중요한 것은 이 표적이 옛날 얘기가 아니고 오늘의 사건이라는 것입니다. 현재 현실 속에서 충분히 말씀하십니다. 우리는 과거의 역사를 책을 통해서 봅니다. 많은 사건들을, 옛날에 있었던 일을 봅니다. 혹은 고고학을 통해서도 봅니다. 지구가 이랬고 우주가 이랬다는 많은 사건들을 봅니다. 자, 그러나 그것만 가지고는 안됩니다. 오늘 내가 당하는 현실 속에 표적이 있다는 말입니다. 표적은 벌써 있었습니다. 눈앞에 있습니다. 그러나 듣지도 못하고 보지도 못하고 깨닫지도 못하는데 거기에 문제가 있다는 것입니다. 그럼 왜 그럴까? 여러분, 구약성경을 보면 참 드라마틱한 얘기가 많지 않습니까? 그중에도 가장 대표적인 사람이 저는 바로 왕이라고 생각합니다. 바로 왕 앞에 표적이 있습니다. 모세를 통해 표적이 나타납니다. '하나님께서 나와 함께 계시고 우리 민족과 함께 계신다. 하나님께서는 우리 민족을 출애굽 하시려고 하신다. 우리를 놓아보내라'라고 말합니다. 표적 열 가지를 보여줍니다. 계속 나타납니다. 계속 나타나는데 계속 회개하지 않습니다. 그 속에 있는 하나님의 손길을 보지 못합니다. 그 속에 있는 하나님의 음성을 듣지 않습니다. 왜요? 완악해졌습니다. 성경은 이렇게 말씀합니다. "강퍅케 하시니라." 마음이 강퍅해진다, 굳어진다는 말입니다. 굳어지면 들리지 않습니다. 보이지 않습니다. 이게 문제입니다. 성경은 이렇게 말씀합니다. "하나님께서 바로의 마음을 강퍅케 하시니라." 마음이 굳어졌습니다. 표적을 계속 봐도 그래도 믿지 못합니다. 홍해가 갈라지는 것을 보고도 믿지 못합니다. 이 얼마나 어리석은 사람입니까?

오늘도 그렇습니다. 많은 징조, 많은 표적을 봅니다. 보는 사람이 있고 듣는 사람이 있고 느끼는 사람이 있지마는 영영 느끼지 못하는 이런 완악한 사람들의 그 종말을 우리가 보고 있습니다. 저는 하나의 경험을 대단히 자랑스럽게 생각합니다. 제가 젊었을 때 한국의 유명한 부흥사요, 대표적인 순교자인 김익두 목사님을 몇 번 만나본 일이 있습니다. 신촌 서부교회에 가서, 목사님 청년들을 모아놓고 그저 앉아서 재미있게 옛날 애기를 하시듯이 성경공부를 할 때 제가 참석해서 들어본 것을 참 자랑스럽게 생각합니다. 그때에 하신 말씀입니다. 본인에게서 직접 들었습니다. 어떤 날 여름에 모내기를 할 때, 그 더울 때 부흥회를 떠났는데 옛날에는 먼 길도 걸어 다녔잖아요? 그렇게 가다가 보니까 논두렁에 앉아서 많은 사람들이 모내기를 하다가 점심을 먹고 있더래요. 쭉 둘러앉아서 웃으면서 화창한 날 점심들을 먹는 것을 보고 가만있을 수가 없어서 지나가다가 "예수 믿으세요!" 그랬대요. 그러니까 다른 사람들은 무슨 소리인지 모르지만 거기에 청년 몇 사람은 김익두 목사님에 대한 소문을 이미 알고 있었던 것같아요. 그래서 젊은이 하나가 가까이 오더니 "목사님! 죄송합니다마는 다른 마을에 가서 전도하시고 우리 마을에서는 전도하지 마세요. 안하시는 게 좋을 겁니다" 그러더래요. 그래서 "무슨 소리야? 왜, 자네도 예수 믿고 구원받아야 되잖아?" 그랬더니, "아니요, 그게 아닙니다. 바로 며칠 전에 비가 많이 왔고 장맛비가 오면서 꽝 꽝 여러 곳에 벼락을 쳐서 이 동네에 난리가 났습니다. 동네 한가운데 있는 서낭당 나무, 커다란 느티나무가 벼락을 맞아서 불이 났습니다. 보시는대로 저쪽에 바위가 있었는데 큰 바위가 벼락을 맞아서 깨졌습니다. 저 논바닥이 꽝하고 벼락을 맞아서 깊이 패였습니다. 목사님, 하나님이 계시지 않든지 계시면 장님이겠지요. 아니, 나무가 무슨 죄가 있다고 때립니까? 논바닥이 무슨 죄가 있다고 벼락을 때립니까? 바위가 무슨 죄가 있다고 바위를 때립니까? 그러니까 이 마을에서는 전도해봐야 소용없습니다. 다른 마을로 가세요" 그러는 것입니다.

김익두 목사님이 이 말을 듣고나니까 그것도 일리가 있더래요. 듣고 가만히 생각하다가 돌아서서 기도했대요. "하나님! 지혜를 주세요. 내가 뭐라고 말해야 되겠습니까?" 하나님께서 지혜를 주셨대요. 그래서 김익두 목사님이 이렇게 말씀을 하셨대요. "자네, 서당에 다녔나? 학교에 다녔나?" "저요, 초등학교에 다녔습니다." "그러면 학교 교실 앞에 뭐가 있나?" "칠판이 있지요." "그러면 선생님의 손에는 뭐가 있는가?" "막대기가 있지요." "그러면 그 막대기는 뭐에 쓰는 건가?" "졸지 말라고 책상을 때리기도 하고, 칠판을 때리기도 하고 뭐 그런 것 아닙니까?" 그러자 목사님이 이렇게 말씀하셨어요. "봐라 이놈아! 하나님께서 이번에는 서낭당 나무를 때리고 바위를 때렸지만 다음에는 네 머리를 때릴 거다." "그러면 안되죠." "그러면 예수를 믿어." 그래서 그 마을에서 부흥회를 하고 마을에 교회를 세웠다고 하는 자기 경험담을 얘기합니다.

여러분, 여기서 꽝, 저기서 꽝 하는 것 먼 얘기로 들을 작정입니까? 남의 이야기가 아닙니다. 이걸 잊지 말아야 합니다. 이것은 가까이 오고 있는 것입니다. 절대로 먼 얘기로 들어서는 안됩니다. 물론 남의 얘기도 아닙니다. 표적을 읽을 줄 알아야 됩니다. 성경은 말씀합니다. "요나의 표적밖에는 보일 것이 없다." 왜요? 요나라는 선지자는 선지자 중에 제일 못된 선지자였습니다. 질투도 많고 사람이 성깔이 못됐어요. 그러나 참 중요한 것은 요나의 말을 듣고 니느웨 성은 회개했다는 것입니다. 회개하고 구원을 받았어요. 자, '요나의 말을 듣고 니느웨가 구원을 받았는데 넌 어떠냐.' 오늘 주시는 말씀을 듣지 않으면 그 다음은 어떻게 될 것이냐고 묻습니다. 여러분, 니느웨 성의 회개에 깊은 신학적 문제가 있답니다. 요나는 니느웨가 구원받기를 바라지 않았어요. 원수의 나라이므로 하나님 명령에 의해서 가서 전하긴 하지만 이것 보세요. "40일 후에 망한다. 그런고로 회개하고 구원을 받아라"라고 말하지 않고, 망하길 바랐으니까 잘됐다 싶어서 돌아다니면서 통보했습니다. "40일 후에 망한다." 하루에 한 서너 번 그리했을 것입니다. "40일 후에 망한다"고 소리 지르고 다녔거든요. 보세요. 그런데 이 말을 듣고 왕으로부터 온백성이 회개를 했어요. 여기에 중요한 문제가 있어요. 저들도 알고 있었거든요. '이렇게 타락하고 이렇게 죄를 짓고 이렇게 못된 짓을 하면 망하지. 망하고 말 거야.' 다 그 생각을 하고 있었어요. 그러던 중에 요나가 한마디 하니까, '옳지, 때가 왔다. 우리 생활, 우리의 죄악된 현실은 망할 수밖에 없어. 당연히 망해야지'하며 당연히 망해야한다는 것을 인정했어요. 그것이 회개입니다. 당연히 망해야 한다는 것을 받아들였어요. 그것이 회개입니다. 그럴 때에 니느웨 백성들은 구원을 받았습니다. 놀라운 사건 아닙니까? 요나의 음성을 듣고 니느웨 백성이 구원을 받았어요. "요나의 표적밖에는 보일 것이 없다." 그렇습니다.

오늘도 우리 눈앞에 많은 표적이 있습니다. 먼 얘기가 아닙니다. 사건마다마다에서 조용히 내게 향한 하나님의 음성을 들어야 될 것입니다. 이런 우스운 얘기가 있지 않습니까? 어떤 아들이 사춘기가 돼서 아주 못되게 놀아요. 그러니까 아버지가 좀 심하게 때렸대요. 처음에는 때리니까 "아이고 나 죽는다. 아이고 아이고" 하고 맞더래요. 그래 몇번 더 때렸더니요, 벌떡 일어나더니 한마디 하더래요. "맘대로 때려. 네 아들 죽지 내 아들 죽냐?" 이놈을 때릴까요, 말까요? 여러분, 아버지가 자식을 때릴 때는 거기에 메시지가 있는 것입니다. 안그렇습니까? 말로는 안통하지요. 어떡하면 좋아요. 저도 자식들 많이 때렸어요. 왜요? 말로 안통하니까요. 어찌할 수가 없어요. 그래서 때리면 자, 보세요. 그 때리는 매 속에 진노가 있고, 악을 정죄하는 강한 능력도 있지만 또한 그 속에 사랑이 있습니다. 진노와 사랑, 율법과 은혜가 함께 있는 것입니다. 그게 바로 매라고 하는 것입니다. 그게 진노요, 사건이요, 재앙이요, 지진이요…… 이걸 잊지 말아야 합니다. 이건 먼 얘기가 아닙니다. 이제는 우리가 그 속에 있는 하나님께서 주시는 조용한 음성을 들어야 합니다. 아니, 어쩌면 내게만 주시는 음성을 들어야 합니다. 사건 속에서 표적을 보아야합니다. 깊은 속에 있는 말씀을 들어야 합니다. 더 깊은 속에 있는 하나님의 사랑을 느끼게 합니다. 표적을 보아야 합니다. 표적을 읽어야 합니다. 표적을 믿어야 합니다. 그리고 회개하고 좀더 하나님 앞에 가까이 가는 시간이 되어야 되고요. "요나의 표적밖에는 다른 표적이 없노라." 얼마나 귀중한 말씀입니까. 십자가는 표적입니다. 그 표적 속에서 하나님의 무서운 진노와 동시에 우리를 향한 하나님의 엄청난 사랑을 확신할 수 있어야 하겠습니다. 오늘도 새롭게 주의 음성을 듣고 몸과 마음을 새롭게 해서 우리의 믿음을 다시 생명력 있는 믿음으로 그렇게 믿음을 중생케 하는 귀한 역사가 이루어져야 할 것입니다.   △

또 나를 믿으라

너희는 마음에 근심하지 말라 하나님을 믿으니 또 나를 믿으라 내 아버지 집에 거할 곳이 많도다 그렇지 않으면 너희에게 일렀으리라 내가 너희를 위하여 처소를 예비하러 가노니 가서 너희를 위하여 처소를 예비하면 내가 다시 와서 너희를 내게로 영접하여 나 있는 곳에 너희도 있게 하리라 내가 가는 곳에 그 길을 너희가 알리라 도마가 가로되 주여 어디로 가시는지 우리가 알지 못하거늘 그 길을 어찌 알겠삽나이까 예수께서 가라사대 내가 곧 길이요 진리요 생명이니 나로 말미암지 않고는 아버지께로 올 자가 없느니라

(요한복음 14 : 1 - 6)

또 나를 믿으라

헨리 나우언의 저서 중에 「두려움에서 사랑으로(Spiritual Formation)」가 있습니다. 그 책에 나오는 이야기가 너무나도 오늘 우리에게 주는 이야기같아서 한번 그대로 소개하고 싶습니다. 옛날에 어느 마을에 한 무리의 사람이 살고 있었는데, 세계의 자원이 점점 고갈해간다는 것을 알게 되었습니다. 많은 사람들이 모여서 석탄이 모자라고, 기름이 모자라고, 자원이 점점 없어지고 있다는 이야기가 몇주일 동안 그 동네의 큰 화제가 되었습니다. 그러다보니 돈 좀 있는 몇 사람이 사재기를 시작했습니다. 다른 사람들이 그들을 비난했습니다. "그래, 사재기해서 어떻게 하겠다고? 우리 다 죽을 때 며칠 더 살겠다고?" 비난을 했지마는 그들은 막무가내였습니다. 그대로 있는대로 사재기를 해서 자기네 지하실에 쌓아놓는 것입니다. 그래 다른 사람들이 "우리도 부족하다"고 말해도 아랑곳없이 사재기에 열심이었습니다. 비상식량, 비상시를 위해서 대비한다는 명목으로 말입니다. 다른 사람들이 우리에게도 필요하다고 말해도 아랑곳하지 않았습니다. 그리고 욕심쟁이들은 다른 사람들이 혹시라도 습격할까봐, 사재기해놓은 것을 누가 도둑질이라도 할까봐 두려워서 집안에 감옥을 짓고 그 감옥 속에 꽁꽁 숨겨놓고 그렇게 살았습니다. 그리고 얼마 지나고 보니까 어느 사이에 그 집안 식구들은 전부 감옥에 들어가 있더랍니다.

여러분, 사재기 그만합시다. 몇끼 더 먹으면 달라집니까? 그냥 같이 가지요. 여러분, 일본에서 진도 9도의 지진이 일어나면서 쓰나

미가 몰려오고 난리가 났습니다마는 저는 요새 일기예보 나오는 걸 보면서 혼자서 한참 소리를 내서 웃었습니다. 일기예보에서 우리나라는 맑은 하늘에 바람이 서풍으로 불기 때문에 일본에 있는 방사성 물질이 동쪽으로 날아가니까 우리나라는 깨끗하다고 해요. 그래서 제가 '저 사람 무식한 소리 하고 있고만' 했어요. 왜요? 이 방사성 물질이 여러분 아시는대로 지구표면에서는 바람이 이리 불고 저리 불고 동풍 서풍이 왔다갔다 하면 그것을 따라 움직이는 것같지만, 그건 불과 얼마 안됩니다. 조금만 올라가면 대기권이라는 데가 있습니다. 대기권으로 이 방사성 물질이 올라가면 딱 거기 머무르는 것입니다. 요새 우리가 서풍, 서풍 하는데 서풍이 아닙니다. 알고보면 대기권에 그대로 있고 지구가 돌아가는 것입니다. 지구가 돌아가니까 그것이 그대로 있는 것입니다. 간단히 말하면 한 이틀 후에는 한국에 떨어져요. 이것이 대기권에 올라가서 미국으로 갔다가 유럽으로 갔다가 한국으로 온다니까요. 그러니까 우리는 무사하다는 말 그만하세요. 그런 유치한, 무식한 소리 하지 마세요. 그건 신앙도 아니고 솔직히 말하면 사람이 생각할 도리가 아닙니다. 남이 당하면 나도 당하고, 남이 죽으면 나도 죽는다 생각해야지요. 아시겠어요? 그 마음으로 살면서 남은 시간 서로 위로하면서 살 생각을 해야, 서풍이 부니까 나는 무사하고 우리는 무사하다고 말할 게 아닙니다. 방송보도가 정신이 없어요. 그런 소리나 하고 말이지요. 깊이 생각해 보세요.

사재기에 심리학적 문제가 있습니다. 극단적 이기주의인데, 그것은 있을 수가 없는 것입니다. 세상근심의 뿌리라는 것은 언제나 미래에 대한 것입니다. 그래서 제일 편안한 사람이 누군지 아십니까? 아이큐 90이하인 사람입니다. 아이큐 90이하가 된 사람은 죽을 때 죽더라도 아무 걱정도 없어요. 그런데 똑똑한 사람이 문제입니다. 나름대로 남달리 똑똑해서 이러면 어떻고 저러면 어떻고 하다가, 제가 먼저 죽는 것입니다. 그러니 그냥 바보처럼 사세요. 그것이 제대로 사는 것입니다. 어차피 모르는 것인데 미래에 대해서, 불확실한 미래에 대해서 근심만 하는 것입니다. 또하나는 믿지 못하는 인간의 지식입니다. 여러분, 요새 컴퓨터다 뭐다 해서 그렇게 많이 연구하는데 고작 이것입니까? 인간의 지식이라는 것이 애당초 믿을 수 없는 것입니다. 또 뿐만 아니라, 인간의 능력이라는 것이 그래요. 잠깐잠깐 해결하는 듯해도 속수무책입니다. 하나님께서 행하시는 큰 역사 앞에 꼼짝을 못합니다. 인간의 능력을 믿을 수가 없어요. 또한 믿지 못하는 자기 의지도 믿을 수가 없어요. 나라고 하는 의지, 이것 뭐 결심해도 안되고 맹세해도 안되고, 일생동안 해보려고 해도 뭐 하나 되는 게 없어요. 나 자신을 내가 이기지 못해요. 마치 베드로처럼 말입니다. "죽을지언정 주를 부인하지 않겠습니다." 장담을 하고, 바로 몇시간 후에 예수님을 세 번이나 모른다고 해요. 인간의 장담, 인간의 결심, 그것 믿을만한 것이 되겠습니까?

그래서 말입니다. 언젠가 한번 재미있는 일이 있었어요. 운동하는 기계, 러닝 머신 있지 않습니까? 방안에서 뛰는 것 말입니다. 얼마 전에 제가 그걸 하나 샀어요. 그런데 팔러 온 사람 얘기가 재미있어요. 자기가 이걸 팔러 다니긴 합니다마는 집집마다 갖다놓았는데 그 뒤에 가보면 십분의 일도 이걸 사용하는 사람이 없대요. 이거 다시 팔아버립시다 했더니 그건 안된다고 그러더래요. 집집마다 딱 자리만 잡고 있대요. 이것 운동하겠다고 사다놓고 운동 며칠 하는 사람이 없어요. 사흘이 평균이랍니다. 작심 사흘, 인간이 이 정도인데 뭘 더 거기다 기대를 걸어요. 아무것도 기대할 것이 못됩니다. 자, 그러니 불안할 수밖에요. 오늘 예수님께서 말씀하십니다. 십자가 지시기 몇 시간 전에 하신 말씀입니다. 우리가 흔히 말하는대로 최후의 만찬을 하시고나서 유언처럼 주신 소중한 메시지입니다. 메시지의 내용은 이러합니다. '하나님을 믿으니 또 나를 믿으라. 하나님을 믿으라. 그의 능력, 그의 지혜, 그의 사랑, 그의 경륜, 하나님을 믿으라. 그리고 또 나를 믿으라. 그 능력과 그 사랑과 그 경륜 안에 나의 현실이 있음을 믿으라.' 오늘 이루어지는 일 하나하나가 다 하나님의 섭리 안에 있어요. 그걸 우리가 꼭 잊지 말아야 합니다. 그리고 예수님 말씀하십니다. "하나님을 믿으니 또 나를 믿으라." '나'가 누구입니까? 하나님께서 육신을 입고 이 땅에 오신 임마누엘입니다. 하나님께서 우리와 함께하시는 것입니다. 하나님을 믿고 하나님께서 우리와 함께하심을 믿으라는 그런 말씀입니다.

이 이야기에 대해서는 예수님께서 참 그림같은 아름다운 비유를 말씀해주셨어요. 그것이 바로 목자와 양 비유입니다. 요한복음 10장에 보면 목자와 양에 대한 이야기가 있습니다. 아름다운 이야기입니다. 거기 보면 목자와 양은 이렇습니다. 양은 목자를 믿고 목자는 양을 알고, 양의 처지를 알고, 양의 운명을 알고, 양의 고통을 알고, 다 아는 것입니다. 그리고 양을 알고 사랑해요. 양과 함께 있어요. 저는 중동에 갔을 때 이걸 알고 싶어서 가다가 차를 세워놓고 아마 한 두세 시간 동안 그 목자들과 함께 앉아서 그 장면을 보았습니다. 그 유목민들 보니까, 양을 모아놓은 그 우리 문이라는 게 허술하더라고요. 목자가 거기에 딱 누워 자요. 양과 목자가 함께 살아요.

양들이 목자를 얼마나 사랑하는지, 얼마나 신뢰하는지…… 더 중요
한 것이 있어요. 목자가 양을 책임집니다. 그리고 양들은 그 목자를
신뢰하고 따라갑니다. 저는 그 장면을 아마 일생동안 잊지 못할 것
입니다. 한 삼백 마리나 되는 양을 이끄는데, 그 중 한 마리의 머리
를 딱딱 두드리고 "가자"그러고 목자가 먼저 가요. 그리고 양들이 따
라가요. 삼백 마리가 한 줄로 따라가요. 아니, 재갈을 물렸습니까,
목을 맸습니까? 채찍을 들고 누가 때리기를 합니까? 목자가 가면 양
들이 믿고 그대로 한 줄로 따라가는데요 얼마나 아름다운지, 제가
거기서 무슨 생각 했을 것같습니까? '우리 교인들이 다 저 양 같으면
얼마나 좋을까.' 그렇게 삼백 마리나 되는 양이 한 줄로 지나가니 지
나가고나면 길이 패여서 산등선이 오선지처럼 되고 말아요. 길이 납
니다. 이게 양입니다.

　다윗은 목자였습니다. 시편 23편을 여러분이 잘 아시지 않습니
까? "여호와는 나의 목자시니 내가 부족함이 없으리로다." 여호와는
나의 목자시니 내가 만족합니다. 세상을 떠날 때, 많은 성도들이 시
편 23편을 외우면서 세상을 떠납니다. "여호와는 나의 목자시니 내
가 부족함이 없으리로다." 또 있지요. "사망의 음침한 골짜기로 다
닐지라도……" 나는 목자와 함께 가니, 내 앞에서 목자가 가고 계시
니 나는 두려울 것이 없습니다. 이 얼마나 아름다운 표현입니까. 확
실히 목자가 양을 책임집니다. 단, 양은 목자를 믿어야 합니다. 전적
으로 믿고 어디로 인도하든지 그대로 따라갑니다. 기쁨으로 따라갑
니다. 밤이건 낮이건, 골짜기건 시냇물이건 상관하지 않습니다. 목
자가 가는대로 따라가는 그 믿음 말입니다. 대단히 중요하지 않습니
까? 유명한 얘기가 있지요. 요한 웨슬리가 어느날 배를 타고 대서양

을 건너서 미국으로 선교사로 가는데 풍랑을 만났어요. 옛날에는 목
선이니까 풍랑을 만나면 그야말로 일엽편주지요. 그냥 배가 흔들립
니다. 이리 기우뚱 저리 기우뚱하고 물이 배 위에 올라오고 난리가
나니까, 모든 사람들이 죽는다고 이제 다 죽을 것같다고 난리를 칠
때, 그때에 요한 웨슬리는 찬송을 부르고 있었습니다. 아주 평화로
운 얼굴로 찬송을 부르니까, 다른 사람들이 이런 말을 합니다. "당신
도 기도 좀 하세요. 우리가 죽게 됐는데 이렇게 평화롭게 찬송만 부
르고 있으니 어찌된 일입니까?" 그때 요한 웨슬리가 아주 유머 있는
얘기를 했습니다. "걱정 마세요. 잘 갈 겁니다." "잘 가다니 어딜 가
요? 지금 바로 죽게 됐는데요?"라고 사람들이 묻자, 웨슬리가 넌지
시 웃으면서 이렇게 말했대요. "미국을 가든지 천당을 가든지, 잘 갈
겁니다."

여러분, 바로 이 마음으로 살아야 합니다. 순간순간 말입니다.
예수님께서 말씀하십니다. "또 나를 믿으라. 하나님을 믿으니 또 나
를 믿으라." 미래에 대한 근심, 더는 할 필요가 없습니다. 불확실성
을 털어버리세요. 한 가지 확실한 것은 주님께서 나와 함께 계시다
는 것입니다. 잠깐 공백 기간이 보입니다. 예수님께서 십자가를 지
시고, 부활하시고, 그 몇시간의 시간이 있었습니다. 제자들이 이제
순교하게 됐습니다. 그런데 이것은 예비기간입니다. "처소를 예비하
러 가노라."

여러분, 이건 공개적으로 부탁을 합니다. 「내 아버지 집에 거할
곳이 많도다(This Incomplete One)」라는 책이 있는데, 별로 크지 않은
책인데 꼭 사서 읽으세요. 제가 사서 드리고 싶지만 공짜로 받은 책
은 읽지를 않아요. 자기가 돈 주고 사야 읽으니까 다 사서 읽으세요.

참 좋은 책입니다. 이건 열여섯 명의 유명한 목사님들이 쓰신 것입니다. 이 목사님들은 자기 아들이 세상을 떠났을 때, 장례식 날 설교를 했어요. 그 때 설교한 설교문을 수집해서, 열여섯 사람의 것을 모아서 책으로 냈어요. 유명한 칼 바르트의 설교도 여기에 있습니다. 그의 아들이 20살 때 스위스에 등산 갔다가 죽었어요. 20살 난 아들이 죽었는데 그 앞에서 설교를 합니다. 고린도전서 13장 12절을 본문으로 해서 "지금은 모르나 그때는 얼굴과 얼굴을 대할 것이다"라는 제목으로 설교하며, 지금과 그때를 변증적으로 비교하면서 아주 귀한 설교를 합니다. '지금과 그때', 그때 그것을 생각하면서 한 귀한 설교가 설교문으로 나와 있어요. 그 중에 하나 재미있게 읽은 게 있어요. 어떤 목사님인 아버지의 아들이 세상을 떠났어요. 아이가 먼저 죽었어요. 장례식을 위해서 설교를 하면서도 거기에 유머가 있어요. 이 녀석은 어렸을 때부터 아버지하고 야구를 하든 축구를 하든 뭘 하든 아버지를 이기려고 했대요. 아버지를 이기고야만 비로소 마음이 편안했대요. 그렇게 이기려고 하더니 이 녀석이 천당도 나보다 먼저 갔다고 설교하는데…… 그 아버지 참 훌륭하대요.

여러분 생각해보세요. 어차피 거기가 종점입니다. 잘사느냐 못사느냐, 얼마나 길게 사느냐, 백 살이면 어떻고 이백 살이면 어때요. 어차피 종점은 그쪽입니다. 오늘 깊이 생각합시다. 주님께서 우리와 함께 계십니다. 그 점을 잊지 말아야 합니다. 도마가 물어옵니다. "그 길을 어찌 알겠습니까?" 그러나 예수님께서 말씀하십니다. "내가 곧 길이요, 진리요, 생명이다." '내가 그 길이다. 나 가는대로 가라. 내가 간 길로 따라오라. 내가 너희와 함께하리라.'

유명한 발명가 토머슨 에디슨이라고 여러분이 아십니다. 그는

1931년에 85세를 일기로 세상을 떠납니다. 천 가지가 넘는 발명품을 발명한 유명한 발명왕이 아닙니까? 그 노인에게 물어보았습니다. "어떻게 이렇게 귀한 것들을 발명할 수 있습니까? 그 삶의 비결이 뭡니까?"라고 물었을 때, 에디슨은 말합니다. "믿음입니다. 영원한 믿음이 저로 하여금 현재의 삶을 더 충실하게 만들어주었습니다. 사람에게 영원한 세계가 있음을 나는 분명히 믿습니다. 죽음은 현재의 출구요, 천국은 영원한 나라의 입구입니다." 출구에서 입구로 확실하게 믿고 살았기에 오늘 사는 생이 창조적이요, 여유있고, 평화로울 수 있었던 것입니다.

　여러분 세상 걱정이 많습니다. 물질은 점점 고갈되어갑니다. 세상의 인심은 흉악합니다. 그러나 한 가지만은 잊지 마세요. 내 앞에 죽음이 있습니다. 나의 종말이 있습니다. 내 생명에 대해서 생각해보세요. 얼마 좀 연장하느냐 못하느냐, 그리 중요한 게 아닙니다. 예수님께서 말씀하십니다. "하나님을 믿으니 또 나를 믿으라. 내 아버지 집에 거할 곳이 많도다. 가서 예비하고 와서 다시 너희를 나 있는 곳에 데리고 가서 영원히 너희와 함께 있으리라. 나와 함께 있으리라." 이 약속을 믿고 오늘을 사는 것입니다. 바로 여기에만 진정한 평안이 있습니다. 바로 이 믿음만이 오늘을 창조적으로 사는 삶의, 생명의 원동력입니다. "아무것도 근심하지 말라. 하나님을 믿으니 또 나를 믿으라." 주님께서는 오늘도 우리에게 이렇게 말씀하십니다. △

그제야 끝이 오리라

　예수께서 감람산 위에 앉으셨을 때에 제자들이 종
용히 와서 가로되 우리에게 이르소서 어느 때에 이런
일이 있겠사오며 또 주의 임하심과 세상 끝에는 무슨
징조가 있사오리이까 예수께서 대답하여 가라사대
너희가 사람의 미혹을 받지 않도록 주의하라 많은 사
람이 내 이름으로 와서 이르되 나는 그리스도라 하여
많은 사람을 미혹케 하리라 난리와 난리 소문을 듣겠
으나 너희는 삼가 두려워 말라 이런 일이 있어야 하
되 끝은 아직 아니니라 민족이 민족을, 나라가 나라
를 대적하여 일어나겠고 처처에 기근과 지진이 있으
리니 이 모든 것이 재난의 시작이니라 그 때에 사람
들이 너희를 환난에 넘겨 주겠으며 너희를 죽이리니
너희가 내 이름을 위하여 모든 민족에게 미움을 받으
리라 그 때에 많은 사람이 시험에 빠져 서로 잡아 주
고 서로 미워하겠으며 거짓 선지자가 많이 일어나 많
은 사람을 미혹하게 하겠으며 불법이 성하므로 많은
사람의 사랑이 식어지리라 그러나 끝까지 견디는 자
는 구원을 얻으리라 이 천국 복음이 모든 민족에게
증거되기 위하여 온 세상에 전파되리니 그제야 끝이
오리라

　　　　　(마태복음 24 : 3 - 14)

그제야 끝이 오리라

런던의 한 길모퉁이에서 구두를 닦고 있는 소년이 있었습니다. 아버지가 많은 빚 때문에 감옥에 갇혀 그 소년은 집안 살림을 꾸려 나가기 위해서 새벽부터 밤늦게까지 구두를 닦아야만 했습니다. 그 것으로 어머니와 동생들과 함께 그럭저럭 생계를 유지할 수 있었 습니다. 그러나 그 소년의 얼굴에는 웃음이 가득했습니다. 늘 노래 를 부르고 있었습니다. 그것도 아주 기쁘고 밝은 노래만 불렀습니 다. 구두를 닦는 그 소년을 보면서 어떤 손님들이 "야, 그 노래 한 번 더 불러라" 하면 또 한 번 큰소리로 노래를 불렀습니다. 그렇게 구두 를 닦으며 살았습니다. 어떤 손님이 물었습니다. "그렇게 좋으냐?" 그는 대답했습니다. "비록 내가 구두를 닦지마는 이렇게 닦으면 우 리 온집안이 밥을 먹고 편안하게 살 수 있거든요. 그래서 행복합니 다. 그리고 구두를 닦는 것이 아니고, 사실은 희망을 닦고 있는 것입 니다"라고 깊은 뜻이 담긴 고백을 했습니다. 이 소년이 바로 「올리 버 트위스트」를 쓴 세계적인 작가, 여러분도 다 아시는 찰스 디킨스 (Charles Dickens)입니다. 찰스 디킨스라고 하는 유명한 세계적인 작 가가 바로 이 소년이었습니다. 그는 구두를 닦으면서 많은 이야기를 들었습니다. 많은 생각을 했습니다. 많은 경험, 소망의 세계를 넓혀 가고 있었고 마침내 그는 이런 유명한 작가가 되었던 것입니다.

성도 여러분, 역사가들의 말에 의하면 지난 3,000년 동안에 3,300번의 전쟁이 있었다고 합니다. 우리 귀에는 잠깐 포성이 들려 오지 않는 것같지만, 이 세계 어디든지 계속해서 전쟁이 있었습니다. 여러분이 잘 아시는대로 전쟁 없는 날은 하루도 없습니다. 전쟁 속에, 그 포화 속에 살아가고 있습니다. 여기에 세계관의 근본적 이해가 있어야 됩니다. 우리는 성경을 봅니다. 성경 첫 페이지에, "태초에 하나님이 천지를 창조하시니라." "브레쉬트 빠라 엘로힘 에트 하샤마임 베에트 하아레츠" 이거 히브리말입니다. 제가 예전에는 히브리말로 창세기 1장에서 5장까지 한번 외워보았던 일이 있었습니다. 지금은 다 잊어버렸습니다마는 "하나님이 천지를 창조하시다" 이게 신앙의 기초요, 신앙의 시작이요, 신앙의 근본입니다. "하나님이 천지를 창조하시다." 그 속에 무궁무진한 신비로운 진리가 있습니다. 역사에는 시작이 있고 끝이 있습니다. 창조론입니다. 창조되었고, 심판될 것입니다. 시작되었고 끝낼 것입니다. 출생이 있고 사망이 있습니다. 여러분, 이 점을 꼭 잊지 말아야 합니다.

예수님께서 보신 세상은 그렇습니다. 끝이 있습니다. 본문의 특징은 세상 끝에 대해서 말씀하고 계시다는 것입니다. 아마도 예수님의 제자들이 예수님과 함께하면서 예수님께서 병을 고치시는 것도 보고, 그 귀한 말씀도 듣고, 그 능력을 다 몸으로 체험하고, 귀로 듣고, 감격하면서 삼 년을 지내왔지마는 그러나 그 마음속에는 메시야의 나라에 대한 기대가 있었어요. 'Messianic Expectation, 메시야 대망사상' 그것은 지극히 세속적인 것이었어요. 이 세상 나라가 영원하고, 이스라엘 나라가 회복되고, 이스라엘 나라의 영광을 세속적으로 지향하면서 예수님께서 왕이 되시면 덕분에 자기들도 한 자리 하고 권세를 누릴 것을 기대했던 것만은 틀림없습니다. 끈질기게 그 욕망을 버리지 못하고 예수를 따랐는데, 따르면서 가만히 예수님의 말씀을 들어보니까 그게 아닌 것입니다. 이 세상 나라가 아닙니다.

하늘나라입니다. 이 세상에서 눈에 보이는 이 세속적인 세계가 아니고, 영원한 나라에 대해서 말씀하고 계신 것입니다. 동시에 이 세상은 점점 꺼져가고 있고 종말로 치닫고 있다고 하는 것을 제자들이 느꼈던 것같아요. 예수님의 많은 교훈을 들으면서, 예수님과 함께하면서 이 세상이 밝아지고 이 세상에 유토피아가 이루어진다고 하는 그런 낭만적인 것이 아니라는 것을 알았어요. 언젠가는 종말로 종말로 치닫고 있는 세상을 말씀하고 계신 것입니다. 윤리적인 세상이 아니고, 종말론적인 세상입니다. 세상에 도덕성과 교육과 과학이 발전해서 더 밝은 세상이 온다는 그런 얘기가 아니고, 세상은 끝으로 치닫고 있고, 종말로 지향하고 있다는 그런 많은 말씀을 들으면서 저들의 마음속에 느낌이 와요. 간단하게 표현하면 '예수님의 말씀은 종말론이다. 이것은 낭만주의가 아니다. 이건 유토피아에 대한 것이 아니다. 종말을 말씀하고 계시다'하는 것을 강하고 확실하게 몸으로 느꼈어요.

이에 예수님께 질문을 합니다. 그것이 뭡니까? 두 가지 질문을 합니다. "어느 때에 이런 일이 있습니까?" 때를 물었고 또하나는 징조를 묻습니다. "이런 마지막이 올 때 어떤 징조가 있을 것입니까?" 다시 한 번 깊이 생각해야 됩니다. 세상이 과학이다 뭐다, 기술이다 뭐다 하면서 발전되는 것이고, 이것으로 인해 아름다운 세상, 더 아름다운 세상이 온다고 합니다. 또 어떤 사람들은 의학이 발전해서 아마 죽지 않고 살지도 모른다고 합니다. 어쨌든 좌우간 그런 세상이 올 거라고 막연하게 바라고 있거든요. 그러나 예수님의 말씀은 그게 아닙니다. '끝이 온다. 이 세상에는 종말이 있다'라고 말씀하시는 것을 저들이 감지하고 질문을 하는 것입니다. "어느 때에 이런 일

이 있습니까? 징조는 무엇이 되겠습니까?" 이에 대하여 예수님께서
는 대답하십니다. 그 대답은 한 방향을 틀었습니다. 어느 때라고도
안하시고, 무슨 징조라고도 확실하게 말씀하시지 않습니다. 암시적
으로 말씀하시면서 "문제는 너희의 자세다. 너희 태도가 문제다"라
고 하십니다. 다가오는 미래, 다가오는 종말을 지향하며 네 마음의
자세, 윤리적 자세, 도덕적 자세, 신앙적 자세가 어떠해야 될 것을
말씀합니다. 본문의 말씀입니다. "난리의 소문을 듣겠으나 두려워하
지 말라." 소문을 듣습니다. 여러분, 6·25 때는 우리가 겪었습니다.
그리고 온세상 사람들이 소문을 들었습니다. 오늘 중동에서, 일본에
서, 어딘가에서 여러 사건들이 터지고 있는데 우리는 조그마한 한반
도에 앉아서 소문을 듣고 있습니다. 크게 다행한 일입니다. 전쟁과
재난이 있고, 환난이 있고 소문을 듣겠지만 그러나 두려워하지 말라
고 하십니다. 왜요? 있어야 할 일이 있는 것이니까요.

　여러분은 가끔 그런 얘기 듣지 않습니까? 이런 일 저런 일 볼 때
마다, '망할 놈의 세상' 합니다. 그런 생각이 나지 않습니까? '이대로
는 안되지.' 그런 생각은 없습니까? '하는 짓들 보면 이건 안되지. 이
대로는 안되지. 뭔가 끝이 나야지 안되겠다' 하는 생각이 없습니까?
여러분, 하나님의 심판에 대하여 우리는 수용적 자세를 가져야 합니
다. 보세요. 니느웨 성이 죄로 인해서 망합니다. 하나님께서 요나를
보내서 말씀하십니다. 요나가 억지로 가서 니느웨 성을 다니며 외칩
니다. '40일 후에 망한다'고 그랬습니다. 한 번 더 상상을 해볼까요?
요나가 니느웨에 가서 부흥운동 한 것 아닙니다. 전도대회 한 것도
아닙니다. 요나는 니느웨가 망하길 바랐거든요. 그렇기 때문에, 망
한다고 했다가 회개하면 어떡하나 하는 걱정에 그는 억지로 다니면

서 '40일 후에 망한다. 40일 후에 망한다'고 했을 것입니다. 제가 궁금한 것은 하루에 몇 마디나 했는지 그것이 알고 싶어요. 어쨌든 망하길 바란 사람이었는데, 그렇게 '40일 후에 망한다. 망한다' 하고 다녔는데, 이 말을 듣고 니느웨 성은 왕으로부터 온백성이 회개합니다. 그래서 구원을 받습니다. 어떻게 됐을 것같습니까? 여기에서 심리학적으로 한 번 추리를 해보세요. 저들은 많은 죄를 짓고 살았습니다. 그들은 양심의 가책을 느꼈습니다. '이래서는 안되지, 이래서는 안되지, 이러면 망하는 거지. 망할 수밖에 없지.' 그들의 마음속에 깊은 뉘우침이 있을 차에 망한다고 하니까, '옳지 때가 왔구나!' 깨달은 것이지요. 여러분, 이걸 잊지 말아야 합니다. 망한다는 말을 수용할 수 있어야 됩니다. 이 세상이 이대로는 안됩니다. 당연히 망해야죠. 말씀하실 때는 '그럼요, 그러셔야죠, 이대로는 안되죠, 이 꼴이 이게 뭡니까? 안되죠'라고 망한다고 할 때 그것을 그대로 수용할 수 있어야 됩니다. 예수님께서 말씀하십니다. "있어야 할 일이 있는 것이다." 심판이 있어요. 하나님의 심판을 받아들여야 합니다.

소돔과 고모라가 망할 때도 말입니다. 거기에 롯의 여러 식구가 그 속에 섞여 있었습니다. 천사가 와서 말합니다. "이 소돔과 고모라가 망할 것이다." 그 때 롯은 받아들입니다. "그럼요, 이 더러운 죄악된 세상, 번영은 있으나 죄악으로 가득한 세상, 망해야지요. 그럼요." 그리고 천사의 말대로 그는 소돔과 고모라를 떠납니다. 망한다고 할 때 그 말을 수용해야 됩니다. 애착 없이, 미련 없이 받아들여야 됩니다. 예수님께서 말씀하십니다. "이런 일은 있어야 할 것이다." 있어야 할 것으로 받아들이라는 말씀입니다. 이건 심판이니까 말입니다. 이렇게 죄가 많고, 부정이 많고, 거짓되니 어떻게 이 땅에

설 수 있습니까? 점점 더 더러워지고, 점점 추해집니다. 저는 가끔 그런 얘기를 해요. 사람들이 말할 때 개를 보고 뭐라고 합니까? 사람 보고 '이 개같은 놈아' 그러잖아요. 저는 개가 그 말을 들으면, 요새 기절할 것같아요. 개가 '제발 우리만 같아라' 그럴 것같아요. 정말 더러운 세상입니다. 여러분, 강단에서 말씀드리기 죄송합니다마는, 요즘 동생연애라는 것을 하지 않습니까? 호모 섹스라는 게 얼마나 더러운 짓인지 아십니까? 이건 동물도 안하는 짓입니다. 이런 더러운 세상이 점점 더러워지고, 이걸 또 정당화해서 동성연애자들이 결혼식을 합니다. 이게 뭐하는 짓입니까. 도대체가 이런 세상이 이대로 있을 수 있는 겁니까? 망한다고 하거든 '그러셔야지요' 그래야지요. 이제 망한다고 하거든, '그러셔야지요. 진작 그러셔야죠' 이것이 회개입니다. 거기서부터 출발하는 것입니다. 예수님께서 다시 말씀하십니다. "그러나 끝은 아니다. 오히려 시작이다." 환난이 있고 재난이 있고 멸망이 있고 죽음이 있습니다. '이것은 시작이다. 재난의 시작이다.' 아직도 멀었어요. 우리 앞에 있는 재난, 이건 전주곡이요, 전초전이요, 하나의 표적에 불과하고 예표에 불과합니다. 정말로 무서운 환난이 앞에 있다는 것이지요.

전쟁만이 아닙니다. 예수님께서 말씀하십니다. "미혹하는 일이 있을 것이다." '사람들이 많이 와서 사람을 미혹할 것이고 그리고 서로 미워하게 될 것이다. 사랑이 없어지고 부부 간에도 부모 간에도 자식 간에도 미움이 있을 것이다. 또 사랑이 식어지리라. 점점 사랑이 식어질 것이다. 참사랑을 보기 어려울 것이다.' 이렇게 말씀하시면서, 그다음 끝이 있습니다. "끝까지 견디는 자는 구원을 얻으리라." 사랑이 식어질 때 끝까지 사랑하는 사람, 믿음이 없어질 때 끝까지 믿는 사람, 소망이 끊어질 때 끝까지 소망을 버리지 않는 사람, 끝까지 견디는 자는, 참고 견디는 자는 구원을 얻으리라 말씀하십니다. 다음에 더 중요한 말씀이 있습니다. "복음이 땅끝까지 전파되리라." 저는 이에 대해서 조금 개인적인 불만이 있습니다. 그게 뭐냐하면, 여기에 괄호를 하고 딱 한 줄만 더 썼으면 좋겠어요. "복음이 땅끝까지 전해지리라." 거기에 전치사를 붙여서 '이 모든 환난과 함께, 이 모든 환난을 통하여' 복음이 땅끝까지 전해지리라라고 분명하게 썼으면 더 좋았을 거라고 생각해봅니다. 그렇습니다. 이것은 실제상황입니다. 환난을 통하지 않고 복음이 전해지는 일이 없습니다. 개인으로 보아도 그렇습니다. 환난과 고통을 통하지 않고 전해지는 일이 없습니다. 여러분, 누구에게 전도해본 일이 있습니까? 내가 사랑하는 친구가 있어서 꼭 전도하고 싶어요. 저 사람 꼭 전도하고 싶어요. 어떠어떠한 인연으로 내가 한평생 같이하는 친구인데 예수믿으라고 전도해보셨습니까? 해보신 분은 압니다. 이렇게 전도했을 때에 "아 그럼, 자네와 함께 내가 교회 갈게" 그러는 사람 만나보았습니까? 한참 잘나갈 때 말입니다. 그런 사람 절대 없습니다.

저는 이런 분을 압니다. 샌프란시스코에 있는 분인데, 소망교회에 그 친구되는 분이 있어서 매주일 카세트를 보내주었어요. 매주일 설교 테이프를 우편으로 보내주었어요. 그 테이프가 사무실에 쌓였지만, 버리고 싶어도 친구가 보내준 것이니까 차마 버릴 수가 없었어요. 그리고 속으로 생각했대요. '이 사람이 도대체 나를 뭘로 알고 나한테 예수믿으래. 도대체 날 뭘로 알고 예수믿으래.' 그리고 테이프를 처박아놓았는데, 사업이 꽝하고 무너졌어요. 부도가 나니까 마침 자살까지 생각을 했는데, 친구가 보내준 설교 테이프가 생각이 나서 듣기 시작했어요. 몇 년 동안 보내준 것을 몽땅 들었어요. 그리고 예수를 믿고 제게까지 와서 간증을 하면서, 내가 이렇게 해서 예수를 믿게 됐다 라고 해요. 복음은 전할 수도 있고 들을 수도 있습니다마는, 복음을 받아들이는 역사는 환난에서 이루어집니다. 인간 궁극에서 이루어집니다. 참 사람이 교만하고 간사합니다. 여러분, 잘 나가는 분에게 전해보세요. 예전에 언젠가 청와대에 들어갔다가 마치고 나올 때, 그래도 청와대 들어갔다가 그냥 나올 수는 없잖아요. "아무리 바쁘시더라도 성경을 읽고 예수믿어야 하지 않겠습니까?" 한마디 했지요. 했더니 어느 대통령이라고 하지는 않겠지만, "목사님들이 올 때마다 자꾸 성경책을 가져다주어서 우리집에 성경책이 많습니다. 내가 바쁜데 성경책 보게 됐어요?" 그러더라고요. 그래 제가 나오면서 뭐라 했겠어요? "장차 보게 될 거요." 그러고 말았지요.

여러분, 이걸 알아야 됩니다. 많은 고난과 환난을 통해서 비로소 마음을 열고 복음은 전파됩니다. "복음이 땅끝까지 전파되리라." 선교 중심적 역사관입니다. 환난이 있다고 끝이 아닙니다. 복음이 전파되어야 끝입니다. 복음 전파를 위해서 이것은 가능한 것입니다. 그래서 말입니다. '복음이 땅끝까지 전해지리라. 땅 끝까지 전파되리라. 이것이 가능하게 되리라. 그제야 끝이 오리라.' 여러분, 환난이 끝이 아닙니다. 복음전파가 끝입니다. 환난이 목적이 아닙니다. 복음전파가 목적입니다. 절망이 끝이 아닙니다. 소망이 끝입니다. 심판이 있습니다. 그러나 그 속에 사랑이 있습니다. 파괴가 있습니다. 그러나 거기에 창조의 역사가 있습니다. 최종 목적은 새 하늘과 새 땅입니다. 구원하심이 목적이요, 종말이 목적이 아닙니다. 종말은 영원한 나라의 시작입니다. 환난 속에서 사람들은 이기심을 버리게 됩니다. 여기에 역설이 있습니다. 여기서 참된 인도주의가 회복됩니다. 인간의 교만과 우상이 깨져나갑니다. 여러분, 요새 일본에 지진이 있음으로써 일본사람들의 교만이 깨져나가는 것을 봅니다. 여러분, 하나님께서는 어떤 방법으로든지 우리 인간의 마음속에 있는 오만과 교만과 자랑을 다 쓸어버리십니다. 겸손하도록 말입니다. 환난 속에서 서로 사랑합니다. 인간 25시에 인간의 모습이 드러납니다. 모든 사람이 과학이라는 우상을 버리고 하나님께로 돌아오기를 하나님께서는 기대하고 계십니다. 복음을 전합니다. 그러나 그 효과는 환난 중에 나타납니다. 하나님께서는 말씀하십니다. 하나님께서 인도하십니다. 그리고 하나님의 그 큰 은혜 가운데 감사하며 겸손하고 믿음을 새롭게 해주십니다. 오늘 주시는 말씀을 깊이 생각합시다. "복음이 땅끝까지 전해지리라. 그제야 끝이 오리라." △

하나님은 하실 수 있느니라

　예수께서 저를 보시고 가라사대 재물이 있는 자는 하나님의 나라에 들어가기가 어떻게 어려운지 약대가 바늘귀로 들어가는 것이 부자가 하나님의 나라에 들어가는 것보다 쉬우니라 하신대 듣는 자들이 가로되 그런즉 누가 구원을 얻을 수 있나이까 가라사대 무릇 사람의 할 수 없는 것을 하나님은 하실 수 있느니라 베드로가 여짜오되 보옵소서 우리가 우리의 것을 다 버리고 주를 좇았나이다 이르시되 내가 진실로 너희에게 이르노니 하나님의 나라를 위하여 집이나 아내나 형제나 부모나 자녀를 버린 자는 금세에 있어 여러 배를 받고 내세에 영생을 받지 못할 자가 없느니라 하시니라

(누가복음 18 : 24 - 30)

하나님은 하실 수 있느니라

　　최근에 연세대학교 김주환 교수님이 「회복 탄력성」이라고 하는
책을 써서 베스트셀러가 되고 많은 사람에게 깊은 감동과 격려를 주
고 있습니다. '회복 탄력성'이 무슨 말이냐 하면, 사람이 얼마나 고
난을 이겨낼 수 있느냐, 어려운 일을 당할 때 얼마나 스스로 극복할
수 있느냐, 바로 그것을 '탄력성'이라고 표현하고 있습니다. 누구나
다 많은 고난을 당합니다마는 고난을 이기는 힘이 없어요. 너무 약
해요. 참 비참할 정도로 약해요. 그래서 걸핏하면 자살을 해요. 여
러분, 그것을 알아야 합니다. 자살은 철학적으로 낭만주의에 속합니
다. 그건 사치스러운 일입니다. 그걸 알아야 합니다. 어떤 경우든지
간에 그건 그렇게 쉽게 동정할 수 있는 얘기가 아닙니다. 탄력성이
없어요. 극복하는 힘이 아주 제로라는 말입니다. 여기에 문제가 있
는 것입니다.

　　그래서 김주환 교수는 이 책에서 몇 가지를 가르쳐줍니다. 왜
탄력성이 없느냐에 대해 첫째는 개인성이라는 것입니다. 내가 당하
는 고난은 나만 당한다고 생각한다는 것입니다. 이걸 아무도 몰라
요. '이거 나 혼자 당하는 것'이라고 생각하며 그렇게 외골수로 빠지
게 되다보니 죽을 수밖에 없어요. 그걸 알아야 합니다. 그러나 그렇
지 않습니다. 모양은 좀 다르지만, 나만 아니라 모두가 당하고 있고
또 어쩌면 다른 사람이 더 어려운 일을 당하고 있어요. 그리고 견디
고 있는 것입니다. 그런데 '나만, 나만'하고 생각하는 동안에 그는 죽
는 것입니다. 두 번째는 연속성입니다. 여러분, 고난이라는 것이 끝

이 있습니까? 어떤 한 가지 해결하면 또 있지요. 한 언덕 넘어가면 또 다른 언덕이 있고, 강 하나를 건너가면 또 다른 강이 있어요. 과거에도 그랬고 미래에도 그래요. 그런고로 여러분, '요것만'이라는 생각을 버리세요. 숨 넘어갈 때까지, 요단강 건너갈 때까지 걱정은 있는 것이고, 많은 고난 속에서 그렇게 살아가야 하는 것입니다. 이 연속성을 잊어서는 안됩니다. 또하나는 보편성입니다. 모양은 다르나 모든 사람이 다 함께 가고 있어요. 그리고 조금만 한 걸음 더 나아가면 필연성입니다. '이 고난은 내게 있어야 한다. 아니, 이것은 축복으로 주어진 것이다.' 이렇게 생각할 때에 비로소 회복 탄력성을 얻는 것입니다.

여러분 잘 아시지 않습니까? 믿음의 사람은 고난을 당할수록 더 강하게 돼요. 깨끗한 마음, 단순한 믿음이 돼요. 그러나 시원치 않은 사람은 별것도 아닌 일에, 왜 그런 일 가지고 고민을 하는지 몰라요. 고민할만한 가치도 없는 것, 그런 걸 가지고 고민하면서 자기도 고생이고 남도 고생시키니 이걸 어떻게 생각해야 됩니까? 여러분, 회복의 탄력성, 생각해볼만한 얘기 아닙니까?

또 한 단계 깊이 들어가서 생각해봅니다. 작가 바버라 에런라이히(Barbara Ehrenreich)라고 하는 분이 최근에 「긍정의 배신(Bright-Sided)」이라는 세계적 베스트셀러를 써서 세계를 놀라게 하고 있습니다. 그런데 그리 놀랄 얘기도 아닙니다. '긍정의 배신'이라는 것은 굉장히 중요한 현실적 철학이라고 생각합니다. "하면 된다." 이 긍정주의 메시지가 부도가 났다는 것입니다. 이건 스스로 속이고 있는 것입니다. "하면 된다. 긍정적으로 생각해라." 환상에 빠진 것이지, 그렇게 한다고 되는 일이 있습니까? 하면 된다면 돼요? 안되는 건 안돼요. 그리고 '모든것을 긍정적으로 밝은 면만 보고 행복하게 생각하라'고 하는데, 그렇다고 행복합니까? 현실은 냉혹합니다. 그런고로 근거 없는 긍정적 사고가, 이 환상이 대중 속에서 많은 사람을 더 어렵게 만들고 있다고 얘기합니다.

그러면 어찌해야 되겠습니까? 근거 없는 긍정적 사고, 대중적 환상에서 꿈을 깨야 됩니다. 그리고 단지 희망한다고 되는 것은 아니고 또 긍정적으로 생각한다고 해서 되는 일이 없다는 것을 인정을 해야 됩니다. 그리고 두 번째는 정당한 대가를 치름이 없이는 안된다는 것을 알아야 합니다. 여러분, 하나님께서 우리에게 복을 주십니다. 복을 주시는데 '심은대로 거둔다'는 원리 안에서 주십니다. 심지 않은 것을 주시는 하나님이 아닙니다. 이 사실을 잊지 말아야 합니다. 마땅한 대가를 치르지 않으면 안됩니다. 그 유명한 아인슈타인의 얘기가 있지 않습니까? "어제와 똑같은 일을 하면서 오늘과 다른 내일이 있겠다고 기대하는 사람은 정신병자다." 어제와 똑같은 일을 했으면 내일도 똑같은 것입니다. 어제와 다른 오늘이 있고야 오늘과 다른 내일이 있는 것입니다. 장애물을 인정해야 되고, 대가를 정당하게 지불할 각오가 있어야 한다는 말입니다. 그리고 장애물에 원인이 있다면, 혹 잘못되는 원인이 있다면 그것은 전부 내 잘못임을, 내게 원인이 있다는 걸 인정해야 됩니다.

독일 사회심리학자 에리히 프롬(Erich Fromm)의 아주 유명한 이론이 있습니다. 그의 책 「소유냐 존재냐(To Have or To Be)」에서 그는 말합니다. 소유양식과 생존양식이 있다고 합니다. 소유양식(having mode)은 무엇을 갖느냐, 무엇을 소유했느냐는 것입니다. 얼마나 소유했느냐 하는 것입니다. 또하나는 생존양식(being mode)입니다. 이것은 어떤 사람이 됐느냐 하는 것입니다. 얼마나 가졌느냐, 얼마나 아느냐, 어떤 지위에 있느냐가 아니라 어떤 사람이 되었느냐 하는 것입니다. 사람이 먼저 되고 그리고 소유가 있어야 그 소유가 본인에게 복이 되는 것입니다.

저는 목회하면서 특별한 사람을 하나 보았습니다. 혼자 사는 여전도사님의 외아들입니다. 그 아들이 커서 성인이 되어 결혼을 했는데, 본인들이 그래요. 무슨 연애를 해본 일 없이 여전도사의 아들이라고 해서 그저 믿고 결혼했는데, 그런데 웬걸요. 10년 동안 고생을 하는데, 하루도 맑은 정신으로 집에 돌아온 날이 없대요. 매일 술에 취해 돌아와서 못된 짓을 하는데 말도 못해요. 세상에 그런 나쁜 놈 없더라고요. 말을 들어보니까, 제 아내를 발로 차면서 "너 빨리 죽어라" 그런대요. 그러면서 하는 말이 "그래야 내가 저 미스 김하고 산다" 그러는데, 이런 놈이 어디 있습니까? 세상에, 별 놈 다 있어요. 그랬는데 내가 그랬어요. "그래도 남편 위해서 기도해야 될 것 아닙니까?" 그러니까 그 아내 얘기가 "저 기도 안해요" 그래요. "왜요?" 제가 물으니, "사람 안되거든요. 사람 되기를 포기했어요. 안됩니다. 전 기도 안합니다." 그러더라고요. "그래도 기도해야지" 하며 이렇게 지내왔는데, 얼마 후에 미국 가서 부흥회를 하는데 부흥회 끝난 다음에 꼭 나를 만나야 할 분이 있다고 그래요. 그래서 내외분이 사무실에 들어왔어요. 알고 보니 그 못된 남자가 그 교회 장로였습니다. 참 놀랍데요. 아무래도 사람이 안된다고 하더니 장로까지 되었어요. 물론 그 안에 파란만장한 일이 있었지요.

여러분, 깊이 생각해봅니다. 오늘 본문에 볼 때 먼저 18장 18절에서부터 봐야 되는데요, 어떤 젊은 율법사가 예수님 앞에 옵니다.

"내가 무슨 일을 해야 영생을 얻겠습니까?" 하고 영생에 대해서 여쭙니다. 예수님께서 하시는 말씀입니다. "네 있는 것을 다 팔아 가난한 자에게 주라. 그리고 나를 좇으라." 아주 엄청난 심리적인 말씀이고, 그 심층을 이해하셨음입니다. 그 사람은 문제가 돈이거든요. 돈이 좀 있으니까 교만해졌던 것같아요. 그래서 이 사람에게 말씀하십니다. 아무래도 그 가진 소유가 많은 것이 바로 사람되지 못하게 함을 진단하시고, "다 팔아 가난한 자에게 주라. 그리고 나를 따르라" 하십니다. 그랬더니, 이 사람이 그럴 수가 없거든요. 그래서 영생을 포기합니다. 예수님 따르는 것을 포기하고 슬픈 낯으로 돌아갑니다. 세 복음서가 다 이 사건을 말씀합니다. "근심하며 돌아가니라. 슬퍼하며 돌아가니라." 그 뒷모습을 보시면서 예수님께서 말씀하신 것이 오늘 본문의 내용입니다. "부자가 천국에 들어가기가 아주 어렵다." 얼마나 어려우냐고요? 낙타가 바늘귀로 들어가는 것보다 어렵다고 하십니다.

제가 젊은이들을 위해서 한마디 해야겠습니다. 바늘구멍과 바늘귀는 달라요. 요새 사람들은 바늘을 써본 일이 없어서, 바늘귀가 뭔지 모르더라고요. 그래서 하는 말입니다. 바늘구멍은 바늘로 뚫어서 낸 구멍, 이게 바늘구멍이에요. 그리고 바늘귀는 실을 꿸 수 있도록 바늘머리를 뚫어 놓은 구멍입니다. 그게 바늘귀입니다. 그렇다면 그런 줄 알아요. 바늘머리에 만들어놓은 조그마한 구멍, 실을 꿰기 위해서 만들어놓은 그 구멍 말입니다. 낙타가 어떻게 여기로 들어갑니까? 못들어가지요. 물론 못들어가지요. 그래서 제자들이 말했어요. "그러면 누가 천당에 가겠습니까? 그게 어떻게 가능합니까?" 예수님께서 아주 신비로운 말씀을 하십니다. "하나님은 하실 수 있다."

여러분, 두고두고 생각하세요. "하나님은 하실 수 있다." 낙타같이 큰 것을 바늘귀로 들어갈 만큼 작게 만들어서 쏙 들어가게 만들어요. 이게 하나님께서 하시는 일입니다. 여러분 인정하십니까? 사람이 바늘귀로 들어갈 만큼 작아질 수 있다는 것입니다.

여러분, 부라고 하는 것 참 포기하기 어렵습니다. 부의 매력이 있습니다. 칼 융 연구소장인 존 레비라고 하는 분이 아플루엔자(affluenza)라고 하는 유명한 말을 했는데요, '풍요증(豊饒症)'이라고 합니다. 그건 다른 것이 아니고 부자 병이라는 것입니다. 그는 돈이 생기면 이런 병이 따른다고 합니다. 첫째, 의욕이 약해지고 의기소침해지고 소극적 인간이 됩니다. 돈이 많으면 돈 손해볼까봐 소극적인 사람이 되기 쉽고, 두 번째는 부가 더할수록 다른 사람을 의심한다는 것입니다. 의심이 많아요. '저놈이 또 얼마나 해먹을까?', 그래서 주변 사람을 믿기가 어려워요. 셋째가 문제입니다. 지루해집니다. 신나는 일이 없다는 것입니다. 그래서 이 사람들이 스포츠 카를 타는 것입니다. 지루하니까요. 그래서 도박을 하는 것입니다. 좀 화끈한 뭐가 없나 해서요. 지루함을 이기지 못해서요. 그리고 그 마음을 심층 분석하면 깊은 곳에 땀을 흘려서 번 돈이 아닐 경우가 있거든요. 그래서 죄책감도 있어요. 정당하게 벌었다고 말하기 어려워요. 그래서 감기만 걸려도 은근히 죄책이 느껴져요. 그러니까 이게 바로 풍요가 만들어주는 병입니다.

마태복음 16장 24절에 보면 "나를 따라오려거든 자기를 부인하라. 그리고 자기 십자가를 지고, 다 버리고 나를 좇으라." 세 가지를 말씀하고 계십니다. 그런데 자기부인, 자기를 부인하고 자기 십자가를 지는 것, 이것 내가 할 수 있는 일입니까? 아무래도 이건 내 선택이 아닙니다. 좁은 길과 넓은 길이 있으면 넓은 길로 가고 싶어요. 좁은 문과 넓은 문이 있으면 가능하면 넓은 문으로 들고 싶어요. 굳이 좁은 길, 좁은 문, 자기 십자가, 그건 우리 소원이 아닙니다. 나는 못합니다. 스스로 못합니다. 하나님만이 하십니다. 하나님께서 이걸 가능하게 하십니다. 욥기 23장 10절에서 욥은 고백합니다. "내가 가는 길을 그가 아시나니 그가 나를 단련하신 후에는 내가 정금같이 되어 나오리라." 욥은 말할 수 없는 어려운 고난을 치렀습니다. 재산은 물론, 가정은 물론, 육체의 건강은 물론, 다 잃어버리는 기가 막힌 고난을 겪습니다마는 그는 생각했습니다. 이것은 하나님께서 나를 단련하시는 것이라고, 이 훈련과정을 거친 다음에 정금같이 될 것이라고 말하고 있습니다. 그러려면 겸손해야지요, 순종해야지요, 믿음이 있어야지요, 인내가 있어야지요, 그리고 감사가 있어야 합니다. 이게 가능할까요? 하나님만이 하십니다.

여러분, 하나님의 커리큘럼에 대해서 불만을 품지 맙시다. 하나님께서 어디로 인도하시든지 그대로 "아멘, 감사합니다"하고 따라갈 수 없겠습니까? 얼마나 더 작아지면 바늘구멍으로 들어갈 수 있을까요? 내가 얼마나 더 낮아지면 이 처지에서도 하나님께 감사할 수 있을까요? 하나님께서 나를 작게 낮추시고, 낮추시고, 낮추십니다. 아직도 천국이 안보입니까? 아직도 커서 그래요. 눈에 무엇이 씌었어요. 아직도 하나님의 음성이 안들립니까? 아직도 교만해서 그래요. 조금 더, 좀더 좀더 자기를 부인하게 되면 하나님 음성이 들릴 것이고, 하늘나라가 환하게 보일 것입니다. 여러분, 나를 작게 만드시는 하나님, 이건 필요한 것입니다. 이것이 그의 능력이요, 그의 지혜입니다. 이것이 그의 사랑입니다.

사도 바울은 작아지고, 작아지고, 작아졌어요. 작게 만드시는 하나님의 방법에 대해서 그는 100% 수용을 했어요. 육체의 가시, 사단의 사자가 있었어요. 그것이 무엇인지 알 수는 없지마는 제가 성경을 연구하면서 아는 대로는 중요한 간질병이 있었어요. 사도 바울이 최소한도 건강은 있어야 되는 것 아닙니까? 가정도 없고, 집도 없고, 이렇게 나그네로 온세계에 다니면서 복음을 전하는데 건강 하나는 있어야지요. 그런데 그것이 없었어요. 종종 쓰러집니다. 갈라디아서 4장에서는 이렇게 말씀합니다. "내가 너희 가운데 있을 때 너희의 믿음을 시험할만한 것이 내 육체에 있으되 너희가 나를 업신여기지 아니하고 그리스도와 같이 영접했느니라(14절)." 아주 중요한 요절입니다. 아마도 이렇게 추리해봅니다. 갈라디아 교회에 가서 설교하다말고 간질병이 발작을 해서 쓰러졌던 것같아요. 온교인이 이것을 다 봤지요. 얼마나 믿음에 시험이 되겠어요. 바울은 그것을 걱정했어요. 그들이 시험받을까봐, 믿음에 시험을 받을까봐 걱정했어요. 그러나 그들은 시험받지 않고 그리스도와 같이 바울을 영접했어요. 그것이 너무너무 고마웠던 것입니다. 그것이 바울의 심정이었습니다.

그럼 왜 육체의 가시가 있어야 합니까? 고린도후서 12장을 보면 절절합니다. 이건 필요한 것입니다. "하나님, 이것을 내게서 제거해 주세요"라고 기도했는데, 하나님께서 말씀하십니다. "네게 있는 내 은혜가 족하다. My grace is sufficient for you." 유명한 말씀입니다. '네게 있는 내 은혜가 충분하다. 만족하지는 않겠지, 그러나 충분하다. 왜냐하면, 있어야 할 일이 있는 거니까. 그래야 하느니라.' 사도 바울은 비로소 깨닫습니다. 이것이 있음으로 내가 작아지고, 이런

게 있음으로 내가 겸손하고, 그러므로 내가 강하고, 그러므로 믿음의 사람이 되고, 그러므로 확실한 소망의 사람이 될 수 있다고 생각했습니다. 바늘귀로 통과했습니다. 여러분, 이것 잊지 말아야 합니다. 하나님만이 가능하십니다. 하나님만이 가능하십니다. 하나님께서 알아서 내게 적당한 시련을 주실 것입니다. 좀더 작게, 좀더 낮추기 위해서, 그래야 은혜의 사람이 되고, 건강한 사람이 되고, 능력의 사람이 될 수 있기 때문입니다. 여러분, 다시한번 생각합니다. 하나님께서는 하실 수 있습니다.   △

근심이 도리어 기쁨이 되리라

조금 있으면 너희가 나를 보지 못하겠고 또 조금
있으면 나를 보리라 하신대 제자 중에서 서로 말하되
우리에게 말씀하신 바 조금 있으면 나를 보지 못하겠
고 또 조금 있으면 나를 보리라 하시며 또 내가 아버
지께로 감이라 하신 것이 무슨 말씀이뇨 하고 또 말
하되 조금 있으면이라 한 말씀이 무슨 말씀이뇨 무엇
을 말씀하시는지 알지 못하노라 하거늘 예수께서 그
묻고자 함을 아시고 가라사대 내 말이 조금 있으면
나를 보지 못하겠고 또 조금 있으면 나를 보리라 하
므로 서로 문의하느냐 내가 진실로 너희에게 이르노
니 너희는 곡하고 애통하겠으나 세상은 기뻐하리라
너희는 근심하겠으나 너희 근심이 도리어 기쁨이 되
리라 여자가 해산하게 되면 그 때가 이르렀으므로 근
심하나 아이를 낳으면 세상에 사람 난 기쁨을 인하여
그 고통을 다시 기억지 아니하느니라 지금은 너희가
근심하나 내가 다시 너희를 보리니 너희 마음이 기쁠
것이요 너희 기쁨을 빼앗을 자가 없느니라 그 날에는
너희가 아무것도 내게 묻지 아니하리라 내가 진실로
너희에게 이르노니 너희가 무엇이든지 아버지께 구
하는 것을 내 이름으로 주시리라 지금까지는 너희가
내 이름으로 아무것도 구하지 아니하였으나 구하라
그리하면 받으리니 너희 기쁨이 충만하리라
(요한복음 16 : 16 - 24)

근심이 도리어 기쁨이 되리라

　1914년 12월의 일입니다. 미국 뉴저지 주의 웨멘디 시에 유명한 〈토마스 에디슨 실험소〉라고 하는 연구소가 있었습니다. 그런데 이것이 하루아침에 불에 타버렸습니다. 에디슨이 60년 동안 연구한 자료와 연구결과가 거기에 보관되어 있었고, 당시 돈으로 200만 달러에 해당하는 소중한 시설이 있었는데 그 모든 것이 순식간에 불에 타버렸습니다. 잿더미가 되었습니다. 그 아들 찰스가 찾아와 아버지를 위로하면서 무엇이라고 할 말이 없었습니다. 너무 비통해서 아버지 손을 잡고 울었습니다. 그러나 그 아버지 에디슨은 이렇게 말했습니다. "너희 어머니를 빨리 찾아오라. 그리고 다같이 일생동안 두 번 다시 볼 수 없는 이 광경을 보도록 하여라." 이어 67세의 노인인 에디슨은 잿더미를 바라보면서 태연하게 이렇게 말해서 그 말은 유명한 말로 전해지고 있습니다. "이 재난에는 위대한 가치와 교훈이 있다. 우리의 모든 과오를 다 불태워버렸다. 이제는 다시 시작할 수 있게 되었으니 오히려 하나님께 감사해야 할 것이다. 다 같이 감사하자." 위대한 믿음의 사람이자 세계적인 발명가인 에디슨의 말입니다. 히브리서 11장 1절에 보면 "믿음은 바라는 것들의 실상이요, 보지 못하는 것들의 증거"라고 말씀합니다. 그렇습니다. 믿는 사람은 다른 사람이 못보는 것을 봅니다. 믿는 사람은 다른 사람이 듣지 못하는 소리를 듣습니다. 믿는 사람은 다른 사람이 느끼지 못하는 것을 느낍니다.
　제가 개인적으로 존경하는 분으로 직접 만나보지는 못했습니다만 책을 통해서 깊은 감동을 받은 신학자요, 주석가가 한 분 있습니다. 그 분의 책이라면 제가 상당수 가지고 있고 거의 다 읽어보았습니다. 윌리엄 바클레이(William Barclay)라고 하는 분입니다. 지금은 타자뿐만 아니라 컴퓨터가 발달하는 등 기계시설이 좋아서 책을 쓰기도 편하고 좋습니다만, 그 당시에는 전부 손으로 써야만 되는 때입니다. 그는 스코틀랜드의 유명한 교수로 밤 10시, 때로는 새벽 2시까지 계속해서 연구하고 책을 썼습니다. 책을 많이 썼습니다. 수십 권의 책을 썼습니다. 그 중에도 「The Mind of Jesus」라고 하는 책은 제 신앙연구에 방향을 잡아줄 만큼 대단히 중요한 책으로, 제가 그렇게 소중히 여깁니다. 이렇게 책을 많이 쓴 그에게 어느 손님이 물어보았습니다. "도대체 잠은 언제 자고, 밥을 언제 먹고, 어떻게 이런 많은 책을 쓸 수 있었습니까?" 그러자 그는 전혀 생각지 못한 대답을 합니다. "나는요, 보청기만 빼면 벨소리도 못듣습니다. 다시 말하면 귀머거리가 됐기 때문에 집중해서 생각하고, 집중해서 연구하고, 집중해서 책을 쓸 수 있었습니다. 돌이켜 말하면 귀머거리 된 것을 나는 깊이 감사하고 있습니다. 귀머거리 됐기 때문에 오늘의 내가 있습니다." 그는 이렇게 간증하더라고 합니다.

예수님께서 십자가를 지시기 며칠 전, 아니, 바로 몇 시간 전입니다. 오늘 저녁이 지나고 내일 아침에 십자가에 돌아가시는데, 그 몇 시간 전입니다. 또 이 사실을 다 알고 계시는 예수님이십니다. 제자들을 앞에 놓고 마지막으로 유언같은 교훈을 하십니다. 그것이 요한복음 13장부터 17장에 길게, 가장 길고 자세하게 기록되고 있습니다. 예수님께서 십자가를 바라보면서 제자들과 말씀하시는 것입니다. 십자가를 바라보면서 성만찬 예식을 행하십니다. 십자가를 바라보면서 제자들의 발을 씻기십니다. 그리고 길게 교훈하시는데, 그 교훈하시는 내용 중에 '고난을 넘어서 기쁨을' 말씀하고 있습니다. 고난이 없다는 게 아닙니다. 고난을 피해간다는 것도 아닙니다. 고난을 직면하고 그리고 고난을 넘어서의 기쁨을 말씀하십니다. "내 기쁨을 빼앗을 자가 없다." 제자들에게 기뻐하라고 말씀하십니다. 또한 예수님께서는 십자가를 앞에 놓고 승리를 말씀하십니다. 놀라운 말씀입니다. 십자가가 없다는 얘기도 아니고, 그 놀라운 희한한 능력으로 십자가를 변형시키신다는 말씀도 아닙니다. 십자가를 지십니다. 십자가를 지시면서 하시는 말씀입니다. "나는 세상을 이겼노라." 16장 끝에 가서 보면 "이것을 너희에게 이르는 것은 너희로 내 안에서 평안을 누리게 하려 함이라. 세상에서는 너희가 환난을 당하나 담대하라. 내가 세상을 이기었노라(33절)."

여기서 생각해야 됩니다. 세상을 이긴다는 것이 무슨 말입니까? 깊이 생각해야 합니다. 많은 인간들은 현재에 너무 집착합니다. 그래서 돈을 얻으면 성공이고, 잃으면 실패라고 생각합니다. 지식을 얻으면 성공이고, 지식이 없으면 실패라고 생각합니다. 명예를 얻으면 성공이라고 평가하고, 명예를 잃어버리면 그 사람은 실패했다고 말합니다. 권력을 얻으면 성공자라고 말합니다. 권력을 잃어버리는 순간 그는 완전히 망한 사람이라고 생각합니다. 정말로 그런 것입니까? 현재 행복하면 행복이고 현재 불행하면 불행입니까? 내가 평가하는 기준대로 이루어지면, 내 욕망대로 이루어지면 성공입니까? 이루어지지 않으면 실패한 것입니까? 한번 생각해봐야 됩니다.

정말로 비통한 일이 하나 있습니다. 이건 폭탄보다 더 무서운 것인데, 그게 무엇인지 아십니까? 바로 '대박철학'입니다. 도대체가,

아니, 마늘밭에서 100억이 나왔다면서요? 이거 뭐하는 애깁니까? 이건 아이들의 동화책에나 나오는 얘기입니다. 이게 다 뭡니까? 대박을 꿈꾸는 사람들의 그 꿈을 이용해서 긁어모은 돈입니다. 그 사람이 도둑질해서 모은 돈이 아닙니다. 허망한 사람들, 대박을 꿈꾸는 사람들이 그 사람들한테 보내준 것입니다. 이것이 이 민족 속에 들어가 있어요. 잊지 마세요. 공짜 좋아하면 망합니다. 잊지 마세요. 언젠가 제 비서가 저한테 그러대요. "목사님이 공짜 좋아하지 말라고 하고 물건값 깎지 말라고 해서 제가 그렇게 지내봅니다만, 제가 언젠가 한번 화장품을 사니 샘플들을 많이 주더라고요. 그래서 참 좋다고 했는데, 며칠 전에 보도가 나왔는데 그건 물건값에 다 포함된 거래요. 완전히 사기당한 거래요." 그렇습니다. 공짜가 어디 있어요. 공짜 있다는 건 공산당이고, 공짜 없다는 건 자유주의입니다. 이걸 잊지 말아야 돼요. 공짜가 어디 있어요. 공짜 좋아하는 마음, 이 허망한 사행심(射倖心) 때문에 큰 문제입니다. 이것 때문에 민족이 썩어 들어가고 있어요. 이거 어떡하면 좋아요. 그러니까 그 사람이 100억을 모은 것 아닙니까? 그 100억 뒤에는 눈물흘리는 사람이 수없이 많아요. 누군지 몰라서 그렇지, 전부 내 돈인데 하면서 눈물흘릴 그런 사람들 많을 겁니다. 여러분, 애시당초 공짜를 바라지 마세요. 저는 사은품을 바라지 않습니다. 받지도 않습니다. 줘도 안받습니다. 사은품, 차라리 값을 내리지 별로 필요하지도 않은 사은품은 뭡니까? 왜 이런 사람들이 됐어요? 주는 사람이나 받는 사람이나 다 한가지입니다. 이건 아닙니다. 심은대로 거둡니다. 내가 심지 않았으면 받을 생각도 마세요. 깊이 생각해야 합니다.

그런데 현재에 집착하는 사람은 어쨌든지 현재만 생각합니다.

그래서 현재 가진 소유, 현재 가진 능력, 현재 가진 권력, 거기서 운명을 평가하고 맙니다. 우울증 환자가 자살을 합니다. 자살은 병입니다. 그건 도덕적 문제가 아닙니다. 우울증이라는 병의 결과로 자살까지 가는데, 우울증의 특징이 뭐냐하면 자기만 생각하는 거고요, 현재만 생각하는 겁니다. 심지어는 '나 죽은 다음에 얼마나 많은 사람이 슬퍼할까' 그 생각도 못하는 것입니다. 내가 오늘 있기 위해서 얼마나 많은 사람의 눈물과 희생이 있었는지 그거 하나도 생각지 못하는 멍청한 것입니다. 왜 그랬을 것같아요? 현재에 집착하는 마음이 이 모양이 된 겁니다. 무서운 병입니다.

그런가하면 미래에만 사는 사람이 있습니다. 항상 꿈을 꾸고 삽니다. 대박의 꿈을 꾸고 삽니다. 도박꾼의 마음입니다. 일확천금을 생각합니다. 큰 성공만 생각합니다. 예수님 말씀하신대로 심지 않은 데서 거두고 헤치지 않은 데서 모으는 철학을 가지고 삽니다. 꿈에 살고 꿈에 죽습니다. 허황한 생각을 합니다. 이것도 문제입니다. 항상 된다고 하고 항상 벙벙하게, 이렇게 꿈에 사는 사람들이 있어요. 특별히 신앙을 빙자하는 것도 문제입니다. "믿습니다. 믿는다고 말해라. 믿는다고 간증해라. 믿으면 된다." 아니오. 그것은 긍정심리학의 신앙적 각색입니다. '하면 된다'가 어디 있어요? 안될 것은 안되는 거지요. 하면 된다는 이런 긍정적 사고방식(positive thinking)을 가지고 마치 신앙인 것처럼 하는데 아닙니다. 절대 잊지 마세요. 하나님께서는 심은대로 거둔다는 원리 하에서 복을 주십니다. 복을 주실 때마다, 풍요를 주실 때는 종자를 주시고, 땀을 주시고, 그 다음에 가을을 주십니다. 심은대로 거둔다는 원리 하에서 복을 주시는 것이지, 심지 않은 데서 거두고 헤치지 않은 데서 모으는 이런 허황

된 생각, 이것은 신앙이 아닙니다. 깊이 생각해야 됩니다.

그리고 세 번째 사람은 이렇습니다. 확실한 미래에 삽니다. 이걸 알아야 됩니다. 과거에서 현재로 사는 것이 아니고 미래에서 현재로 삽니다. 과거를 분석해서, 과거의 연장선에서 내일이 있다고 생각하지 않습니다. 약속된 미래, 하나님께서 주신 약속 속에 미래가 있고, 그 미래에 의해서 오늘이 있는 것입니다. 그 믿음으로 삽니다. 그런고로 현재의 고통은 하나님의 약속된 땅을 향해서 가는 프로세스로 생각합니다. 이건 필연적인 것입니다. 하나님의 큰 약속을 향해서 가는 과정이라는 말입니다. 그렇게 믿습니다. 그래서 미래에 끌려서 오늘을 삽니다.

예수님께서 이 귀한 말씀을 하실 때 재미있는, 아주 설득력 있는 스토리를 말씀하셨어요. 그것이 바로 해산에 대한 이야기입니다. 여인이 해산하게 되면 근심을 합니다. 그러나 아이를 낳으면 그 근심을 싹 잊어버립니다. 저는 이걸 제 개인적으로 한번 크게 경험을 했습니다. 제가 아내와 결혼을 해서 첫아이를 가졌는데, 배가 점점 불러오니까 정말 힘들어하더라고요. 그리고 굉장히 괴로워도 해요. 그러나 그저 참고 견디다가 이제 아이를 낳았어요. 그게 곽요셉 목사입니다. 내가 잊지 않는데, 낳자마자 일어서더니 치마를 입어봐요. 배가 쏙 들어갔으니까, 배가 불렀다가 쏙 들어가니까 너무 좋은가봐요. 그리고 한 말이 뭔지 아십니까? 얼마나 고생을 했는지, '다시는 안낳는다' 그러더라고요. 더구나 집에서 낳았어요. 제가 그 낳는 것을 다 보았어요. 제 무릎을 베고 아이를 낳았어요. 내 허리를 잡아 끄는데 허리가 끊어지는 줄 알았어요. 얼마나 고생하는지, '이거 내가 낳는 게 낫지' 할 정도로 참 힘들다 생각했어요. 그렇게 낳더니 '다신 안낳는다'고 그래요. 그래서 내가 뭐라 했겠습니까? "그럼 그만둬." 그런데 둘 더 낳았어요. 뭘 말하는 겁니까? 그렇게 힘들지마는 소중한 생명을 얻는 순간 지난 일을 기억하지 않아요. 까맣게 잊어버려요. 그리고 또 낳는 겁니다. 제 장모님은 아홉을 낳았어요. 너무 재미있어가지고요. 이것 보세요. 이게 바로 해산의 수고라는 것입니다. 그 근심과 기쁨, 고난의 뜻을 알기 때문에, 이 고난의 마지막 해피 엔드, 종말론적 해피 엔드를 알고 있기 때문에 넉넉히 참을 수 있는 것입니다.

예수님께서 부활의 아침을 바라보십니다. 영광된 부활의 아침을 바라보니 그깟 십자가가 문제입니까? 오늘 본문에 보세요. "조금 있으면 나를 못보겠고 조금 있으면 보리라." "조금 있으면"이 뭡니까? 예수님께서는 십자가 사건을 잠깐 지나가는 것으로 생각하셨어요. 순식간에 지나가는 고통으로 생각하셨어요. 그런고로 말씀하십니다. "이 기쁨을 빼앗을 자가 없느니라." 굉장한 말씀 아닙니까? 그런고로 "도리어 기쁨이 되리라."

제가 목회자로서 결혼주례를 많이 하지 않습니까? 제가 40세의 노처녀 결혼주례를 했어요. 결혼주례 할 때도 걱정이었어요. '자녀를 낳을 수 있으려나' 걱정했는데, 결혼하자마자 배가 불렀어요. 그리고 걱정을 해요. 나이가 40이니 제대로 낳을 수 있을지를 걱정해요. 그래서 제가 "걱정 마세요. 우리 어머니가 나를 41세에 낳았습니다" 했더니, 그 말에 많이 위로를 받더라고요. 이렇게 지냈는데 놀라운 일이 생겼어요. 마지막 해산을 할 때 의사가 아무래도 나이가 많아서 제왕절개수술을 해야 되겠다고 하니까, 이 여자가 뭐라고 했는지 아세요? "하나님께서 내게 주신 이 소중한 선물을 어떻게 배를 째고 낳습니까? 그냥 낳을 겁니다." 41세에 그 죽을 고생을 하고 낳았어요. 이 아주머니 대단하데요. 그렇지 않습니까? 소중한 생명을 위해서 고생하면 할수록 더 좋아요. 많이 고생하면 그건 영광으로 오히려 더 자랑스럽다고 그렇게 생각했던 것입니다.

"도리어 큰 기쁨이 되리라." 고생하면 할수록 자랑스럽고 더 영광스럽고, 여기는 해피 엔드가 있지요, 여기는 생명의 창조가 있지요. 그런고로 큰 기쁨이 오는데, '이 기쁨은 빼앗을 자가 없느니라' 하십니다. 그리고 '아무것도 물을 필요도 없다.' 만족한 절대적 기쁨이 거기에 있다고 말씀하십니다. 로마서 5장 3절, 4절입니다. "환난은 인내를, 인내는 연단을, 연단은 소망을 이루는 줄 앎이로다." 환난이 있지마는 결국은 소망을 이루는 것입니다. 십자가의 모순도 있고 고통도 있습니다. 무엇으로 설명할 수 없는 부조리한 고통이 있습니다마는 예수님께서는 그 십자가를 넘어서 부활의 아침을 바라보며 놀랍게도 십자가의 필연성을 생각하십니다. 그리고 임산부의 고통을 말씀하십니다. 여러분, 그건 결코 잊지 말아야 합니다. 임산(妊産)의 고통이 있다고 다 옥동자를 낳는 것은 아닙니다. 죽은 애를 낳을 수도 있어요. 바른 생명일 때만, 바른 길을 갈 때만 이 영광은 따르는 것입니다. '도리어 기쁨이 되리라. 아무도 빼앗을 자가 없느니라.' 이렇게 승리를 바라보며 예수님께서 십자가의 길을 가십니다. △

우리가 부활의 증인이다

나은 사람이 베드로와 요한을 붙잡으니 모든 백성
이 크게 놀라며 달려 나아가 솔로몬의 행각이라 칭하
는 행각에 모이거늘 베드로가 이것을 보고 백성에게
말하되 이스라엘 사람들아 이 일을 왜 기이히 여기느
냐 우리 개인의 권능과 경건으로 이 사람을 걷게 한
것처럼 왜 우리를 주목하느냐 아브라함과 이삭과 야
곱의 하나님 곧 우리 조상의 하나님이 그 종 예수를
영화롭게 하셨느니라 너희가 저를 넘겨 주고 빌라도
가 놓아 주기로 결안한 것을 너희가 그 앞에서 부인
하였으니 너희가 거룩하고 의로운 자를 부인하고 도
리어 살인한 사람을 놓아 주기를 구하여 생명의 주를
죽였도다 그러나 하나님이 죽은 자 가운데서 살리셨
으니 우리가 이 일에 증인이로라 그 이름을 믿으므로
그 이름이 너희 보고 아는 이 사람을 성하게 하였나
니 예수로 말미암아 난 믿음이 너희 모든 사람 앞에
서 이같이 완전히 낫게 하였느니라

(사도행전 3 : 11 - 16)

우리가 부활의 증인이다

　　미국 예일대학에 니콜라스 월터스토프(Nicholas Wolterstorff)라고 하는 교수님이 계십니다. 이 교수님이 사랑하는 아들을 잃고난 후에 그 슬픔을 기록한 한권의 책이 있습니다. 이 책이 알려져서 많은 사람에게 깊은 감동을 주고 믿음을 새롭게 하는 큰 소재가 됐습니다. 그 책 제목은 「Lament for a Son」으로 한 아들을 위한 애가, 슬픈 노래라는 그런 뜻입니다. 그 책 속의 몇 구절을 소개합니다. "내 아들 에릭은 미국 뉴헤이븐의 눈내리는 날 저녁에 태어나서 오스트리아 카이저 게비르거의 눈쌓인 봉우리에서 25세의 나이로 죽었다. 나의 아들의 뺨을 만져보았다. 그 뺨은 차가웠다. 죽음은 차가운 것이었다. 그리고 죽음은 조용했다. 영혼이 떠나버린 아들의 육신은 모든 부드러움은 다 사라지고 차갑고 돌같이 굳은 그런 것이었다. 내가 아들을 묻을 때, 거기에 묻은 것은 아들이 아니라 나 자신이었다. 장례식 후에 세상은 달라졌다. 핑크색은 보라색으로 변했고, 파란 하늘은 잿빛으로 변했다. 더이상 나에게는 아름다운 것은 아무것도 보이지 않았고, 아무 소망도 아무 기쁨도 없었다. 깊은 고통 속에서 오랫동안 고민하고 시달리고 있을 때, 하늘로부터 하나님의 음성이 들려오면서 그 속에서 큰 위로를 받을 수가 있었다. 오직 유일한 하늘로부터 오는 위로를 받을 수 있었다. 아들을 십자가에 내어 보내주신 아버지 하나님의 마음을 조금이나마 이해할 것같았다. 독생자를 십자가에 못박은 그 아버지의 마음을 조금 알 것같이 생각이 되었다. 그리고 부활신앙으로 슬픔을 이겨내면서 또 한 번 질문을 하였다. 마음속에 이런 물음이 있었다. '과연, 내 죽은 아들 에릭이 살아날 수 있을까요?' 하나님의 음성이 다시 내 귀에 들려왔다. '내가 이미 죽은 자를 일으켰으며 부활시켰도다. 십자가에 죽은 내 아들을 내가 다시 일으켰다. 너는 이것을 잊지 말라.'"

예수의 부활, 그것은 바로 우리의 부활의 증거입니다. 그래서 성경은 말씀합니다. "첫 열매가 되셨다." 그가 부활하고 그 다음에 그리스도 안에 있는 자들이 줄줄이 부활할 것입니다. 예수의 부활은 우리 부활의 첫 열매가 되시는 것입니다. 여러분, 우리가 주일마다 외우는 사도신경을 자세히 한번 마음으로 음미해보시기 바랍니다. 천지를 지으신 창조주 하나님께 대한 고백이 있고, 그 다음에 예수 그리스도께 대한 고백이 있고 그리고 맨 마지막에 '부활을 믿습니다. 영원히 사는 것을 믿습니다'하는 고백으로 우리의 신앙고백은 결론을 짓습니다. 여러분, 예수님의 십자가, 죽으시고 부활하시고 승천하시고 이제 재림하실 것입니다. 그리고 승천 후 재림 때까지, 이것이 교회기간인데 이 시간에, 현재에 그는 살아계셔서, 살아서 부활 생명으로 우리 가운데 역사하십니다. 우리가 사랑하는 요절이 있습니다. "볼지어다. 내가 세상 끝날까지 너희와 항상 함께 있으리라." 순간순간 특별히, 우리가 세상 떠날 때 나와 함께 계시는 그리스도의 생명력을 잠시도 잊어서는 안됩니다. 이것이 없이는 살 수 없습니다. 그래서 유명한 빌리 그레이엄 목사님의 메시지의 총 주제가 'living Christ', 살아계신 그리스도입니다. 옛날에 십자가를 지신 예수, 옛날에 부활하신 예수가 아닙니다. 오늘 살아계신 그리스도, 그리고 다시 오실 그리스도입니다. 깊이 생각해야 합니다.

오늘 성경 말씀을 보면 베드로와 요한이 성전에 올라갑니다. 사실 알고 보면 베드로와 요한은 이때 아주 초라한 갈릴리 어부에 불과합니다. 왜냐하면 그는 촌사람이요, 하나의 어부일 뿐입니다. 그런데 그의 주군 되는 예수님께서는 십자가에 죽으셨습니다. 그리고 부활하셨는데, 그 부활신앙을 마음에 가지고 감히, 용기 있게 예루살렘성전으로 올라갑니다. 저는 생각을 합니다. 베드로가 예루살렘에 올라갈 때 조금은 찜찜했을 것같다고요. 왜요? 바로 며칠 전에 예수님께서 십자가에 돌아가실 때 그가 예수님을 세 번이나 모른다고 하고 도망간 과거가 있잖아요. 아주 창피한, 부끄러운 과거가 있기 때문에 이 가운데 있는 사람들 중에 내 이 과거를 아는 사람도 많을 텐데 하는 그런 소심한 생각도 꼭 있었을 것이라 생각합니다. 요한과 같이 올라가다가 문간에서 거지를 만납니다. 그는 나면서부터 앉은뱅이입니다. 걸어본 적이 없습니다. 그래서 요샛말로 말하면 프로급 거지입니다. 이 사람이 얻어먹는 것을 비난할 사람은 없습니다. 당연히 그래야지요. 성전에 들어가는 사람들을 향해서 손을 딱 내밉니다. 이 사람이 바라는 것은 돈뿐입니다. 성전 안에서 무슨 일이 있는지 알 바 아닙니다. 사람들이 많이 모이는 곳이니까, 여기 갖다놓으면 하루종일 손을 내밀고 있었습니다. 바로 이 앉은뱅이를 베드로와 요한이 만나게 됩니다. 물론 돈을 바라고 손을 내밀었습니다. 이제 베드로와 요한이 말합니다. "은과 금은 내게 없습니다. 당신이 바라는 은과 금은 내게 없습니다."

거기까지만 생각합시다. 그때에 앉은뱅이가 뭐라고 했을 것같습니까? '그러면 그냥 지나가. 돈 없으면 그냥 지나가지, 누가 뭐라나.' 그런데 베드로와 요한이 엉뚱한 말을 합니다. "내게 있는 것으로 네게 주노니 나사렛 예수의 이름으로 일어나라." 나면서부터 앉은뱅이됐던 사람이 벌떡 일어납니다. 깜짝 놀랐습니다. 저는 늘 이 장면을 생각합니다. 누가 놀랐을까? 베드로가 놀랐을까 아니면 앉은뱅이가 놀랐을까? 이건 엄청난 사건입니다. 예수 부활생명이 현실적으로 나타나는 순간입니다. 아주 굉장한 사건 아닙니까? 여러분, 사실을 사실대로, 바로 그것이 진실입니다. 사실이 사실대로 이해될 때, 우리는 그것을 진리라고 말합니다. 사실이 사실대로 확증될 때, 그것을 정의라고 말합니다.

여러분, 예수의 부활사건이 오늘 여기에서 앉은뱅이가 일어나는 사건 속에서 확증되고 있었다는 말입니다. 부활사건은 어디까지나 사실입니다. 진실한 사실입니다. 그러나 그 사실에 대한 믿음은 또 별도입니다. 내가 얼마나 믿느냐, 얼마나 확실하게 믿느냐가 중요합니다. 그리고 믿기만 한다고 되는 것이 아닙니다. 이해돼야 합니다. 우리의 이성적 기능을 통해서 충분히 납득이 가야 됩니다. 이게 충만입니다. 그런가하면 생활 속에서 확증해야 됩니다. 머릿속과 가슴속에 맴도는 것이 아니고, 내 현실 생활 속에서 부활생명을 확증하게 될 때, 살아계신 그리스도께서 오늘 나와 함께하시는 것을 느끼게 되고 그 은혜에 감격하게 되는 것입니다. 엄청난 사실인 부활사건, 여러분, 잠시도 잊어서는 안됩니다.

인도의 유명한 성자 선다 씽이라고 있습니다. 그는 힌두교에 취해 있는 인도사람이요, 조상 적부터 오랫동안 힌두교 사람입니다. 그런데 예수를 믿고 구원을 받아 복음을 전하는 사람이 됐습니다. 너무도 고마워서 영국교회에서 이분을 초대했습니다. 영국에 가서 여러 교회, 여러 대학을 다니면서 예수구원의 복음을 전하게 될 때, 어떤 청년이 그에게 물었습니다. "당신은 오랜 전통 속에 산 힌두교

사람인데 어째서 힌두교를 버리고 예수를 믿습니까?" 그때에 선다 씽이 한 말은 참으로 유명한 얘기로 남아 있습니다. "예수는 부활하셨거든요. 다른 종교에는 죽어 장례지내는데, 인생무상으로 끝나는데 예수는 부활하셨거든요."

우스운 얘기입니다마는 제가 언젠가 한 번 우리 교회 교인 한 사람의 장례식을 하고 그 다음에 장례식 사흘 후에 그 미망인되는 권사님이 "묘지를 방문하고 싶어서 가는데 목사님 시간 되시면 좀 동행해주시면 안될까요?" 그러세요. 제가 보통 묘지에 삼일제로 가지 않습니다마는 그러나 말씀하는 게 너무 간절해서 따라갔습니다. 갔더니 가족들도 몇 사람 모였어요. 산에 올라가서 묘지를 보고 그 다음에 거기서 예배를 드리고 산에서 내려오는데, 그 가족 중에 대학교수인 한 분이 저에게 가까이 와서 물어보는 겁니다. "목사님, 장례식 때 설교하시는 것도 들었고 오늘 여기 와서 말씀하시는 것도 듣고 해보니까 예수믿는 사람들은 진짜로 부활을 믿네요." 그래서 제가 "아, 그럼요." 그 때부터 이분이 심각해지더라고요. 가만히 있더니 그 다음주일부터 교회 나왔어요. 여러분, 이것 잊지 말아야 합니다. 추상적으로 관념적으로 생각하지 마세요. 진짜로 믿는 것입니다. 부활사건은 진짜요, 내가 믿는 부활도 진짜요, 내가 부활할 것도 진짜라는 것을 잊지 말아야 돼요. 여기서부터 모든 신앙의 문제가 풀리는 것입니다.

유명한 칼뱅은 신앙의 세 가지 영역이 있다고 말합니다. 대단히 중요한 신학적 논리입니다. 첫째는 성서적 지식이라는 것입니다. 성서적 지식이 없이는 신비주의에 빠지기 때문에 역시 신앙은 지식이 있어야 돼요. 그러니까 전도해야 되는 것입니다. 전도를 받고, 알고, 믿고 이렇게 되는 거지, 아는 바가 없으면 믿음의 내용이 성립되지 않아요. 그래서 알리는 것이 전도입니다. 아는 것이 믿음입니다. 뿐만 아니라, 경험이라고 하는 영역이 있다는 것이지요. 그래서 하나님께서 체험하게 하시는 것입니다. 모든 사건을 통해서, 체험을 통해서 오늘 성경 말씀을 깊이 생각해야 되겠고, 오늘 좀전에 말씀드린 것처럼 이렇게 아들이 죽었어요. 이 사건 속에서, 이 체험 속에서 그는 부활신앙을 만나게 되는 것입니다. 이것은 신념뿐이 아닙니다. 이것은 체험입니다. 이것은 이론으로 설명할 것이 못됩니다. 조금 더 나아가서는 헌신과 봉사라고 하는 확증이 있다는 것이지요. 봉사하고 헌신하며 부활신앙을 체험하게 됩니다.

여러분, 이걸 깊이 생각합시다. 우리가 성경에 보면 '사도 바울이 감옥에서 어떻게 어떻게 했다, 감옥에서 편지를 썼다'는 그런 얘기가 있습니다. 또 사도 바울은 감옥에서 기뻐 찬송을 불렀다면서요? 빌립보 감옥에서 찬송을 불렀더니 옥문이 열리더라는 이런 얘기도 있지 않습니까? 여러분, 감옥에서 사도 바울이 '지금 기뻐하라. 다시 말하노니 기뻐하라' 하는 그 엄청난 감격의 기쁨을 우리가 여기 앉아가지고 알 것같습니까? 머리로 생각을 해볼 수 있지요. 조금 느껴볼 수 있을지 몰라도 죄송합니다마는 이건 감옥에 가야 아는 것입니다. 감옥에 들어가 앉아 있어야 비로소 알 수 있는 것입니다. 아주 소중한 것입니다. 그같은 체험 속에서만이 그 귀중한 생명적 진리가 그에게 이해되고 확증되는 것이란 말입니다. 그래서 말씀인데, 죄송하지만 부활의 생명은 우리가 죽음의 사선을 오락가락할 때에 비로소 확신하게 되는 것입니다. 이걸 잊지 말아야 합니다.

베드로와 요한이 성전에 올라가서 이렇게 예수 그리스도의 생명력을 전했습니다. "나사렛 예수의 이름으로 명하노니 일어나라." 그랬더니 벌떡 일어났지요. 이 표적이라고 하는 것은 부활신앙의 증거요, 생명의 확증입니다. 특별히 중요한 것은 베드로와 요한, 이 두 사람을 예수님께서 '내가 지명하여 택해 세웠노라'하는 카리스마적 의미가 거기 또 있는 것이지요. 베드로는 말합니다. "우리가 부활의 증인이다. 우리가 부활의 증인이다." 어떻게요? 베드로가 개인체험 속에서 말하는 줄 압니다. 내가 예수를 세 번이나 모른다고 했지만 그건 문제가 아니라고, 부활하신 예수가 나와 함께 계시고 내게 이 권능을 주셨으니 옛사람은 없고 나는 부활생명의 증인으로 사는 것이다, 말합니다. 또 오늘본문에 심오한 말씀이 있어요. "하나님께서 예수 그리스도를 영화롭게 하셨느니라." 십자가에서 비참하게 죽어서 장례를 치렀지만 부활하심으로 영화롭게 했고 또 오늘 예수의 이름을 불렀더니 앉은뱅이가 일어나서 '하나님께서 영화롭게 하셨느니라' 합니다. 엄청난 부활생명의 현재적 확증입니다. 그뿐 아니라, 오늘 본문을 자세히 음미하면 베드로가 원래 우쭐하기를 좋아하고 앞서기를 좋아하는 사람인데, 이 거룩한 사건 앞에서 자기를 딱 낮춥니다. "왜 우리를 쳐다보느냐. 내 경건과 내 능력이 한 것처럼 왜 나를 쳐다보느냐. 예수께서, 부활하신 예수님께서 여기에 나타나서 이 같은 일을 이루셨느니라." 자기가 싹 빠져요. 자기를 완전히 부인해요. 이것 참 힘들고 어려운 일입니다.

그뿐 아니라, 사도행전을 계속 읽어나가면 이 부활신앙 앞에 유무상통의 사회적 역사가 이루어졌습니다. 무슨 말인고 하니, "내 것을 내 것이라고 하는 자가 없더라." 부활하신 예수를 만나고나니까 욕심이 없어요. 내 것이라고 하는 자가 없어요. 가난한 자에 대한 배려가 생겨요. 그래서 사회적으로 부활생명이 확증되고 그뿐 아니라, 가장 귀중한 것은 모든 성도들의 마음이 사망 권세를 이기는 그런 믿음으로 승화되었다는 것입니다. 그래서 초대교회에서는 순교가 영광이었어요. 제가 신학대학에서 요한계시록을 몇 년 강의해 본 일이 있는데, 요한계시록을 강의하기 위해서 열심히 읽고 열심히 공부해봤습니다. 마지막 얻은 결론은 간단합니다. 요한계시록을 깊이 상고했더니, 하늘나라에 가서도 순교하지 못한 사람은 좀 창피할 것 같아요. 조금 부끄러울 것같아요. 여러분, 이걸 잊지 말아야 합니다. 부활생명을 믿는 사람, 부활 차원에서 희생을 보게 되면 그리스도를 위하여 고난당하면 당할수록, 손해를 보면 볼수록, 아니, 가능하면 순교할 수만 있다면 순교가 최고의 영광이지요. 최고의 면류관입니다.

　여러분, 부활생명을 아는 사람은 그리스도를 위해서 작은 일이든 큰일이든 오늘도 손해를 보고 고생을 하고 능욕을 당합니다. 그것이 영광이지요. 이걸 잊지 말아야 합니다. 성도 여러분, 우리 앞에 죽음은 있습니다. 피해갈 길 없습니다. 피할 수 없으면 담담하게 맞아야 하겠지요. 죽음이 끝이 아님을 믿어야 합니다. 십자가 이후에 부활이 있습니다. 그리스도와 함께 죽을 때 그리스도와 함께 사는 이 귀중한 진리를 다시 확증하고 부활신앙을 확실하게 하게 될 때 세상은 달라집니다. 잿빛세상이 푸른 하늘이 될 것입니다. 어두운 세상이 밝아지는 것입니다. 여러분, 그렇게도 이기기 어려운 나 자신도 쉽게 이길 수 있습니다. 잊지 말아야 합니다. 주께서 부활하셨기에 우리의 부활이 앞에 있고, 그 부활이 확실하기에 오늘에 영광이 있고 소망이 있는 것입니다.　△

천국에서 큰 자의 신비

그때에 제자들이 예수께 나아와 가로되 천국에서는 누가 크니이까 예수께서 한 어린아이를 불러 저희 가운데 세우시고 가라사대 진실로 너희에게 이르노니 너희가 돌이켜 어린아이들과 같이 되지 아니하면 결단코 천국에 들어가지 못하리라 그러므로 누구든지 이 어린아이와 같이 자기를 낮추는 그이가 천국에서 큰 자니라 또 누구든지 내 이름으로 이런 어린아이 하나를 영접하면 곧 나를 영접함이니 누구든지 나를 믿는 이 소자 중 하나를 실족케 하면 차라리 연자 맷돌을 그 목에 달리우고 깊은 바다에 빠뜨리우는 것이 나으니라 실족케 하는 일들이 있음을 인하여 세상에 화가 있도다 실족케 하는 일이 없을 수는 없으나 실족케 하는 그 사람에게는 화가 있도다 만일 네 손이나 네 발이 너를 범죄케 하거든 찍어 내버리라 불구자나 절뚝발이로 영생에 들어가는 것이 두 손과 두 발을 가지고 영원한 불에 던지우는 것보다 나으니라 만일 네 눈이 너를 범죄케 하거든 빼어 내버리라 한 눈으로 영생에 들어가는 것이 두 눈을 가지고 지옥 불에 던지우는 것보다 나으니라 삼가 이 소자 중에 하나도 업신여기지 말라 너희에게 말하노니 저희 천사들이 하늘에서 하늘에 계신 내 아버지의 얼굴을 항상 뵈옵느니라

(마태복음 18 : 1 - 10)

천국에서 큰 자의 신비

어느 가정에 네 살난 꼬마가 있었습니다. 온 가정 식구들의 사랑을 받고 한마디로 말하면 제멋대로 날뛰는 그런 버릇없는 네 살 꼬마였습니다. 병중에 계신 할머니는 더더욱 이 손자를 사랑했습니다. 이렇게 하든 저렇게 하든 그 할머니는 그저 이 손자가 예쁘기만 했습니다. 그렇게 할머니의 사랑을 많이 받고 있던 그 손자가 이제 어려운 일을 당했습니다. 그것은 바로 할머니가 세상을 떠난 것입니다. 그래서 비록 어리지만 몹시 침통해하는 것을 보고 어머니가 얘기했습니다. "할머니가 저 하늘나라에서 이렇게 너를 내려다보고 있으니까 너무 슬퍼하지 마라." 그러자 꼬마는 그 생각을 하며 또다시 천진하게 뛰고 놀고 그랬습니다.

그런데 여러분 아시는대로 미운 네 살이라고 하지 않습니까? 정신이 없는 겁니다. 그저 못된 짓만 골라서 하는 것입니다. 다 때려부수고, 이리 뛰고 저리 뛰고. 결국 어머니는 너무 지쳐서 견딜 수가 없게 되자 "얘야, 할머니가 높은 데서 너를 지금 지켜보고 있는데 그렇게 못된 짓을 해서 되겠니?" 그러자 이 꼬마는 하늘을 쳐다보더니 그 다음부터 좀 얌전해요. 그러나 며칠 있더니 또 떠들어요. 또 마음대로 사고를 친단 말입니다. 그래서 또 물어보았습니다. "야, 할머니가 지켜보는데 너 그러면 되냐?" 그랬더니 꼬마가 하는 말이 "내가 할머니 방에 들어갔더니 할머니 안경이 거기에 있더라고. 그러니까 하늘나라에 계신 할머니가 저 안경을 못가지고 가서 내가 사고치는 걸 못볼 거야." 그러더랍니다. 이 어린아이의 마음이 얼마나 깨끗합

니까? 할아버지 할머니는 손자손녀를 몹시 사랑합니다. 어떤 때는
맹목적일 수도 있습니다. 여기엔 특별한 의미가 있습니다.

　여러분, 그래서 제가 이 성경을 읽고 본문제목을 정하다가 신비
라는 말을 꼭 쓰고 싶었습니다. 왜냐하면 여러분, 중요한 것은 손자
손녀가 할아버지 할머니의 사랑을 받는 것이 아니고, 손자손녀를 보
는 동안 할아버지 할머니가 어린아이가 된다는 겁니다. 여기에 문제
가 있어요. 어린아이를 대하는 순간 어른이 어린아이가 된다는 겁니
다. 어린아이의 깨끗한 마음을 보는 순간 어린아이가 달라지는 게
아니고, 어른이 어린아이가 되는 것입니다. 그래서 어린아이의 세계
에서 그 어린아이와 어른이 함께 만나는 이것이 바로 오늘본문의 중
요한 내용입니다. 이 세계에서는 사랑으로 보고, 사랑으로 듣습니
다.

　제가 잘 아는 어느 연세 높은 목사님이 계시는데 나이많아서 할
아버지 할머니 둘이서 사니까 적적해서 외손자를 데려다 키웠어요.
그런데 이놈이 할아버지 할머니 사랑을 독차지하고 자라다보니까
얼마나 버릇이 나빠졌는지 말도 못해요. 언젠가 한번 그 목사님 댁
에 방문을 했는데 애가 밖에서 놀다가 들어와가지고 할아버지를 발
길로 차면서 이 새끼 저 새끼 하더라고요. '원 세상에 이런 녀석이
있나? 이런 버릇없는 놈을 봤나.' 그런데 할아버지는 그게 또 예쁘
다고 안아주고 뽀뽀해주고 그래요. "이 천하에 불효자식, 이 못된 놈
을 어째서 사랑하십니까?" 그때에 그 할아버지 목사님이 중요한 말
을 했어요. "몰라서 그러는 건데, 애가 할아버지가 뭔지 새끼가 뭔지
알고 그러겠소? 저딴에는 그게 좋은 말인 줄 알고 이렇게 할 때마다
또 웃어주니까 더 좋아해요. 그래서 그러는 것 아니겠습니까."

여기서 한 번 더 꼭 드릴 말씀이 있어요. 예수님 십자가에 돌아가실 때 그 못된 무리들을 내려다보시면서 "하나님이여, 저들의 죄를 사하소서. 모르기 때문입니다" 하십니다. 모르기 때문입니다― 이 얼마나 엄청나고 놀라운 신앙의 고백입니까? 바로 이것이 신비로운 것이라는 말입니다.

오늘본문에 보면 제자들이 예수님께 여쭤봅니다. "천국에서 큰 자가 누구입니까?" 천국에서 큰 자, 아마 제자들의 마음속에 이 천국이라는 말은 좀더 세속적인 것이라고 생각이 됩니다. 메시야의 나라를 생각하며 그런 특별한 메시야의 영광이 올 때 천국에서 큰 자가 누구입니까, 질문을 합니다. 아마도 기대했던 대답은 이런 것인 것같아요. "자, 봐라. 내가 열두 제자가 있지 않느냐? 너희들이 큰 자다." 그 말을 듣고 싶었던 것같아요. "천국에서 큰 자가 누구입니까? 우리입니까? 아닙니까?" 뭐 이러는 것 아니겠어요? 그러나 예수님께서는 전혀 다른 대답을 하십니다. "돌이켜서 어린아이와 같지 아니하면 결단코 천국에 들어가지 못하리라."

여러분, 예수님께서 하신 말씀 중에 천국에 못들어갈 사람이 둘이 있어요. 하나는 중생하지 아니한 자는 절대로 천국에 못들어간다는 것입니다. 또 두 번째는 어린아이와 같지 아니한 자는 못들어간다― 절대조건입니다. 중생하지 아니하면 못들어간다, 어린아이와 같지 아니하면 못들어간다, 이건 지극히 히브리적인 표현입니다. 아주 비유며 비사며 무궁무진한 진리가 거기에 있어요. "어린아이와 같아져야 된다. 어린아이와 같은 마음, 그런 착한 마음, 순진한 마음을 가져야 한다."

제가 개인적으로 경험했습니다마는 오십여 년 동안 목회하면서 여러 부류의 사람을 만나보았습니다. 정치가들도 만나고 학자들도 만나고 또 재벌들도 많이 만나고 여러 사람들을 만나보는데 한 가지 특별한 게 있어요. 돈 많이 번 사람들, 소위 말하면 재벌급의 사람들, 혹은 출세한 사람들, 이런 사람들을 딱 만나보니까 제가 볼 때는요, 저 사람이 돈벌 사람이 못돼요. 왜 그러냐? 순진해요. 저 사람이 저런 자리에 있을 사람이 못돼요. 너무나도 천진난만해요. 그런 걸 볼 수가 있어요. 그리고 오히려 잘난 것처럼 보이는 사람은 그 자리에 없고 사실 돈을 버는 사람들마저도 가만히 보면 그렇게 돈벌 사람이 아닌데 싶은 사람이 오히려 돈을 벌더라고요. 그게 뭘 말하겠습니까? 어린아이와 같아야 됩니다. 돈도 어린아이와 같아야 벌 수 있습니다. 출세도 권세도 어린아이와 같이 되어야 됩니다. 천국에 들어가는 것, 한마디로 말해서 어린아이와 같아져야 됩니다. 절대조건입니다.

천국에서 큰 자, 한 번 생각해봅시다. 지금 오늘 여기서 천국에서 큰 자, 예수님께서 뭘 생각하셨을까요? 제자들과 같이 있을 때 내가 크냐 네가 크냐 시기질투, 불편해요. 제사장, 위선자입니다. 정치가, 못됐어요. 그 어디도 마음을 둘 수가 없어요. 다 못됐어요. 그런데 어린아이들이 가까이 오면 이건 좋아요. 어린아이를 만날 때 마음이 편안해져요. 그래 예수님 하시는 말씀이 "보아라, 돌이켜서 어린아이와 같이 되지 아니하면 결단코 천국에 못들어간다."

여러분, 지금 연세가 얼마인지 모르지만 다시 돌이켜서 어린아이로 돌아가야겠습니다. 그 동안에 깜빡 잊어버리고 살아왔습니다. 천국적 행복은 여기에 있습니다. 천국백성의 속성이 여기에 있습니다. 어린아이의 특징이 뭡니까. 첫째, 자기 평가를 낮춥니다. 자기를 작게 생각합니다. 그렇기 때문에 사랑을 알게 됩니다. 자기를 작게 여기는 자라야 사랑에 대한 감각도 있고 사랑을 수용할 수가 있습니다. 이걸 알아야 합니다. 그런데 자기를 크게 생각하는 사람은 사랑이 소용없습니다. 사랑을 거부합니다. 배반합니다. 어린아이들은 자기평가가 작아졌기 때문에 사랑을 수용합니다.

또, 자기가 약하다는 것을 인정합니다. 나는 약하다, 그렇기 때문에 부모를 의지합니다. 부모뿐입니까? 누구든지 어른을 의지합니다. 어른의 손을 잡고 갈 생각을 합니다. 혼자서는 가지도 못하고 일어서지도 못한다는 것을 알고 있습니다.

그리고 자기의 무지함을 압니다. 그렇기 때문에 자주 물어보고 호기심도 많습니다. 무지함을 알기에 동시에 순종합니다.

또한 가만히 보면 지극히 정신적입니다. 우리는 어린아이들이 먹는 것만 좋아하고 자기 위하는 것만 좋아한다고 아이들을 물질적이라고 보기 쉽고 혹은 육체적이라고 보기 쉽습니다. 그러나 가만히 보면 어린아이들처럼 정신적인 존재가 없습니다. 그게 뭡니까? 요새는 그런 것 보기 어렵지만 옛날 시골에서 보니까 어머니 등에 업혀서 잠자는 아이 좀 보세요. 등에 업혀서 고개를 젖혀서 자는데 그게 잠이 오겠어요. 또 어머니 아버지의 품에 안기고 무릎에 앉기를 좋아합니다. 그리고 거기서 쪼그리고 잡니다. 편안히 자는 게 좋지 이거 뭡니까? 하지만 그저 어머니하고 손이 닿고 아버지하고 이렇게 가까이 있다는 것, 그걸로 만족하는 것입니다. 함께 있다는 것입니다. 아버지 어머니의 사랑이 여기에 있다, 그 감시가 여기에 있고 그 돌보심이 있다 하는 것을 느끼는 순간 아무 생각도 없어요. 편안합니다. 참 기가막힌 일 아닙니까? 저는 그런 생각을 실제로 했습니다. 피란나올 때 보니까 다들 죽는다고 야단하는데 어머니 등에 업힌 아이는 아무 걱정도 없더라고요. 그래서 제가 "네가 제일 행복하다" 그랬어요. 그렇습니다.

또한 자기를 낮추고 낮추기 때문에 아주 겸손합니다. 그 겸손이 있을 때 비로소 사랑을 알게 됩니다. 「탈무드」에 나오는 유명한 얘기가 있습니다. 어느 아버지가 세상을 떠나는데 아들이 아직도 어려요. 그래서 아들에게 유산을 줄 수가 없어요. 그래서 유서를 써가지고 랍비에게 이 아이가 큰 다음에 이것을 주라고 부탁했습니다. 랍비가 맡아가지고 관리를 하는데 이제 보세요. 아이가 컸어요. 20세가 된 다음에 "랍비여, 내가 이만큼 컸으니까 아버지의 유산을 제게 주세요" 합니다. "아니, 안되는데." "왜 안됩니까?" "아버지의 유서가 이렇게 돼 있어. 어린아이가 되면 주라 그랬어. 어른이 되면 주라고 하는 게 아니고 어린아이가 되면 주라 그랬거든. 그러니까 못주지. 안돼. 돌아가." 아들은 아무리 생각해도 모르겠어요. '어른이 되면 주라 해야 되겠는데 어린아이가 되면 주라?' 그걸 모르겠어요. 어쨌든 그렇게 궁금한 중에 장가를 갔어요. 아이를 낳았어요. 아이를 등에다 태워가지고 말놀이를 합니다. 한참 뛰어다니다가 '아차, 내가 이제 어린아이가 됐구나!' 그리고 가서 랍비한테 가서 얘기를 했어요. "제가 어린아이가 됐습니다." "어떻게?" "내가 결혼해서 아이를 낳았는데 아이하고 같이 노는 동안 내가 그만 어린아이가 되고 말았습니다." 그러자 랍비가 "그래, 바로 그거다." 그때 아버지가 물려준 유산을 아들에게 주었다는 것입니다.

여러분, 어른이 되면 주라가 아니고 어린아이가 되면 줘라, 이 얼마나 중요한 의미가 있습니까? 깊이 생각할 문제입니다. 윌리엄 캐리(William Carey)라고 하는 사람은 인도의 유명한 선교사입니다. 그리고 무려 인도의 34가지 말로 성경을 번역한 학자이기도 합니다. 많은 사람에게 존경을 받는 어른입니다. 그런데 그분이 아마 학벌이 시원치 않았던가봐요. 어느 귀족이 윌리엄 캐리를 망신주려고 많은 사람 앞에서 물어보았습니다. "당신의 아버지가 구두를 만드는 사람이었다면서요?" 이렇게 그를 천시하고 멸시하는 얘기를 했습니다. 그러니까 윌리엄 캐리가 하는 말이 빙그레 웃으면서 "아니요, 구두 만드는 사람이 아니고 구두 수선하는 사람이었어요. 그러나 저는 우리 아버지를 그 누구보다 자랑스럽게 생각합니다." 거기서 고개가 숙여졌습니다. 남이 나를 낮춥니까? 그것보다 조금 더 낮추세요. 그래야 하늘나라를 경험할 수 있습니다. 그래야 하늘나라에 들어가는 기쁨을 얻을 수가 있습니다.

여러분, 가끔 자녀교육에 대해서 걱정하십니까? 어떻게 가르치면 될까? 제가 한 가지 말씀을 드릴 테니까 자세히 한번 들어보세요. 천재적인 음악가라고 하는 첼리스트 피아티고르스키(G.Piatigorsky)라고 하는 분이 있습니다. 첼로 연주에 세계적인 권위자인데 그에게 제자가 있습니다. 그 제자를 놓고 가르치는데 잘 가르쳐보려고, 자기 후배를 만들려고 잘 가르쳐보려고 아무리 가르쳐도 안되는 것입니다. 자기는 잘하는데 가르칠 수가 없어요. 그래 고민하고 있던 중에 자기도 모르게 사건이 터졌습니다. 자기는 완벽주의자였습니다. 완벽하게 연주를 하면서 제자들 보고 "따라오라, 나처럼 해라. 왜 못하냐?" 그랬더라고요. 그런데 어느날 연주하다가 모두가 깜짝 놀랄 만큼 큰 실수를 했습니다. 그리고 학생 앞에 "미안하다. 나도 이렇게 실수를 한단다." 그리고 학생 앞에 사과를 했습니다. 그랬더니 그 다음부터 학생들이 공부를 잘하더랍니다.

　　여러분 아십니까? 가르치는 자가 자기가 완벽한 것처럼 "나를 따르라." 절대 안됩니다. 제가 이사장으로 있는 학교가 많았거든요. 고등학교 선생님들을 채용할 때 일류대학에서 일등 한 사람들을 데려다가 가르치게 했더니 아이들 성적이 안올라가요. 그래서 많이 연구하다가 제가 결단을 내려 이사장 명령으로 이류대학에 삼수해서 들어간 사람들, 즉 이류대학을 나왔을 뿐만 아니라 대학 들어갈 때 삼수해서 들어간 사람들 중에서 선생을 만들었더니요, 글쎄 아이들 성적이 올라가요. 왜요? 선생님이 이래요. 전에 잘하던 선생님들은 수학문제를 풀고 "이놈아, 그것도 몰라?" 그러는데 지금 선생님은 "나는 삼수했다. 또 해, 또 하면 돼. 또 하자." 그러니까 성적이 올라가더라고요.

　　여러분, 자녀교육도, 죄송합니다, 아이들 앞에 사과를 잘해야 됩니다. 아주 실수 없이 산 것처럼 완벽하게 살아온 것처럼 "나처럼 살아라." 그만하세요. 다 알고 있어요. 아이들에게 그냥 미안하다 그러세요. "부족해서 미안하다. 용돈 많이 못줘서 미안하다. 남의 부모만 못해서 미안하다." 한마디만 해보세요. 당장 달라집니다. 이걸 알아야 합니다.

　　제가 소망교회에서 목회하던 그 중에 뼈아픈 경험하나가 있습니다. 어느날 한 가정이 꼭 심방을 와달라고 해서 그 집에 안갈 수가 없었습니다. 갔더니 이런 상황입니다. 아들 둘이 있는데 큰아들이 대학 시험을 보았는데 보세요. 서울대학을 봤는데 떨어지고 고려대학에 합격했어요. 그런데 합격해 놓고 다음날 자살했어요. 어떡하면 좋습니까? 이제 둘째아들이 또 시험을 보게 됐어요. 아버지 어머니

가 "이놈아! 공부 잘해라. 일류대학 못들어가면 내 아들 아니다." 그
랬어요. 그랬더니 얘가 하는 말이 "걱정 마세요. 한 번 시험보고 떨
어지면 형님 따라가지요." 그래요, 이런 기가막힌 일이 있나요? 그
래서 급한 마음에 공부 안해도 좋다, 그리고 술 사다주고 담배 사다
주며 "맘대로 먹고 놀아라. 절대 죽지만 마라." 그랬어요. 그러니까
이 아들이 하는 말이 "아버지 어머니 웃기고 있고만." 이러더래요.
이거 어떡하면 좋겠어요? 한 사람은 사업가고 한 사람은 대학교수
였습니다. 할수없이 저를 부른 것입니다. 제가 가서 얘기를 죽 들어
보니까 정말 큰일났더라고요. 걔는 지금 딱 한 번 시험보고 죽겠다
는 것입니다. 그래서 제가 물어보았어요. 자초지종을 죽 들어보았더
니 그 아버지 어머니가 별것 아니더라고요. 왜 그러냐? 나이를 조사
해봤더니 저하고 동갑인데 6.25전쟁 때 대학 나왔더라고요. 그러니
까 일류대학 이류대학 뭐 있어요? 그래 제가 아버지 어머니 불러 놓
고 "당신들 일류대학 나왔다고 자랑하는데 6.25 때 나왔더만?" 그랬
지요. "어떻게 알아요?" "근데 뭘 일류대학이라 그래? 아니야?" 그
러니까 "그야 그렇죠." "바로 그 일류대학이 당신 아들을 죽인 거야.
알았나?" 제가 있는 자리에서 "별것 아니다. 우리 아무것도 아니다.
어찌어찌하다가 일류대학을 나왔고 오늘에 왔다마는 별것 아니다" 하
고 한마디 했더니요 그 아들이 하는 말 보세요. "진작 그 말 했으면
내 형님이 안죽었지요." 그러더라고요.

　　교육, 겸손해야 되는 겁니다. 교만해가지고 되는 것이 아닙니
다. 낮추고 낮추어서 어린아이가 되어야 돼요. 다시 어린아이로 돌
아가서 깨끗한 마음으로 내 마음이 천국이 될 때 아이들의 마음도
천국이 됩니다. 천국에서 자란 아이가 천국백성이 되는 것입니다.

이걸 꼭 잊지 말아야 합니다. 교육의 근본이 겸손에 있다는 것을 우리가 모르고 있어요. 돈이면 되는 줄 알고 좋은 여건이면 되는 줄 알지만 아닙니다. 부모님의 마음이 어린아이가 되어야 돼요. 어린아이와 같은 겸손한 마음으로 돌아가요. 그때에 아이들의 마음도 천국이 되는 것입니다. 그래서 부모와 자녀가 함께 천국백성이 될 때 여기서 하나님의 귀한 역사가 나타나게 되는 것입니다.

사랑은 사랑으로 보고 사랑으로 생각하고 사랑으로 행복하고 사랑으로 희생합니다. 여기서 원칙은 자기를 낮추는 마음입니다. 그래 오늘 예수님 분명하게 말씀하십니다. "어린아이와 같이 자기를 낮추는 사람이 천국에서 큰 자니라."

여러분, 우리 가정 가정에 있는 그 오만함이나 그 헛된 것, 다 버리고 순수한 마음으로 어린아이의 마음으로 돌아갈 때 가정이 참된 가정이 되고, 하늘나라가 이 땅에 임하는 그런 축복의 가정들이 될 것입니다. △

한 아버지의 눈물

구스 사람이 이르러 고하되 내 주 왕께 보할 소식
이 있나이다 여호와께서 오늘날 왕을 대적하던 모든
원수를 갚으셨나이다 왕이 구스 사람에게 묻되 소년
압살롬이 잘 있느냐 구스 사람이 대답하되 내 주 왕
의 원수와 일어나서 왕을 대적하는 자들은 다 그 소
년과 같이 되기를 원하나이다 왕의 마음이 심히 아파
문루로 올라가서 우니라 저가 올라갈 때에 말하기를
내 아들 압살롬아 내 아들 내 아들 압살롬아 내가 너
를 대신하여 죽었더면, 압살롬 내 아들아 내 아들아
하였더라

(사무엘하 18 : 31 - 33)

한 아버지의 눈물

딕 호이트(Dick Hoyt)와 던 예거(Don Yaeger)의 공저로 나온 「나
는 아버지입니다」라고 하는 미국 전역을 울렸던 유명한 베스트셀
러 작품이 있습니다. 아들 릭이라고 하는 사람은 어머니 뱃속에 있
을 때 목에 탯줄이 감겨서 출생 전에 산소 공급이 중단되어 태어날
때 뇌성마비와 경련성 전신마비 장애아로 태어나게 됩니다. 그러나
아버지는 실망하지 않았습니다. 극진히 사랑하고 보살필 뿐만 아니
라 특수 컴퓨터를 장치해서 아들과 함께 많은 시간을 같이 보냈습니
다. 어느날 그 장애자 아들이 아버지에게 말했습니다. "아빠, 나는
달리고 싶어요." 아버지는 아들을 휠체어에 태워가지고 밀면서 도로
를 질주하기 시작했습니다. 그리고 경기에까지 나가서 첫 레이스에
서 꼴찌에서 이등을 했습니다. 아들은 그때에 아버지에게 말합니다.
"오늘 처음으로 내 몸에서 장애가 사라진 것같아요." 도전은 계속됐
습니다. 보스턴 마라톤에까지 나갔습니다. 수영도 했습니다. 무려
마라톤에 64회를 나가게 됐고 보스턴 마라톤만 24회를 완주했습니
다. 자전거로 6,000km나 되는 미 대륙 횡단도 했습니다. 그 후에 아
들은 이렇게 말합니다. "아버지가 없었더라면 나는 아무것도 할 수
없었을 거예요." 아버지는 대답합니다. "네가 없었다면 아버지는 하
지도 않았을 것이다." 이 책의 결론은 이렇습니다. '나는 아버지다.'
나는 아버지라고……

앤 랜더즈(Ann Landers)의 글에 재미있는 유머 같으면서도 우리
에게 심각한 도전을 주는 글이 있습니다. 누구나 네 살이 되면 '아버

지는 무엇이든지 할 수 있다. 무엇이든지 알 수 있다. 아버지는 전능한 분이다.' 그렇게 아이들은 생각한대요. 열두 살이 되면 '아버지는 아는 것이 별로 없다.' 그렇게 생각한답니다. 열네 살이 되기 시작하면 '아버지는 구닥다리다. 구식이다.' 스물한 살이 되면 '아버지는 역시 골동품이다.' 그렇게 생각한답니다. 스물다섯 살이 되면 '그래도 아버지는 어느 정도 무엇을 아는 것같기도 하다.' 서른 살이 되면 '때때로 아버지에게 묻고 싶다. 그는 나보다 더 많이 알고 있으니까.' 그런 생각을 한답니다. 오십이 되면 많은 사람이 생각하기를 '이런 경우에 아버지는 어떻게 했을까?' 라고 생각해본답니다. 육십이 넘어서야 생각합니다. '아버지는 훌륭한 분이다. 아버지는 모르는 것이 없다. 아버지는 역시 나보다 훌륭했다. 아버지는 나의 아버지다.' 그렇게 생각하게 된다고 합니다. 결국은 육십이 돼야 철이 드는가봅니다.

'Father image', 아버지에 대한 인상은 절대적으로 중요합니다. 저는 많은 경우에 이런 것을 경험하고 목회 현장에서 느낍니다. 우리 교인들이 가지는 신앙생활을 자세히 봅니다. 그 신앙의 구도를 생각합니다. 이게 어디서 오느냐? 그의 아버지 인상에서 옵니다. 'Father image'에서 옵니다. 예를 들면 아버지를 무섭게 무섭게만 생각했던 사람들은 하나님도 무서워하더라고요. '하나님'하면 왠지 무섭게만 생각돼요. 아버지와 어머니의 사랑을 많이 받은 사람은 하나님에 대해서도 사랑스럽게 느껴요. '하나님 아버지'하면 벌써 가슴이 따뜻해지고 아버지 품에 안긴 것같은 그런 체험을 하게 된다고 합니다.

'Father image', 매우 중요합니다. 같은 신구약 성경을 읽어도 무서운 아버지를 가졌던 사람들, 아버지와의 관계가 좋지 않았던 사람들은 성경에서 하나님의 진노를 봅니다. '율법과 진노와 심판, 아! 하나님은 무서운 하나님이다.' 이렇게 생각을 하게 되는데 좋은 가정에서 태어난 사람들은 성경을 읽을 때에도 성경 안에 있는 무궁무진한 아버지 하나님의 사랑, 그 넓은 은총에 감사하면서 그렇게 성경을 읽게 되더라고요. 그 중에 대표적인 사람이 마르틴 루터입니다. 루터의 아버지는 광부인데 아들에게 그다지 따뜻하지 못했습니다. 그리고 조금 잘못했을 때는 엄하게 책망을 했고 때로는 매질도 했습니다. 루터는 아버지가 무서웠습니다. 그래서 얼마나 무서워했던지 루터의 글에 그런 말이 나와요. 제가 그 글을 읽고 많이 웃었습니다. '나는 하나님 아버지 하면 몽둥이 들고 따라오는 그 아버지가 자꾸 생각이 나고 겁이 나서 '하나님 아버지' 할 때마다 재미가 없다. 그래서 '하나님 어머니'라고 하면 안될까?' 그런 글을 썼어요. 이렇게 아버지에 대한 이미지가 좋지 않았어요. 그러나 그가 말년에 가서 쓴 글을 보면 또 달라집니다. 그는 그의 신학체계를 하나님의 진노에 둡니다. 그래서 '하나님의 사랑은 그 진노 속에서 구체화된다.' 이런 유명한 말을 합니다. 그래서 마침내 그는 생각합니다. '내 아버지가 있기에 오늘 내가 있다. 아버지로부터 나는 하나님을 배웠다.' 하나님의 사랑이 어디 있는지를, 그래서 루터의 신학에 그 완성도는 그 근본은 아버지에게 있다고 이렇게 많은 학자들이 말합니다. 미안합니다. 저도 그렇게 동의합니다.

성경을 자세히 보면 두 아버지의 이미지가 있습니다. 하나는 구약의 다윗 왕이고 또 다른 하나는 신약의 탕자의 아버지입니다. 탕자가 집을 나갔다가 돌아옵니다. 그를 영접하는 아버지를 예수님께서 그림을 그리듯이 말씀하시고 더 긴 설명을 하시지 않습니다. 예수님께서 설명하시는 하나님은 그런 아버지입니다. 아버지 하나님, 탕자의 아버지, 그 좋은 아버지, 그것으로 끝입니다.

우리가 주기도문을 외웁니다. 주기도문에 아무리 읽어봐도 아무리 외워보아도 그 속에 하나님이라는 말이 없습니다. 하늘에 계신 우리 아버지, 거기서 끝입니다. 기독교의 교리는 너무 복잡하지 않습니다. 하나님 아버지가 끝입니다. 그 속에 모든 신관, 모든 구속관, 모든 은혜가 다 담겨 있습니다. 하나님 아버지, 그래서 구약에서는 다윗, 신약에서는 탕자의 아버지 두 사람을 생각합니다.

오늘 다윗을 생각해봅시다. 다윗이 목숨을 바쳐서 충성을 다하던 사울 왕에게 죽음을 강요당합니다. 그래서 피난길에 나섭니다. 그 사울에게 쫓기는 다윗, 참 성경을 읽을 때마다 처참하고 불쌍하고 안됐습니다. 안쓰럽습니다. 그러나 하나님의 큰 은혜로 그는 유대나라의 왕이 됩니다. 하나님의 은혜로 은혜의 보좌 앞에 앉았습니다. 왕이 되었습니다. 그러나 이 가정이 순탄치 않습니다. 아무리 성경을 읽어보아도 별로 그렇게 서운한 대우나 서운한 말을 한 것같지도 않은데 아들에게 배척을 당합니다. 세상에 불효자가 있다고 하지마는 그 아들 압살롬같은 패륜아는 역사에도 없습니다. 그는 아버지가 세상 떠나면 자연스럽게 왕이 될 수도 있었습니다. 왜냐하면 그는 위로 형 둘이 죽었고 실질상 현재는 자기가 장자같은 위치에 있었기 때문입니다. 그런데 아버지를 내쫓고 자기가 왕이 되겠다고 난립니다. 그리고 그것만이 아닙니다. 아버지와 그 일행을 죽이겠다고 군사를 몰고 쫓아다닙니다. 이런 패륜아가 세상에 어디에 있습니까? 아버지의 왕권을 빼앗는다는 것만이 아니라 아버지를 죽여버리겠다고 하는 이런 못된 아들, 그리고 군사를 몰고 토벌작전을 벌입니다.

그런데 성경을 자세히 보면 눈물겨운 장면이 나옵니다. 아버지 다윗은 압살롬을 사랑합니다. 그 압살롬을 사랑합니다. 아들이 쿠데타를 일으켰는데 아버지는 아무런 대항 없이 피난의 길을 떠납니다. 그까짓 얼마든지 그야말로 소탕해버릴 수도 있건만, 그리하지 아니하고 군사와 자기 일행을 다 이끌고 피난의 길을 갑니다. 대항 없이 저항도 하지 않고 그 정처없는 피난의 길을 떠났던 것입니다. 왜 그랬을 것같습니까? 이 아버지는 왜 이래야 했습니까? 바로 현실을 하나님의 심판으로 신앙적으로 받아들였기 때문입니다.

한 아들이 한 아버지를 배신한다, 배반한다, 그게 아닙니다. 내 아들 압살롬이 나를 죽이려고 한다, 이런 얘기가 아닙니다. 이런 무서운 세상이다, 개탄하지도 않습니다. 하나님 앞에서 생각합니다. 그는 오래전에 우리야의 아내 밧세바로 말미암아 큰 실수와 죄를 범하게 됩니다. 그가 회개하고 용서를 받았습니다마는 나단 선지는 사무엘하 12장 10절에서 무서운 심판을 내립니다. "네가 이처럼 신하를 죽이고 신하의 아내를 네가 취했기 때문에 이 죄는 용서하겠으나 네 집에 칼이 떠나지 아니하리라." 나단 선지의 마지막 심판을 그는 들었습니다. 그리고 이 심판을 마음에 깊이 새기고 있습니다. 이제 아들이 곁길로 나갈 때 아버지는 그때 생각을 합니다. 아들이 아버지를 죽이겠다고 쫓아다닐 때 하나님 앞에서 그는 그 옛날의 죄를 회개합니다. 이건 다 내 죄 때문이라고, 이건 내 잘못이라고, 아들의 패륜이 아들의 몫이 아니고 아버지의 몫이라는 것입니다. 아버지의 책임이라는 것입니다. 뼈저리게 회개합니다. 그 회개가 열매로 나타난 것이 저항하지 않고 피난의 길을 떠나는 것입니다. 자기가 피해자가 아니고 저 아들이 피해자라는 것입니다. 내가 못돼서 저 아들이 있고 내 죄 때문에 아들의 실수가 있다는 것입니다. 하나님 앞에서 정직하게 생각하고 깊이 회개하는 마음입니다.

여러분, 가만히 생각해봅시다. 하나님 앞에서 진지하게 물어봅시다. 자식들의 잘못이 자식의 것입니까? 어느 것 하나 자식에게 있습니까? 몽땅 부모들의 것입니다. 가슴에 손을 얹고 생각해보세요. 누가 감히 자식을 나무랄 수 있어요. 어느 어머니가 이런 얘기를 합니다. 본인은 자식에게 공부하라는 말을 못한대요. 왜요? 자기가 안했으니까요. 안할 뿐만 아니라 공부하라고 강요한다고 가출까지 했대요. 그 옛날을 생각하면서 공부하라는 말을 함부로 못한다고 그래요.

여러분, 깊이 생각해봅시다. 다윗은 하나님의 사람입니다. 하나님 앞에 성실했습니다. 그런고로 자식의 허물과 잘못을 자기 책임으로 생각하고 하나님 앞에서 회개하는 마음으로 그 패륜아를 대항하지 않고 그대로 보좌를 내놓고 피난의 길을 떠났습니다. 그리고 하나님의 뜻에 맡겼습니다. 하나님의 처분을 기다리고 있습니다. 용서를 구하고 있습니다. 그래서 사무엘하 15장에 보면 "일어나 도망하자." 그 신하들과 함께 보좌를 버리고 도망을 합니다.

15장에 보면 더욱 중요한 얘기가 있습니다. 이렇게 도망하는 중에 시므이라고 하는 사람이 다윗을 저주하는 말을 합니다. 아무리 피난의 길을 가지만 왕은 왕입니다. 어찌 왕을 저주하겠어요. 장군이 이걸 붙들어다 놓고 "어떻게 네가 감히 기름부은 받은 왕을 저주하느냐?"하고 목을 치려고 할 때 다윗은 말합니다. "하나님께서 다윗을 저주하라 했기 때문에 하는 것이 아니겠느냐? 놔주라." 그렇게 사면하는 것을 볼 수 있습니다. 완전히 하나님께 맡깁니다. 하나님께 전적으로 위탁을 합니다. Total commitment, 완전히 맡기고 피난의 길을 떠납니다.

다윗의 마음속에 깊은 또다른 이유가 있습니다. 그것은 이 아들을 아버지를 죽인 살인자로 만들지 않으려는 것입니다. 아버지를 죽인 천하의 용서 못할 그런 아들을 만들지 않으려고 아버지는 아들을 피하는 것입니다. 그는 아들의 죄를 줄이기 위해서 피난의 길을 떠납니다.

여러분, 조금만 더 부모가 잘한다면 자식이 잘못되지 않는 건데요 그런데 우리는 거침없이 말해놓고 어떤 면에서는 더 화를 내게 했습니다. 에베소서에 보면 "자녀를 노엽게 하지 마라." 했어요. 그 자녀가 나쁘지 않아요. 나쁠 수 없어요. 그러나 자녀를 나쁘게 만드는 게 누굽니까? 누가 화내게 만들었습니까? 다윗은 생각합니다. 그리고 그는 사랑하는 아들을 아버지를 죽이는 패륜아, 살부자를 만들지 않기 위해서 조용히 피난의 길을 떠납니다. 그러면서도 군사들에게 부탁을 합니다. 18장 5절에 보면 "나를 위해서 압살롬을 너그럽게 대우하라." 그렇게 부탁을 합니다. 다윗은 회개하는 마음이었습니다. 회개하는 마음을 가지고 있습니다. 또 동시에 아들이 회개하기를 기다리고 있습니다. 지금은 저렇게 됐지마는 어떤 경우에든지 아들이 회개하고 다시 돌아오기를, 죄가 자기 자신의 것이라 생각하면서 동시에 아들이 회개하고 다시 아들로 돌아오기를 바라고 용서하는 마음으로 그렇게 기다리고 있었던 것입니다.

여러분, 깊이 생각해야 되겠습니다. 이제 그 아들이 죽었다는 소식을 들었습니다. 오늘본문에 보면 눈물 없이 읽을 수 없는 귀중한 말씀입니다. 그가 말합니다. "내 아들 압살롬아! 내 아들 압살롬아! 내가 너를 대신하여 죽었으면 좋았을 것을. 내가 죽고 네가 살아야 할 것인데 어찌 네가 죽었느냐!" 이런 말씀입니다. 대적이 아닌 끝까지 아들로 생각하고 "내 아들 압살롬아!" 그리고 목을 놓아 웁니다. 그것이 아버지의 마음이었습니다. 이같은 아버지의 사랑에 대하여 우리는 얼마나 이해하고 얼마나 깊은 뜻을 생각했습니까? 아버지의 사랑은 조금 깊은 데가 있어요. 그래서 사랑같지 않게 느낄 때가 많아요.

　죄송하지만 나이가 드니까 이제는 제 개인적인 얘기도 좀 하게 됩니다. 간증삼아 말합니다. 저는 아버지에게 매를 많이 맞았어요. 그래 아버지의 사랑을 느끼지 못했어요. 때릴 때마다 '왜 때리시나?' 생각했어요. '이거 내가 맞을 일이 아닌데……' 생각하고 중얼거리다가 더 맞았어요. 그런데 말입니다. 제가 강제노동수용소에 들어가서 7개월 동안 죽을 고생을 하고 도망을 해서 산에 숨어 있을 때 밤에 묘지에서 잠을 잤습니다. 그리고 이리저리 옮겨 다니면서 굴에서 자고 바위틈에서 자고 이럴 때 뭘 먹고 살아야겠어요? 그런데 어떻게 알고 아버지가 제게 식량을 공급해주셨습니다. 이것 가지고 산에 올라오다가 한 번 발각되면 그냥 총살입니다. 그러나 아들을 위해서 이렇게 음식을 준비해가지고 지게에다 지고 밤중에 산에 올라오십니다. 약속된 굴속에서 만나서 제게 이걸 줍니다. 잠깐 앉아서 기도한 다음에 아무 말씀도 없어요. 딱 한마디 "몸조심해라." 그리고 산을 내려가는 아버지의 뒷모습을 보았습니다. 그리고 깊이 맹세했습니다. '내가 아버지에게 효도를 다하겠습니다.' 그랬으나 제가 산에서 나왔을 때는 벌써 아버지는 피살당하고 안계셨습니다. 아버지에게 진정 효도할 기회를 잃어버렸습니다. 그러나 아버지는 제게 단 한 번도 "내가 너를 사랑한다"라는 말을 해보신 일이 없는 것같습니다. 다정하게 대하신 것은 없는 것같습니다. 그러나 아버지는 깊은 가운데서 말없이 사랑했습니다. 그 사랑은 깊고 놀라운 것이었습니다. 아버지는 자식을 대신할 만큼 그렇게 사랑했습니다.

여러분, 깊이 생각해야 합니다. 이 아버지 하나님의 사랑, 그 아버지 하나님의 사랑이 바로 이렇게 비쳐지는 것입니다. 예수께서 대신 죽으시는 그 속에 아버지 하나님의 사랑이 계시되어 있는 것입니다. 말없이 책임지는 진노 속에 감춰어진 신비로운 사랑, 우리 깊이 깨닫고 이에 응답해야 할 것입니다.

오늘도 우리를 사랑하신 아버지 하나님의 사랑을 생각하고 다시 또한 우리에게 주신 가정에서의 우리 아버지, 어머니의 사랑을 생각합니다. 그 사랑에 우리가 어떻게 보답하고 응답할 것인가?, 바로 그 속에 진정한 효의 길이 있는 것입니다.   △

자랑할 것이 없는 사람

그러나 내가 이것을 하나도 쓰지 아니하였고 또 이 말을 쓰는 것은 내게 이같이 하여 달라는 것이 아니라 내가 차라리 죽을지언정……누구든지 내 자랑하는 것을 헛된 데로 돌리지 못하게 하리라 내가 복음을 전할지라도 자랑할 것이 없음은 내가 부득불 할 일임이라 만일 복음을 전하지 아니하면 내게 화가 있을 것임이로라 내가 내 임의로 이것을 행하면 상을 얻으려니와 임의로 아니한다 할지라도 나는 직분을 맡았노라 그런즉 내 상이 무엇이냐 내가 복음을 전할 때에 값 없이 전하고 복음으로 인하여 내게 있는 권을 다 쓰지 아니하는 이것이로라

(고린도전서 9 : 15 - 18)

자랑할 것이 없는 사람

　어느 어린이집 선생님이 네 살배기 아이들을 가르치면서 아이들을 모아놓고 이렇게 말했답니다. "이 중에서 누가 제일 힘이 세니?" 그랬더니 어린이들 전부가 다 "저요! 저요! 저요!" 하고 소리지르더랍니다.

　여러분 이런 일 많이 보셨지요? 아이들은 세상에서 제가 제일 잘난 줄 압니다. 그리고 이 세상에서 제일 유식한 사람이 누구냐? 초등학교 5학년이랍니다. 그때는 모르는 것이 없어요. 뭐든지 다 할 수 있을 것같고 다 될 수 있을 것같고…… 그런 때가 있습니다.

　그래서 여성심리학자인 쥬디스 리치 해리스라고 하는 분이 내놓은 이론에 이런 말이 있습니다. 이 이론에 따르면 아이들의 이러한 대답은 당연하다는 것입니다. 사람은 태어날 때에 '지위사회계량기'라고 하는 것을 가지고 태어난답니다. '지위사회계량기' 이게 무엇이냐 하면 자신의 지위나 순위가 어떤지를 자각하는 그런 자각능력을 가지고 태어난다는 것이지요.

　여러분 혹 개를 키워보셨습니까? 개가 보통 똑똑한 게 아니거든요. 개가 어느 집에 딱 가면 이 집에 있는 사람의 서열을 전부 다 계산합니다. 누가 아랫사람이고, 누가 윗사람이고, 누가 최고고, 누가 볼 것 없는 사람이라는 것 다 알고요. 그럼 벌써 최고 지위에 있는 분에게만 딱 가까이 갑니다. 그 외의 사람은 무시합니다. 가장 큰 사람을 딱 붙들고 그 품에 안긴 다음에 나머지 사람을 다 깔봅니다.

　참 똑같은 심리적 현상이 사람에게도 있습니다. 그래서 사람은 말입니다. 세상에 태어나면 날 때에 지휘사회계량기가 최고치에 맞추어져 있다는 것입니다. 최고치에. 그러니까 네 살 때에 자기 심리적 상태로 볼 때는 저가 제일 잘났어요. 저가 제일 똑똑해요. 저가 제일 힘도 세요. 이렇게 생각을 하게 된다는 것이지요. 그러나 이제 크면서 차츰차츰 그것이 아니라는 것을 알게 됩니다. 그 잘못된 생각을 조정하게 됩니다. 왜요? 저보다 힘센 언니가 있잖아요. 저보다 더 많이 아는 아버지가 있잖아요. 저보다 월등히 힘이 센 친구가 있잖아요. 이런 것을 하나하나 발견하게 됩니다. 저가 제일 예쁜 줄 알았는데 더 예쁜 아이가 있잖아요. 이런 걸 발견하는 순간 하늘이 무너지는 것같아요. 세상이 끝난 것같아요.

그러나 이 충격을 잘 소화하면서 계량기의 최고치수를 조정하게 됩니다. 내가 제일 힘있는 줄 알았는데 오빠가 더 힘이 있고, 내가 제일 센 줄 알았는데 아버지가 더 세고, 내가 제일 많이 아는 줄 알았는데 나보다 더 많이 아는 사람들이 있고, 내가 최고로 예쁜 줄 알았는데 아니구나! 이런 것을 깨닫게 되면서 충격을 받습니다.

이 충격을 얼마나 잘 소화하느냐에 따라서 사회화가 되는 것입니다. 점점 사회적 존재로 조화를 이루어가게 됩니다. 이것을 쉬운 말로 우리 옛날사람들은 '철든다' 그랬습니다. 철든다는 게 뭡니까? 자기가 제일 잘난 줄 알았는데 아니라는 것입니다. 내가 내맘대로 사는 줄 알았는데 아닙니다. 많은 분들의 수고와 그 사랑 속에 내가 있다는 걸 조용히 깨닫기 시작을 해요. 이게 철이 든다는 것 아닙니까? 철이라는 게 전체 속에 내가 있음을 아는 자아의식이거든요. 그래서 점점 지위조정이 진행됩니다. 이 지위조정이 잘 진행이 돼서 내 위에 오빠가 있다, 나보다 더 큰 선생님이 있다, 그리고 그 속에 내가 있다, 이걸 잘 조정을 해야 되는데 이게 잘못되면 깨집니다. 지위조정이 깨지면 정신병자가 됩니다. 왜요? 내가 잘났다 생각했다가 잘난 것이 아니라 '모든 사람과 같다.' 여기까지만 알면 좋은데 '내가 제일 못났다.' 이렇게 되면 자기비하가 되거든요. 그러면 깨져 나가는 것입니다. 이러면 정신병자가 되는 겁니다.

정신병원에서 근무하는 전문가들이 쓴 책에 이런 말이 있어요. 정신병원에 가서 많은 정신병자들을 놓고 보면 공통점이 하나 있대요. 정신병자들은 하나같이 자기가 제일 잘났대요. 이상하지 않아요? 어떤 사람은 앞으로 가면서 "나는 나폴레옹이다. 나는 나폴레옹이다." 그렇게 소리 지르더래요. 그런데 그 뒤따라가는 사람이 더 걸작입니다. "내가 언제 너를 나폴레옹으로 임명했냐?" 그래요. 그러니까 한 수 위에 있는 겁니다. 그 책에 나오는 결론은 간단합니다. 정신병원에 온 사람은 전부 자기가 제일 잘났다고 합니다. 간단합니다. 뒤집어놓으면 무슨 말인고 하니 자기가 잘났다는 생각을 하지 않는 사람은 정신병원에 안가요. 이 잘났다는 생각이 이게 문제라니까요.

여러분, 조용하게 아무것도 아닌 것같지요. 아닙니다. 저는 언젠가 한번 목회할 때 재미있는 분을 인천에서 봤어요. 저녁노을에 길을 걸어가는데 지게꾼 하나가 하루종일 지게를 져서 번 돈으로 술을 먹고 잔뜩 취해가지고 빈 지게를 지고 언덕을 올라가면서 소리를 질러요. 내가 뒤따라가면서 연구했지요. 무슨 말 하나? 했더니요 이래요. "이놈들! 내가 누군 줄 알고, 까불지 마 이놈들아!" 이러고 있더라니까요. 지게꾼인 것같은데 보니까 속은 왕자입니다. 내가 제일 잘났어요. 세상 사람들 다 아무것도 아니지요. 지나가는 걸 따라가면서 내가 그랬지요. "지게꾼이지 뭐야?" 그랬더니 돌아보더라고요.

여러분, 여러분 마음속에 있는 자아지위조정을 똑바로 해야 됩니다. 내가 누굽니까? 도대체 나라는 존재, 이 지위조정이 잘못되고 깨지는 순간 정신병자가 되는 것입니다. 바로 여기에 문제가 있습니다. 어린이는 유아시절에 제가 왕이라고 생각합니다. 어머니에게 젖이 둘인데 하나는 먹으라는 거고 하나는 가지고 놀라는 거다. 아빠는 뭐냐? 돈벌어오는 사람이다. 엄마는 내게 뭐냐? 엄마는 나를 먹여주는 사람이다. 내가 왕이다 생각했는데 이것이 네 살 때부터 깨지기 시작합니다. 무너지기 시작을 합니다. 나보다 잘난 사람도 많고, 나보다 센 사람도 많고 나는 아무것도 아니다, 아무것도 아니다 하고 자기가 무너지는 것, 자기 지위조정을 잘해야 돼요. 여기서 바른 조화를 이루면 그는 건강한 정신으로 살아갈 수 있고요. 이게 잘못되고 깨지면 반항자가 되고 아주 사회적으로 본인 자신에게도 불행이 온다는 것이지요.

오늘성경본문에서 깊은 하나님의 음성을 들어봅니다. 사도 바울은 말씀합니다. "나는 자랑할 것이 없다. 자랑할 것이 없다." 그러나 바울의 서신들을 자세히 상고해 보면 그렇지도 않아요. 양보할 수 없는 자랑이 있습니다. 오늘 15절에 보면 그럽니다. "차라리 내가 죽을지언정 누구든지 내 자랑하는 것을 헛된 데로 돌리지 못하게 하리라." 내 자랑이 있어요. 교만하지 아니하는 자랑, 나만이 가지는 비밀한 자랑, 적어도 하나님 앞에서 절대 양보할 수 없어요. 누구에게도 지배당할 수 없는 자랑이 그 속에 있어요. 분명히 있습니다.

또한 고린도후서 1장 12절을 읽어보면 "이것이 우리의 자랑이다." 그런 말씀을 합니다. 거룩함과 진실함과 은혜로 하는 것 자랑이다. 주님께서 나를 부르신 것 자랑이고, 선교를 위해서 일생을 산 것 자랑이고, 많은 교회를 세우고 많은 역사를 이루었다. 이게 내 자랑이다.

그런데 오늘성경말씀을 자세히 보면 자랑할 것이 없다. 나는 자랑이 없다고 말씀합니다. 왜요? 그 이유는 간단합니다. 받은 것이 많기 때문입니다. 신세를 너무 많이 졌어요. 오직 은혜로 내가 있기 때문입니다. 나의 나됨은 은혜입니다. 준 것은 없고 받은 것만 많아요. 베푼 것은 없는데 너무 많은 사랑을 받고 오늘 내가 있어요. 이것을 깨닫기 시작합니다. 고린도전서 1장 29절에 보면 말씀합니다. "이는 아무 육체도 하나님 앞에서 자랑하지 못하게 하려 하심이라."

여러분, 하나님께서는 우리의 자랑을 허락하지 않으십니다. 그걸 깊이 생각해야 합니다. 우리의 지식, 자랑할 것이 못돼요. 우리의 능력, 사역, 업적, 아무것도 아닙니다. 왜요? 받은 것뿐이니까요. 깊이 생각하면 받지 않은 것이 아무것도 없잖아요. 다 받았어요. 부모로부터, 형제로부터, 교회로부터, 하나님께로부터, 사람들로부터 다 받은 것입니다. 너무 많은 신세를 지고 사랑을 받고 살아요. 자랑할 것이 없어요. 그런고로 자랑할 것이 없어요. 받은 게 너무 많아서 빚진 게 너무 많아요. 받은 걸 알기 시작하면 '나는 도대체 뭘 했나?' 생각해요. 우리가 자식들을 위해서 수고한다고 합니다마는 옛날 우리 부모님들이 우리를 위해서 수고한 것을 생각해보세요. 그 부모님들이 우리를 사랑했어요. 그 엄청난 사랑을 생각하는 순간 나는 아무것도 한 일이 없어요. 받은 게 너무 많아요.

우스운 얘기입니다마는, 김명선 박사라고 있습니다. 존함을 말씀드려도 실례가 안되는 것은 이분이 세상을 떠났기 때문입니다. 김명선 박사가 제 선친하고 친구거든요. 그래서 길에서라도 제가 만나면 꼭 인사를 드립니다. "김박사님 안녕하십니까?" 세브란스병원 원장으로 오래 계셨던 분이지요. 그러면 "그저 잘 있네." 이랬으면 되잖아요. 아들같은 사람이니까. 이분 대답이 참 이상합니다. "어 자넨가? 처 덕에 잘 있어." 그럽니다. 그 다음에 만나면 또 "김박사님 안녕하십니까?" "어, 처 덕에 잘 있어." 세 번 같은 말을 듣고는 제가 더 참을 수가 없었어요. "김박사님 좀 서 계세요. 오늘은 판결을 냅시다. 도대체 처 덕에 잘 있다, 그 무슨 뜻입니까?" 했더니 태연하게 말씀하십니다. "자네 그거 모르나? 내가 얼마나 못된 놈이라는 것 몰라?" 사실 이분 고집이 대단합니다. 아마 기네스북에 나올 감입니다. 왜요? 남대문교회에서 장로로 피택을 세 번이나 했어요. 세 번이나 장로투표 됐는데 장로안수 안받았어요. 안수식 하는 날 도망갔어요. 왜요? "자격 없어. 나는 장로 자격 없어." 세 번이나 장로 피택을 받고도 장로안수 안받은 역사적 인물입니다. 다른 사람은 장로 되겠다고 야단인데 "나는 자격 없다." 왜요. 고집이 대단하거든요. 별명이 스톤 헤드입니다. 얼마나 고집이 센지요, 말도 못해요. 그래 본인이 생각합니다. "내가 나를 생각할 때 하나님께서 나를 보아서는 복을 안주실 거야. 근데 하나님께서 우리 가정에 복을 주시는 걸 보면 이건 처 덕이다. 집에 들어가 보면, 내가 이렇게 못되게 놀다가도 집에 들어가기만 하면 마누라 얼굴을 딱 보는 순간 편안해지는 거야. 화를 내고 '이게 뭐야? 저게 뭐야?' 그러면 '무슨 일 있었습니까?' 살살 웃어가면서 녹여주는 데 더는 화를 낼 수가 없는 게야." 그래서 생각한대요. '하나님께서 나를 보아서는 복을 안주실 텐데 내 마누라를 보고 내게 복을 주신다.' 이건 그분의 신조입니다. 그래서 늘 '처 덕에……'라고 하신다고 합니다.

　여러분, 지금 옆에 앉으신 분 보고 한마디 해보세요. "당신 덕에 내가 살지." 이게 얼마나 중요합니까? 내가 작아지니까 아내가 커져요. 아내가 커지니까 내가 작아져요. 받은 것이 너무 많아요. 받은 것뿐이니 무슨 자랑을 하겠어요. 받은 것만 많고 준 것은 없으니까 말입니다. 이것이 사도 바울이 자랑이 없다 하는 이유입니다.

　또하나는 "약한 것 외에는 자랑할 것이 없다." 여러분, 고린도 후서 12장 1절에 보면 "무익하나마 내가 부득불 자랑할 것이다"하고 자랑을 넌지시 말씀합니다. 그러나 그는 말씀합니다. "내가 자랑할 수 있는 것은 약한 것뿐이다. 오직 약한 것밖에 자랑할 것이 없다. 심지어는 육체에 가시를 주어서 작게 만들어서 나로 하여금 그리스도의 능력만 자랑하도록 그렇게 하나님께서 나를 만드셨다"는 것입니다. "그런고로 자랑할 것이 없다."

　유명한 헨리 나우언(Henri J. M. Nouwen)의 「영성수업」이라는 책에서 그는 말합니다. 하나님께서 역사하시는 방향을 가만히 보면 우리가 어떤 사람이 되기를 원하느냐 하면 딱 두 가지라고 합니다. 하나는 감사, 하나는 긍휼입니다. 그래서 하나님의 은혜에 감사하고 이웃에 감사하고 모든 사람에 대하여 감사하는 그런 작품을 만들고자 하십니다. 그럼 어찌해야 되겠습니까? 내가 작아져야 되거든요. 내가 좀더 낮아지고 좀더 작아져야 됩니다. 그저 아내에게도 고맙고, 남편에게도 고맙고, 아이들에게도 고맙고…… 모든 게 선물입니다. 고마운 마음밖에는 없어요. 하나님께서 이걸 원하시는 것입니다. 그 다음에는 긍휼히 여기는 마음, 하나님의 마음으로 사람을 대하는 것입니다. 불쌍히 여기는 마음, 긍휼히 여기는 마음, 모든 사람을 비판하지 않고 모든 상황을 원망하지 않고 긍휼히 여기고 불쌍히 여기는 그런 마음을 가지는 그런 사람으로 하나님께서 우리를 키워 가고 있다는 것입니다. 그런고로 자랑할 것이 없어요.

또 오늘본문에는 깊은 말씀이 있습니다. 바로 '자랑할 것이 없음은 부득불 할 일이기 때문이다'는 것입니다. 내가 만일에 복음을 전하지 않으면 화가 있을 것이다. 굉장한 신앙 간증입니다. 복음을 전하지 않는다고 누가 벼락을 치던가요? 사도 바울은 생각합니다. '아니, 나는 아니야. 내가 예수믿는 사람을 핍박했어요. 다메섹까지 쫓아가던 사람입니다. 이걸 붙들어가지고 주님께서 그리스도의 사람을 만들고 사도를 만드셨는데, 이렇게 하나님의 은혜를 많이 받았는데 내가 복음을 전하지 않으면 벌받아 마땅하지요, 저주받아 마땅하지요.' 안그렇습니까. 이것이 사도 바울의 생각이었어요.

나의 가까운 친구 이원설 박사라고 있습니다. 아시는 분도 많이 계실 것입니다. 그분이 자녀가 여럿입니다. 그런데 미국 유학을 가서 고생 많이 했습니다마는 자녀를 다 데리고 갔어요. 가서 공부하고 그 다음에 공부 다 끝난 다음에 한국으로 나왔어요. 대학 부총장도 하고 고등교육국장도 하고 여기서 일 많이 했어요. 하다가 뜻대로 안된다고 다시 다 데리고 들어갔어요. 미국에 가서 교수 일을 했어요. 그런가보다 했더니 얼마 있다가 자녀를 전부 데리고 다시 또 한국으로 나왔어요. 그래 제가 가만히 있겠어요. "아니 이 사람아, 왜 이렇게 요란스럽게 왔다갔다 하나? 왜 다시 나왔어? 난 아주 가는 줄 알았더니" 했더니 그때 한 한마디, 친구의 말이지만 뼈아픈 말입니다. "내가 미국에서 편안하게 교수 생활을 하는데 밤마다 꿈을 꾸면 내가 6.25 때 고생하던 때가 떠올라. 그 죽을 고생을 하던 생각이 자꾸 나는데……" 결론은 이렇습니다. "나는 여기서 편안하게 살면 저주받아 마땅하다. 나는 편안하게 살면 안돼." 자식들 다 데리고 나왔어요.

그래서 여기서 살다가 일찍이 세상을 떠났습니다마는 여러분, 그런 생각 해보셨어요? '편하면 안돼, 나는 편안하게 살면 안돼, 나는 게으르면 안돼. 내가 하나님의 일을 하지 않으면 안돼.' 그런 생각 해보셨어요? 저는 가끔 다른 교회에서 "부흥회 오십시오, 오십시오." 수첩을 보고 시간만 나면 "가지요." 이렇게 가는데 어떨 때는 좀 가기 싫을 때가 있어요. 그런데 그럴 때에 마음속에 생각이 나는 것은 '너 건강해서 아직 일할 수 있는데 오라고 하면 가야지 왜 안가느냐? 그러면 아예 건강을 뺏어버릴 거다.' 그런 소리가 들려와요. 그래 냉큼 가겠다고 그러지요.

여러분, 결코 잊지 마세요. 게으르면 벌받아요. 얼마나 많은 사랑을 받았는데, 얼마나 많은 은혜를 입고 사는데 어찌 게으를 수가 있어요? 안되는 것입니다. 로마서 7장에 사도 바울은 말씀합니다. "내가 원하는 선은 행할 수 없고 원치 않는 죄만 짓는다. 오호라 나는 곤고한 사람이로다. 이 사망의 몸에서 누가 나를 건져내랴." 유명한 사도 바울의 정체의식입니다. 그런고로 바울이 일평생 좋은 일 하고 선한 일 하고 헌신하고 선교했지마는 간간이, 간간이 억지로 한 때가 있거든요. 하고 싶지 않은 일을 했거든요. 그러면서 가만히 생각하니까 이건 상받을 것이 못되지요. 부득불 했잖아요. 자원하는 마음으로 한 게 아니잖아요. 진심으로 한 게 아니더라고요. 벌받을까봐 무서워서 했지요. 그러니 내가 뭐 자랑할 것이 있겠느냐? 화가 있을 것이다……

여러분, 하나님의 은혜를 많이 입은 사람은 그런 마음입니다. 즐거운 마음으로 감사한 마음으로 할 때도 있지만 때로는 부득불 할 때가 있어요. 하나님의 심판이 무서워서 할 때도 있는 것입니다. 이 사실을 진실하게 내놓고 보니까 자랑할 것이 없어요. 아무 할말이 없어요.

톨스토이의 「비밀일기」라고 하는 일기장이 있습니다. 82세에 그가 마지막으로 쓴 일기 몇 줄이 이렇게 되어 있습니다. '하나님이여, 나를 도와주옵소서. 내 인생의 마지막 며칠, 단 몇 시간만이라도 당신에게 봉사하며 당신만 바라보며 살 수 있도록 주여, 나를 도와주옵소서. 우리가 주님을 향한다고 하지만 전적으로 향하지 못하고 감사한다고 하지만 전적으로 하지 못하고 헌신한다고 하지만 전적으로 하지 못하고 단 몇 분 간, 몇 시간이라도 진심으로 주를 섬기게 해주세요.' 그게 마지막 기도입니다. 이게 바로 하나님의 사역자의 자아의식입니다. 하나님의 사역 자체가 있고야 내 존재의식이 있습니다. 오직 은혜로 내가 있으므로 그런고로 내 존재는 아무것도 아닙니다. 바울은 말씀합니다. 화가 있을 거라고. 당연하지요. 그러나 바울만은 그렇게 생각해야 할 것입니다. 은혜를 알면 자랑할 것이 없습니다. 실패한다고 낙심할 것도 없습니다.

여러분, 하나님께서는 우리에게 성공을 바라시지 않습니다. 충성을 바라고 계십니다. 업적을 내놓으려고 하지 마세요. 다만 진실만이 중요합니다. 오직 은혜, 사도 바울은 그래서 말씀합니다. "나는 자랑할 것이 없다." △

거저 받았으니 거저 주라

　　예수께서 그 열 두 제자를 부르사 더러운 귀신을 쫓아내며 모든 병과 모든 약한 것을 고치는 권능을 주시니라 열 두 사도의 이름은 이러하니 베드로라 하는 시몬을 비롯하여 그의 형제 안드레와 세베대의 아들 야고보와 그의 형제 요한, 빌립과 바돌로매, 도마와 세리 마태, 알패오의 아들 야고보와 다대오, 가나안인 시몬과 및 가룟 유다 곧 예수를 판 자라 예수께서 이 열 둘을 내어 보내시며 명하여 가라사대 이방인의 길로도 가지 말고 사마리아인의 고을에도 들어가지 말고 차라리 이스라엘 집의 잃어버린 양에게로 가라 가면서 전파하여 말하되 천국이 가까웠다 하고 병든 자를 고치며 죽은 자를 살리며 문둥이를 깨끗하게 하며 귀신을 쫓아내되 너희가 거저 받았으니 거저 주어라

　　　　　　　　　(마태복음 10 : 1 - 8)

거저 받았으니 거저 주라

유명한 철학자 키에르케고르의 불후의 명작이라고 하는 아주 오래된 책이 있습니다. 「Fear and Trembling」이라고 하는 책입니다. 우리는 이 책 속에서 우리 인간을 아주 선명하게 그리고 아주 분명하게 분석해서 설명해주는 그런 내용을 읽을 수가 있습니다. 다시 말하면 사람은 세 가지 부분에서 평가되어야 된다는 것입니다. 그가 얼마나 아느냐? 얼마나 가졌느냐? 어떤 지위에 있느냐? 무엇을 할 수 있느냐? 그런 것이 아닙니다. 나의 나됨을 평가하는 기준은 딱 세 가지입니다.

첫째는 '필연성'입니다. 현실성이라고도 합니다. 주어진 것이 무엇이며 주어진 것이 어디까지냐? 그것을 알아야 합니다. 사람이 아무리 잘났다고 해도 자기 스스로 세상에 태어난 것 아닙니다. 부모가 낳아주어서 태어났지요. 그렇지 않습니까? 그런고로 아무리 똑똑하고 아무리 능력이 있다고 해도 주어진 존재, 던져진 존재라는 것을 잊지 말아야 합니다. 이에 하이데거는 이러한 우리 인간을 가리켜 '던져진 존재'라고 합니다. 그리고 이를 키에르케고르는 '주어진 존재'라고 합니다. 즉, '필연성'입니다.

다시 말하면 운명적인 것이 있다는 것입니다. 이건 주어졌으니까 내 의지도 아니고, 내가 선택한 것도 아니고, 내가 때로는 알지도 못하는 가운데 이렇게 주어진 것이거든요. 그것이 뭡니까? 신체가 그렇지요. 키가 작고 크고…… 주어진 것이지 내 마음대로 클 수 있습니까? 작을 수 있습니까? 물론 조금 어찌 한답디다마는 안되는 것입니다. 또 미안하지만 얼굴 생김생김도 주어진 것이지요. 부모를 어떻게 만나느냐에 따라서 내 얼굴이 되어진 것 아니겠어요. 또 건강이라는 것, 물론입니다. 요새 일반의학에서 말합니다. 건강의 85%가 DNA랍니다. 유전입니다. 그러니까 유전적으로 건강한 것이지 내가 노력해서 되는 것 아닙니다.

　여러분, 건강을 위해서 운동 많이 하지요? 더구나 나이든 분들이 새벽부터 길거리에서 운동하는 것 보면 가관입니다마는 좌우간 운동해보려고 몸부림을 치고 새벽부터 요란을 떠는데 그건 5%밖에 안된답니다. 5%입니다. 건강! 운동해가지고 얻을 수 있는 게 아닙니다. 타고난 것입니다. 그걸 알아야 됩니다. 그래서 내과의사가 진찰을 하고 물어봅니다. "부모님이 어떻게 돌아가셨습니까?" 그러면 "부모님이요? 지금 90세가 넘었는데 살아계시는데요." 그러면 내과의사 말이 "그럼 그냥 가세요." 그런대요. 반면 "부모님이요? 암으로 일찍 돌아가셨는데요." 그러면 "미안하지만" 의사는 이렇게 말합니다. "당신은 일 년에 세 번, 암 체크를 해야 됩니다." 그건 주어진 것입니다.

　어찌할 수 없이 이건 인정을 해야 됩니다. 주어졌다는 걸 인정해야 됩니다. 내 지능, 내 체력 또 내가 가진 능력까지 인정을 해야 됩니다. 중요한 것이 그겁니다. 인정을 하는 겁니다. '이건 주어진 것이다.' 그러니까 불평할 것 없어요. 주어진 겁니다. 여기서부터 출발을 해야 합니다. 원망도 말고 불평도 말고 오히려 감사한 마음으로 받아들여야 합니다.

　그래 제가 결혼주례 할 때마다 가끔 신부에게 그럽니다. "오늘 보니까 신부가 참 예쁘구먼! 그러면 친정어머니께 감사해야지. 어머니를 잘 만나서 이렇게 예쁜 거지 네가 미용체조해서 예뻐졌냐?" 그러니까 주어진 것 감사해야지요. 어디까지든지간에 감사해야 합니다.

저는 저능아들을 위해서 하는 그런 프로그램을 목회하면서 늘 해보았는데 여기에 속한 우리 어머니들 그런 얘기를 해요. 남의 아이들은 대학 간다 어디 간다, 이러지만요 그 어머니들은 이렇게 말합니다. 저능아를 둔 어머니입니다. "우리 아이가 중학교 입학하는 것만 보아도 소원이 없겠어요." 이걸 어떡하면 좋겠어요. 주어진 현실을 우리는 잘 받아들이고 또 감사하고 여기서부터 출발을 해야 되고요 털끝만큼도 원망이 있어서는 안되는 것입니다.

두 번째는 '자유'입니다. 자율성입니다. 현실적 제한 속에 자기가 선택하는 자유영역이 있다는 것입니다. 이걸 잊지 말아야 됩니다. 주어진 것만이 아닙니다. 다시 말하면 팔자소관만이 아니라는 말입니다. 내가 선택하는 겁니다. 이 부분은 내가 결정하는 겁니다. 내 자유의 영역이 어디까지냐입니다. 다 주어진 것같은데 아닙니다. 이건 내가 선택해요. 이건 내가 하는 겁니다. 내가 선택했으면 내가 책임을 져야지요. 그러니까 선택과 자유, 그리고 책임을 지는 그만큼 내 인간의 영역은 커지는 것입니다. 그래서 항상 내가 선택할 수 있는 것이 무엇인가? 또 선택했으면 내가 전적으로 그 책임은 내가 지는 것입니다. 그것이 바로 인격이요, 사람다운 모습이란 말입니다.

그런가하면 그는 세 번째를 '가능성'이라고 말합니다. 다시 우리말로 말하면 소망입니다. 미래와 소망, 다시 말하면 현실을 넘어서 소망의 세계가 있어요. 뭐 DNA대로만 되는 것이 아니고 선택대로

만 되는 것 아닙니다. 이것 외에 넘어서는 초연한 미래가 있어요. 초연한 은총이 있어요. 이건 절대로 잊지 말아야 합니다. 팔자대로만 사는 게 아닙니다. 내가 선택한대로만 사는 게 아닙니다. 놀랍게도 상상할 수 없는, 내가 미처 몰랐던 은총의 역사가 있어요. 큰 은총의 세계가 내 과거에 내 현재에 내 미래에 있는 것입니다. 이걸 알고 이걸 믿고 이걸 얼마나 의식하고 사느냐, 그것이 인간다운 사람의 척도다, 그렇게 키에르케고르는 설명하고 있습니다.

오늘본문에 보면 예수님께서 제자들을 파송하시는 모습이 나옵니다. 오늘본문 마태복음 10장을 예수님의 '제자파송 장'이라고 합니다. 처음부터 쭉 읽어보면 예수님께서 제자를 선택하시고 제자에게 훈계하시고 제자들에게 이렇게 하라, 저렇게 하라 하신 그 말씀들이 구구절절 이어집니다.

그런데 이 파송식을 자세히 보면 '부르시고' '주시고' '보내시고'의 세 단어가 눈에 띕니다. 'Calling' 'Giving' 'Sending'입니다. 자, 이 세 마디를 잘 생각하고 마음에 새기면 내 일생은 엄청난 의미를 가지게 됩니다. 부르셨다 했는데 성경을 자세히 보고 저는 그런 생각을 해요. 마태복음 10장을 읽을 때마다 '예수님께서는 제자들을 마구잡이로 부르셨구면!'

여러분 다 아시는대로 사람을 선택한다는 게 얼마나 어렵습니까? 학교를 선택하고, 교수를 선택하고, 제자를 선택하고, 동업자를 선택하고…… 사람을 선택한다는 것 참 힘들거든요. 잘 골라야지요, 잘 정해야겠지요. 그러나 예수님께서 열두 제자를 택하시는 걸 가만히 보니까 마구잡이입니다. 어쩌면 그럴 수가 있습니까? 무자격한 사람을 보고, 그냥 갈릴리 바다에 나가셨다가 물고기 잡는 사람 보고 "나를 따르라" 하십니다. 세관을 지나가시는데 세관에서 세금을 받고 있는 세리를 보십니다. 이건 특별한 관계입니다. 딱 쳐다보시더니 "나를 따르라" 하십니다. 이렇게 마구잡이로 할 수가 있어요? 입학시험도 안보고 아무것도 없어요. "나를 따르라." 끝입니다. 이것이 바로 예수님께서 부르신 부르심입니다. 무자격한 가운데서 부르십니다.

그 다음에는 그 사람들에게 권능을 주십니다. 능력을 주셨어요. 병 고치는 능력, 귀신을 내쫓는 능력, 말씀 전하는 능력…… 능력을 주셨어요. 가르치신 게 아닙니다. 주신 겁니다. 거저 주신 겁니다. 그렇다면 제자들의 입장에서는 무자격한 가운데 부름을 받았고 그 다음에는 보이지 않지만 권능을 받았다, 주셨으니까 받은 것 아닙니까? 받았다는 걸 믿어야 됩니다. 이것 참 어려운 것 아니겠습니까?

저는 일생 잊을 수 없는 재미있는 경험을 한번 했습니다. 아주 오래전에 젊었을 때 신촌 서부교회에 가서 김익두 목사님을 만났어요. 아주 유명한 분이셨는데다가 우리 할아버지가 늘 김익두 목사님 말씀을 많이 하셨거든요. 그리고 김익두 목사님을 스스로 닮아간다고 저희 할아버지가 늘 그러셨어요. 그래서 제가 김익두 목사님을 꼭 뵙고 싶어서 일부러 가서 만났어요. 그날따라 청년들을 앞에 놓고 성경공부 가르치면서 옛날 얘기를 해주는데 너무 재미있는 얘기였어요. 본인이 신촌 서부교회를 담임했을 때 새벽기도 마치고 내려가는데, 저도 가봤어요. 언덕으로 쭉 내려가서 골목길을 내려가면 거기에 냉면집이 있어요. 냉면집 다음이 큰길입니다. 그 냉면집 앞에 딱 갔을 때 여러분 아시지만 냉면은 메밀을 그 즉석에서 갈아서 해야 진짜 맛있는 냉면입니다. 그래서 냉면집 앞에는 반드시 맷돌질

하는 전문가가 하나 있어요. 대개는 조금 몸이 불편한 사람이 앉아
서 이것만 합니다. 그곳에도 하루종일 맷돌질만 하고 얻어먹는 그런
분이 있습니다. 어쨌든 메밀 맷돌질을 하는 사람을 만났어요. 목사
님이 새벽기도 마치고 내려가다가 딱 만나는데 전에 없던 생각이 싹
지나가는 겁니다. '이 사람아! 베드로는 저런 앉은뱅이를 성전 미문
에서 일으켰다는데 너는 왜 보고 그냥 지나가느냐?' 그런 성령의 말
씀이 들려오는 겁니다. 그래서 '그래야지' 하고 그 맷돌질 하는 앉은
뱅이 앞에 가서 딱 섰대요. 그리고 어쨌는지 아십니까? 본인 말씀입
니다. 휘휘 둘러봤대요. 혹시 누구 보지 않나? 이게 문제라니까요.
둘러보고나서 그 사람에게 다가가 "나사렛 예수의 이름으로 명하노
니 일어나라" 그랬더니 "뭐요?" 이러더래요. 이리 부끄러울 수가 있
나! 다시 성전으로 올라가서 사흘 동안 먹지도 않고 마시지도 않고
그냥 강대상 앞에 엎드렸어요. 그리고 능력을 얻어가지고 확신을 얻
어가지고 내려와서 "일어나!" 소리쳤더니 이 사람, 벌떡 일어났어
요. 그 사건으로 인해서 소문이 퍼지고, 그때부터 유명한 김익두 목
사님이 된 것입니다.

자, 여러분 생각해보세요. '권능을 주셨다.' 이것 'credit card'가
아니거든요. 보이지 않는 겁니다. 권능을 주셨어요. 그렇다면 받았
다는 것을 믿어야지요. 내가 권능을 받았다는 것을 믿어야 되는데
이걸 믿는 사람이 많지 않거든요. 휘휘 둘러보는 게 잘못이지. 생각
해보세요. 이 얼마나 굉장한 사건입니까.

그런데 예수님 말씀은 이렇습니다. 중요한 메시지입니다. "거저
받았으니 거저 주라." 이 거저 준다는 말 참 깊이 생각합시다. 거저
주는 마음, 이 자유의식, 여러분 잊지 마세요. 한평생 그저 거저 주

는 마음으로 한 번 살면 안 되겠습니까? 거저 주세요. 아무 조건 없이, 아무 보상도 바라지 않고요. 거저 주는 마음의 가장 중요한 것은 후속결과도 생각하지 말라는 겁니다. '그렇게 되면 어떻게 되나? 그 다음에 어떻게 되나? 그 다음은 어떻게……' 왜 쓸데없는 생각을 해요. 거저 주세요. 그리고 잊어버리세요. 생각지도 말고 아무 염려도 하지 말고 거저 줘요. 그 다음에 어떻게 되느냐고 묻지 말고요. 대개 보면 우리 그 다음까지 많이 생각해요. 거저 주면 버릇된다고, 거저 주면 망가진다고, 거저 주면 어떻게 된다, 언제부터 그렇게 사회학적으로 생각했나요? 그냥 주고 잊어버리세요. 그 다음까지 생각하지 마세요. 이 얼마나 통쾌합니까? 이게 그리스도인의 마음입니다. 거저 주는 마음.

제가 미국에서 어떤 고서적, 낡아진 옛날 책을 마구잡이로 파는 곳, 전부 1$씩밖에 안받는 그런 가게를 지나가다가 심심해서 둘러보았더니 한국을 위해서 쓴 책이 영어로 된 게 있어요. 어느 선교사가 썼는데「Fancy in Korea(한국인의 멋)」라는 책이 있더라고요. 그래서 이것을 표지만 보고 내용도 안보고 샀어요. 와서 읽어보았더니 한국에 왔던 선교사가 한국에 대해서 쓴 것인데 '한국사람들은 멋스럽다'라고 썼어요. 그리고 대표적인 인물로 누구를 세웠는지 아십니까? 바로 김삿갓입니다. 술 한잔 얻어먹고 시 한수 쓰고 그냥 여기 앉아서 이 동네에 계시라고 그래도 훌쩍 떠나버린 그 방랑시인 말입니다. 좋은 일 하고 훌쩍 떠나버리는 한국사람 멋스럽다, 김삿갓, 이게 한국 사람이다, 그렇게 말하고 있어요.

그런데 요새는 이 멋이 없어요. 별것도 아닌 것 조그마한 좋은 일 하고는 말이 많아요. 훌쩍 떠나라니까요. 이게 바로 멋입니다. 그러고보니 그 책에 이렇게 썼어요. '예수님께서도 병고치시고 아무에게도 말하지 마라 하시고는 훌쩍 떠나버리셨다.' 이 얼마나 멋있어요. 우리는 이걸 못하는 겁니다. 심지어는 자식을 위해서 수고하는 것, 그냥 수고했으면 되는 것 아닙니까? 그런데 그 다음에 효도 받겠다고 그러거든요. 본전 찾으려다가 망가지는 겁니다. 그걸 내가 어떻게 압니까? 그 다음 어떻게 될지…… 그냥 베풀고 가면 되는 겁니다. 내가 할 일은 여기까지입니다. "거저 받았으니 거저 주라."

그런데 이때 중요한 게 거저 받는 마음이 있고야 거저 줄 수가 있어요. 종교개혁자 칼뱅은 기독교인의 구원의 은혜를 딱 한마디로 '불가항적 은혜'라고 그랬어요. '불가항적 은혜', 내가 저항할 수가 없어요. '불가항적 은혜', 얼마나 든든한 말씀입니까? 이런 귀한 말씀을 했는데 그 조건이 뭔지 아십니까? 전적 타락입니다. 전적 타락이 있고야 불가항적 은혜가 있는 겁니다. 이 깊은 진실을 알아야 합니다. '나는 아무것도 아니다. 나는 아무것도 아니다.' 그걸 잊지 말아야 합니다.

어머니가 어떤 아이에게 심부름을 시켰어요. "가서 두부 한 모 사오너라." 심부름 갔다 오더니 딱 손을 내미는 겁니다. 갔다 왔으니까 대가를 달라는 겁니다. 한번 줬대요. 했더니 점점 버릇이 돼가지고 그 다음에 오늘은 조금 멀리 갔다 왔으니까 더 달라고 그러더래요. 그래서 "그러냐?" 하고 주고 그날 밤 어머니가 아들에게 편지를 썼습니다. 그리고 편지를 써서 책상 위에 놓았습니다. 이걸 읽어보았더니 뭐라고 했는고 하니 '애야, 내가 너를 열 달 동안 배에 가지고 있다가 세상에 낳았는데 너를 낳은 것 공짜, 네게 내가 일 년 동안 젖을 먹였는데 그것도 공짜, 내가 네게 옷을 입혔는데 그것도 공

짜, 목욕시켜줬는데 그것도 공짜, 공짜……' 이렇게 썼대요. 했더니
이 어린아이가 생각이 있어서 어머님한테 오더니 "죄송합니다. 다시
는 그러지 않을게요." 그러더랍니다.

여러분, 공짜에서 공짜로 연결되는 것이 은혜입니다. 거저 받았
으니 거저 주는 겁니다. 당연한 겁니다. 우리가 일이 피곤해지는 이
유가 뭡니까? 거저 받았다는 생각을 잊어버려서 그래요. 자식을 키
울 때 좀 괴롭습니까? 말을 안 듣고 장래가 어떻고…… 괴롭습니까?
그것 쓸데없는 생각입니다. 딱 눈을 감고 생각해보세요. 우리 아버
지 어머니가 내게 어떻게 했나? 부모로부터 받은 사랑을 생각해보
세요. 그러면 이 정도는 아무것도 아닌 것입니다.

저는 자식들이 속을 무척이나 썩이는데도 불구하고 자식을 잘
키우고 훌륭하게 키운 아버지를 알아요. 그런 목사님을 압니다. 그
래서 제가 "어떻게 그럴 수 있느냐?" 했더니 빙그레 웃으면서 한마
디 합니다. 자신의 옛날을 얘기합니다. 어렸을 때 소를 먹이러 나갔
대요. 들에 나갔는데 소가 자기를 받으려고 그러더래요. 계속 받으
려고 쫓아다니더래요. 화가 나서, 세상에 그러기도 쉽지 않지요. 소
를 때려죽였대요. 돌로 때려죽였대요. 그게 남의 소거든요. 그리고
집에 돌아왔는데 저녁에 그 소 주인이 와서 "당신 아들이 내 소를 죽
였소." 이러고 있더래요. 그래서 방 안에서 '난 이제 맞아 죽었다.'
그렇게 생각을 하고 있었는데 아버지가 들어오더니 딱 한마디 하더
래요. "네가 정말 그 소를 죽였느냐?" "예." "왜?" "그놈이 날 받으
려고 그러잖아요." "그래?" 그리고 나가서 소 값을 물어줬대요. 그
리고 아무 말씀도 안하시더래요. 그때 생각만 하면 '우리 아버지는
성자다.' 이런 엄청난 실수를 덮어주는 그 아버지. 그런고로 나는 내

자식들이 공부를 하느니 마느니 가출을 하느니 뭘 하느니 해도 그건 아무것도 아니라는 겁니다.

거저 받았으니 거저 주라. 오직 은혜. 이게 바로 기독교윤리입니다. 당연한 것입니다. 마땅히 그러해야 하는 것입니다. 또한 아무 보상도 바라지 말아야죠. 답례도 듣지 말고 다음 결과도 생각하지 마세요. 그 다음에 어떻게 되느냐고 묻지 마세요. 그리고 내가 누구에게 주었는지 잊어버리세요. 그런 것은 기억하는 게 아닙니다. 물론 우월감을 가져서는 안돼요. 오히려 이런 기회를 주신 것, 나는 주는 사람이 됐고 저는 받는 사람이 된 것, '오, 하나님 감사합니다.' 그런 마음으로 줄 것이지 조금도 우월감을 가져서는 안돼요. 거저 받은 마음으로 거저 주는 것입니다.

클레르보의 베르나르두스가 지은 「The Love of God」라고 하는 유명한 책이 있습니다. 거기에 나오는 유명한 얘기입니다. 신앙의 사다리를 말합니다. '신앙은 이렇게 올라가는 것이다.' 첫째단계가 뭐냐? 자신을 위해서 자신을 사랑하는 사람입니다. 두 번째 단계는 축복받기 위해서 하나님을 사랑하는 사람입니다. 그리고 세 번째 단계는 하나님을 위하여 하나님을 사랑하는 사람, 마지막으로 네 번째 가장 높은 단계는 하나님을 위해서 나를 사랑하는 사람. 즉 하나님을 생각하며 하나님으로부터 받은 은혜를 생각할 때 내가 소중해요. 내 삶이 소중해요. 내 삶의 한 시간이 소중해요. 거저 받은 마음으로 거저 줄 것입니다. 사도행전 20장 35절에 "주는 것이 받는 것보다 복이 있다"고 사도 바울이 말씀합니다.

여러분, 주는 행복, 베푸는 행복, 얼마나 아름다운 것입니까? 괴테는 유명한 말을 합니다. '이 세상에서 가장 훌륭한 것은 평생을 바칠만한 직업이 있다는 것이다. 두 번째로, 가장 존귀한 것은 남을 봉사할 수 있다는 것이다. 이보다 더 행복한 것은 봉사하면서 아무것도 바라지 않는다는 것이다.' 이 베푸는 자유함, 이 자유함을 누리면서 사는 것이 그리스도인의 모습입니다. △

자기 마음을 다스리는 자

　노하기를 더디하는 자는 용사보다 낫고 자기의 마음을 다스리는 자는 성을 빼앗는 자보다 나으니라 사람이 제비는 뽑으나 일을 작정하기는 여호와께 있느니라

(잠언 16 : 32 - 33)

자기 마음을 다스리는 자

국제 신경학회지에 나온 얘기입니다. 실비아 코튼이라고 하는 박사 팀이 오랫동안 면밀하게 연구한 연구내용이 거기에 실려 있는데, 이건 사실 충격적입니다. 뇌졸중 환자를 대상으로 조사한 결과 상당수가 뇌졸중 발생 2시간 전에 크게 화를 낸 일이 있다는 것입니다. 사람의 건강이 넉넉한 줄 알면 안됩니다. 한번 발끈 화를 내는 순간 그의 운명이 뇌졸중환자로 그렇게 바뀐다는 것이지요. 사람? 아무것도 아닙니다. 한 번의 화를 내는 순간 일생이 그대로 거기서 그렇게 망가집니다. 그리고 그 두 번째 증상은 바로 심장입니다. 화를 내면 심장병에 걸릴 확률이 5배가 높아진다고 합니다. 심장병 역시 그 뒤에는 화를 내는 사건이 있었다는 것이지요.

여러분! 인간은 하나님의 형상으로 창조되었습니다. 조직신학적으로 이것은 매우 중요한 신학적 기초가 됩니다. 창조물 즉, 하나님의 형상으로 창조된 인간 대단히 소중합니다. 그 속성은 이러합니다. 먼저는 거룩함입니다. 비록 인간은 사람이요, 어느 면에서 동물입니다마는 아니올시다. 동물이면서 동물이 아니고 동물일 수 없는 것이 인간입니다. 왜냐하면 거룩함, 즉 동물로부터 구별되어서 하나님 쪽으로 향한 하나님 지향적 속성을 가졌기 때문입니다. 그래서 예수님께서 말씀하십니다. "너희 하늘아버지의 온전하심같이 너희도 온전하라. 하나님을 닮으라." 이렇게 말씀하십니다. 이처럼 인간은 하나님 닮은 속성을 가졌습니다.

또하나는 지혜입니다. 모든 동물과 물질이 다 현재에 있습니다마는 우리 인간의 생각과 지혜는 미래에 있습니다. 보다 먼 미래를 생각하고 추리할 줄 아는 그런 기능을 가졌습니다.

또하나는 사랑입니다. 사랑을 알고 사랑을 할 줄 알고 사랑하고야만 편하고 자유할 수 있는 그런 존재입니다.

그리고 네 번째 속성이 가장 중요합니다. 다스리는 것입니다. 철학적 용어로는 정치적 본능이라고 합니다. 다스린다는 것, 우리는 그때그때 본능에 따라 살지 않습니다. 스스로 자기를 다스려야 하는 존재입니다. 모든 생물체가 나름의 강한 본능을 지녔습니다. 이 본능으로 살아갑니다. 그래서 먹고 자고 새끼를 낳고 키우고 이것 다 강한 본능입니다. 무서운 생명력이 여기에 작용합니다. 그러나 본능대로만 살면 인간이 아닙니다. 동물입니다. 그 본능을 다스려야 합니다. 이성으로 다스립니다. 양심으로 다스립니다. 합리적 지성으로 다스립니다. 또한 인간의지로 다스립니다. 나아가서는 믿음으로, 하나님을 믿는 믿음으로 본능을 다스립니다. 그래야 인간입니다.

이 다스린다고 하는 것이 대단히 중요합니다. 즉, 매이지 않는다는 것입니다. 다스림의 영역 만큼의 큰 존재를 향유하는 것입니다. 자유함입니다. 보세요. 인간은 먹고 싶다고 다 먹는 것이 아닙니다. 보인다고 다 가지는 것도 아닙니다. 할 수 있다고 다 할 수 있는 것이 아닙니다. 이제 그것을 우리의 영혼이 다스려야 합니다. 이것이 바로 인간입니다. 이것이 제대로 되지 않을 때 인간됨이 망가지고 맙니다. 인간은 이 자율성에 의해서 고귀한 존재요, 이 다스린다고 하는 속성 속에서 인간만의 행복을 누립니다.

가정을 가졌다는 것이 무엇을 의미합니까? 가정은 내 영역, 내 나라입니다. 내가 직장을 가졌다, 역시 영역입니다. 죄송하지만 우리 사장님들이 큰 회사를 지니고 중요한 문제를 결정할 때 결재서류를 갖다놓은 다음에 도장을 꽝하고 찍고 "가져가!" 할 때 기가막히게 행복한 것입니다. 내가 이 수십만 명을 먹여 살리고 있다. 내 영역이 넓어지는 것입니다. 정치도 영역이요, 인간의 큰 다스림에서 행복입니다. 인간은 자유합니다. 거기에 다스림이 있고 동시에 책임을 져야 합니다. 이것이 바로 인간입니다.

문제는 이런 고귀한 인간인데 '내가 어느 정도의 인간인 줄을 내가 스스로 알고 있느냐?' 하는 것입니다. 이걸 모르면 안되지요. 아무리 고귀한 인간이라 해도 내 현실적 처지가 어느 정도냐, 그걸 내가 알아야 됩니다. 나의 약점도 알아야 됩니다. 사도 바울은 로마서 7장에서 말씀합니다. "나는 원하는 선은 행할 수 없고 왠지 원치 않는 죄가 있는 곳, 그래서는 안되는 것, 그런 곳으로 자꾸 끌리고 있다." 그래서 스스로 말씀합니다. "오호라 나는 곤고한 사람이로다." 자기 자신을 보면서 자기 자신을 객관화하고 불쌍히 여기는 그런 고백을 합니다. 자기의 죄된 모습의 타성을 알고 있습니다.

가끔 보면 그런 분들 참 많아요. 요새는 입장을 바꾸어서 담배 피우는 사람의 입장에서 보면 비참합니다. 찻집에 가도 한쪽 구석에 이렇게 유리로 만들어놓고 거기 들어가서들 피우는 것 보니까, 불쌍하기도 하고 원숭이같기도 하고 그렇더라고요. 담배 하나를 못끊어서 저런 우리 속에 갇혀가지고 피우는 것을 보니까 인간이 저 정도밖에 안되나 싶습니다. 이 얼마나 한심합니까? 저들인들 그렇게 하고 싶겠어요. 그것도 그럴 수밖에 없어서 그러는 겁니다. 이 얼마나 비참합니까?

그러기에 고린도전서 9장 27절에서 사도 바울은 말씀합니다.

"나를 쳐서 내가 복종케 한다." 내가 나를 알아요. 나는 좋은 자가
아닙니다. 유명한 아우구스티누스는 「참회록」에서 말합니다. "하나
님! 내가 행하는 것, 말하는 것, 생각하는 것, 그 어느 것 죄 아닌 것
이 있었습니까? 선을 생각하는 그 속에도 죄가 있습니다. 죄 아닌
것이 어디 있었습니까?" 하고 뼈아프게 고백합니다. 이걸 안다면 어
떻게 해야 되겠습니까? 다스려야지요. 길들여야지요. 그래서 사도
바울은 말씀합니다. "나를 쳐서 복종케 한다." 헬라말로는 '둘라고
고'라고 되어 있습니다. '둘로스'라는 것은 노예요, '아고'는 인도한
다는 말입니다. 합치면 노예를 길들인다는 말이 됩니다. 멀쩡한 사
람을 잡아다놓고 이제 노예로 만드는 겁니다. 길들여나가기가 얼마
나 힘들겠어요. 그럼에도 길들여야 하는 것입니다.

　여러분, 저는 하나님 앞에 감사하는 일이 많습니다. 제가 원래
어렸을 때 비실비실했거든요. 그러나 오히려 나이들면서 더 건강하
게 오늘까지 살아오는데 많은 분들이 저한테 물어요. "목사님! 해외
많이 다니시는데 시차에도 괜찮습니까?" 사실, 제가 여기서 가면 주
일날 오후에 도착해서 하룻밤 자고 그 다음날 월요일 아침 8시 30분
부터 오후 4시 30분까지 계속 강해합니다. 그리고 또 돌아와서 토요
일 7시 30분에 공항에 내리고 주일날 다섯 번 설교했습니다. 어떤 분
은 그래요. "그게 사람입니까?" 시차를 느끼는 사람으로서는 그래
요. 한 번 시차 걸리면 며칠씩 비실비실하거든요. 그런데 저는 별로
그걸 모르거든요. 어떤 사람은 그 비결을 물어봐요. 그러면 저는 "비
결, 간단하지. 길들여야지." 어때요? 낮이고 밤이고 "자자" 그러면
자요. 그리고 "깨라" 그러면 깨요. 그래야지요. 별것 없어요. 시차
란 밤에 자면 해결되는 것입니다. 밤에 잠을 못자면 시차를 극복 못

하는 거거든요. 그런데 저는 공교롭게도 "자자" 그러면 자고, "깨자" 그러면 깨요. 그렇게 길들여진 것입니다. 마음도 길들이고 몸도 길들여줘야 됩니다.

사도 바울이 말씀합니다. "내가 나를 쳐서 강제로 길들였다. 복종케 했다." 나의 방종함과 나의 타락과 나의 잘못된 인간을 굴레씌우고, 재갈먹이고, 또 나아가서 강한 표현으로 말씀합니다. "I have been crucified with Christ. (내가 나를 그리스도와 함께 십자가에 못박았다.)" 또 고린도전서 15장에서 "나는 날마다 죽노라." 계속 자기를 죽이는 것입니다. "그렇게 살아간다"라고 솔직하게 고백하고 있습니다.

여러분, 자기 마음을 다스린다 깊이 한번 묵상해보십시오. 이것은 자기가 자신을 다스리고 다른 어떤 것에 지배를 받지 않는다는 말입니다. 내가 나를 다스려야 되는데 엉뚱한 게 다스리잖아요. 술도깨비가 다스리고, 증권회사가 나를 다스리고, 다 지나간 쓸데없는 유령같은 애인이 나를 다스리고 있잖아요. 내 마음이 지금 자유하지 못해요. 이게 얼마나 불행한 것입니까. 내가 나를 다스려야지 왜 거기에 끌려가느냐고요. 더러운 욕망에 끌려가고 있어요. 얼마나 비참합니까? 내가 나를 다스려야 됩니다. 온전히 다스려야 됩니다. 인간의 고통은 대체로 후회라는 것과 연관됩니다. 지나가고 보니 잘못했어요. 후회스러워요. 이제 돌이킬 수도 없잖아요. 가장 고통스러운 것이 후회입니다. 그러나 이로부터 자유해야 합니다.

우스운 얘기입니다마는 실제입니다. 오래전에 제 모교인 장로교신학대학 동창회로 모였습니다. 좀 큰 규모로 제가 알기로 한 천명 정도 모였으니 많이 모인 것입니다. 저녁만찬 후에 동창 최고연

장자로부터 시작해서 하나씩 나와서 인사를 하게 만들었는데, 그 당
시에 그 자리에 참석한 동창 중에 제일 나이가 많은 분이 황봉창 목
사님이라고 92세였습니다. 이분이 있고 그 다음에는 한 십 년 뒤에
야 동창이 있더라고요. 그렇게 대선배되는 목사님이 나오셨어요. 마
이크 앞에 서서 무슨 말씀을 하시려나 하고 우리 많은 회원들이 귀
담아 듣고 있는데 하시는 말씀이 "여러 후배들, 내가 한마디만 할게
요. '화내지 마라.' 그래야 나만큼 살지." 딱 한마디 하고 내려갔어
요. "화내지 마라." 제가 가만히 있겠습니까? 그 다음에 황목사님
을 붙들고 식사시간에 물어봤어요. "화내지 마라 했으면 설명을 좀
하셔야지요" 했더니 목사님 말씀이 서른 몇 살쯤 됐을 때 한 번 화
를 냈다가 크게 부끄러운 일을 당했대요. 정말 며칠을 두고 회개했
대요. 그리고 맹세했대요. 절대 화내지 않기로. 그렇게 살았더니 구
십이 넘도록 건강하게 산다고 말씀하십니다. 그게 바로 뭡니까? 내
가 나를 다스린다는 것이지요. 온전하게 다스린 존재로 사는 것입니
다. 자존자로 사는 것입니다. 그래야 온전히 자유할 수가 있는 것이
지요.

　그 다음에 오늘 주신 말씀을 참 자세히 음미하면 절절하고요,
가슴이 아픈 부분이 있습니다. 그게 뭔지 아십니까? "노하기를 더디
하는 자는……" 이게 무슨 말씀입니까? 사람이 화를 조금 뒤로 물리
지를 못한다는 것입니다. "노하기를 더디하는 자는 성을 빼앗는 자
보다 낫다." 화를 내지만 조금 뒤로 물려요. 1초만, 1시간만, 하루만
이라도 더디하기만 해도 성을 빼앗는 자보다 낫다, 이걸 못하는 것
입니다. "더디한다." 절절하고 실제적인 교훈입니다. 그건 잠깐입니
다. 몇 분이 아니라 몇 초의 얘기입니다. 그 순간을 넘기지 못한다.

그래서 망가지는 것입니다. 그래서 노하기를 더디하는 자는, 조금 뒤로 물릴 수만 있다면 그는 성을 빼앗는 자보다 낫다 하는 것입니다. 그렇습니다. 에베소서에 보면 "해지도록 품지 마라" 그랬어요. 다음날로 넘기지 마라, 화가 날 수는 있지만 거기서 해결하고 다음날까지 끌고 가서는 안되지요.

이 이야기를 하자면 성경에 있는 모세라는 사람이 눈에 확 들어옵니다. 너무도 안타까운 일입니다. 모세가 이 화 때문에 큰 실수를 합니다. 여러분 잘 아시는대로 그가 애굽에 있을 때 애굽사람을 때려죽입니다. 물론 잘못한 건 봤지요. 불의하지만 그래도 그 시간에 그렇게 애굽사람을 쳐 죽이면 그 다음 어떡하겠다는 겁니까? 그 후 속결과를 전혀 생각지 못하고 욱해서 애굽사람을 죽였어요. 또 그런가하면 하나님의 귀한 계명 돌비석을 받아가지고 시내 산을 내려오다가 백성들이 우상 섬기는 것을 볼 때 화가 났습니다. 제가 여기서 꼭 말하고 싶은 게 하나 있어요. 하나님과 40일 40야를 동무했습니다. 하나님과 40일 동안을 만났습니다. 이런 위대한 인격이 화를 내니까 정신이 없어요. 그냥 이 돌비석을 내던집니다. 지금 어떡하겠다는 겁니까? 도대체 이래서 어떡하겠다는 겁니까? 이게 모세입니다. 가장 평범한 인간입니다.

그뿐입니까? 또 이스라엘 백성이 가데스 바네아에 왔을 때에 모세를 원망하고 하나님을 원망하고 모세를 죽이겠다고 하고 애굽으로 돌아간다고 난리를 치니까 모세가 기가 차요. '내가 이것들을 데리고 이 많은 능력, 이 많은 기적 속에 여기까지 인도했단 말인가. 이 사람들이 이게 뭔가.' 화가 확 치미는데 반석을 칠 때 "원망하는 이스라엘을 하나님이 긍휼이 여기시고 오늘도 우리에게 물을 주시는도다. 여호와를 찬양하라." 하면서 딱하고 쳐야 할 신성한 행동인데 화가 난 터라 땅땅 쳤어요. "이 폐역한 놈들아, 망할 자식들아! 우리가 너희를 위하여 물을 내랴." 소리를 지릅니다. 하나님께서 크게 진노하십니다. "너는 나를 믿지 아니하고 너는 나의 거룩함을 드러내지 아니하고 너는 나를 거역했느니라." 심판하십니다. 그래 모세는 가나안 땅에 못들어갑니다. 이 얼마나 놀라운 사건입니까? 깊이 생각해야 됩니다.

창세기 4장 7절에 보면 하나님께서 죄를 범한 가인에게 말씀하십니다. "죄의 소원은 있으나 너는 죄를 다스릴지니라."

여러분, 오직 말씀으로, 그리고 먼저 자신을 알고 자신을 완전히 십자가에 못박고 그리고 믿음으로 행해야 됩니다. 화내는 일 있습니까? 겸손한 마음으로. 분노가 있습니까? 돌이켜서 사랑하는 마음으로. 오만한 마음은 섬김으로, 말씀에 순종함으로 그렇게 자기 마음을 다스려야 할 것입니다.

인류학에 나오는 재미있는 예가 하나 있습니다. 개를 보고 만지면서 영어로 말입니다 "I hate you, 내가 너를 미워한다. 미워한다"고 부드럽게 말하면서 만지면요 개가 좋다고 꼬리를 살랑살랑, 좋아한답니다. 그러나 개를 앞에 놓고 "I love you!" 하고 꽥 소리를 지르면 콱 문답니다. 사랑한다고 했느냐 미워한다고 했느냐가 중요하지 않아요. 눈빛이 어떠했느냐, 그 음성이 어떠했나, 그게 문제지요.

아무리 좋은 일에라도 분노는 안됩니다. 분을 통하여 하나님의 의를 이룰 수가 없어요. 절대로 잊지 말아야 합니다. 오로지 온유, 겸손한 가운데 먼저 자기를 다스려야 하고, 최소한도 노하기를 더디 해야 됩니다. 조금만 더 뒤로 물리면 거기서 하나님의 뜻을 이루어

184

갈 수 있는 것입니다.

여러분, 두고두고 생각합시다. "노하기를 더디하는 자는 용사보다 낫고 자기 마음을 다스리는 자는 성을 빼앗는 자보다 나으니라."

△

생명을 선택하라

보라 내가 오늘날 생명과 복과 사망과 화를 네 앞
에 두었나니 곧 내가 오늘날 너를 명하여 네 하나님
여호와를 사랑하고 그 모든 길로 행하며 그 명령과
규례와 법도를 지키라 하는 것이라 그리하면 네가 생
존하며 번성할 것이요 또 네 하나님 여호와께서 네가
가서 얻을 땅에서 네게 복을 주실 것임이니라 그러나
네가 만일 마음을 돌이켜 듣지 아니하고 유혹을 받아
서 다른 신들에게 절하고 그를 섬기면 내가 오늘날
너희에게 선언하노니 너희가 반드시 망할 것이라 너
희가 요단을 건너가서 얻을 땅에서 너희의 날이 장구
치 못할 것이니라 내가 오늘날 천지를 불러서 너희에
게 증거를 삼노라 내가 생명과 사망과 복과 저주를
네 앞에 두었은즉 너와 네 자손이 살기 위하여 생명
을 택하고 네 하나님 여호와를 사랑하고 그 말씀을
순종하며 또 그에게 부종하라 그는 네 생명이시요 네
장수시니 여호와께서 네 열조 아브라함과 이삭과 야
곱에게 주리라고 맹세하신 땅에 네가 거하리라

(신명기 30 : 15 - 20)

생명을 선택하라

이런 이야기가 있습니다. 어떤 사람이 특별한 일도 없는데 점점 몸이 약해지면서 시력이 점점 쇠퇴해지고 점점 눈이 어두워지고 있었습니다. 그래서 의사가 진찰을 하고 수술 받기를 권했습니다. 결국 수술을 받았고 수술은 성공적이었습니다. 그러나 시력은 정상이 되었는데 수술 중에 뇌의 신경을 잘못 건드려서 그의 기억력에 이상이 생겼습니다. 과거의 일을 전부 잊어버리게 됐다는 것입니다. 그래서 다시 한 번 수술을 받았습니다. 그랬더니 이번에는 기억력은 되살아났는데 시력이 다시 나빠지고 말았습니다. 그러자 의사는 당황해서 환자에게 물었습니다. "무엇을 선택하시겠습니까? 시력입니까? 아니면 기억력입니까? 시력을 찾으면 과거에 대한 기억력을 잃어버리게 될 것이고, 과거에 대한 기억력을 찾으려들면 시력을 잃게 되겠습니다." 그때 그는 단호하게 대답했습니다. "과거는 어차피 지나간 일입니다. 내 앞에 있는 것은 앞을 향하는 시력입니다. 그러니 기억을 버리고 시력을 찾겠습니다." 이렇게 선택했다고 합니다.

여러분, 인생은 선택입니다. 그리고 선택한 다음에 그 선택의 후속 결과를 계속 책임지며 살아갑니다. 후속 운명을 책임져야 합니다. 선택은 순간일 때가 있습니다. 그러나 이어지는 운명은 일생동안 가는 것입니다.

여러분, 지난일을 생각해보세요. 첫사랑, 처음 결혼할 때, 중요한 선택의 시간이 있었습니다. 그 선택으로해서 그 다음 일생을, 그 선택의 결과를 그렇게 누리며 살아가게 됩니다. 여기에 문제가 있습니다. 한번 선택해놓고 일생동안 그 선택 잘했다 싶은 사람이 있어요. 그렇게 생각하며 살아요. '그래 그때 잘했다. 그때 이 사람을 선택한 것 잘했다. 그때 이 일을 선택한 것 잘했다. 그때 내가 전공을 잘 선택했다. 그를 만난 것, 그렇게 결정한 것, 잘했다.' 잘했다 싶어요. 내 선택보다 더 좋은 결과가 그 뒤에 있었다고 생각하면서 지난 일의 선택을 감사하며 삽니다. '참으로 감사하다.' 이렇게 생각하며 사는 사람이 있는 반면 정반대의 사람은 한번 선택을 해놓고 일생동안 후회합니다.

그래서 말입니다. 부부간에도 수십 년을 같이 살면서도 '내가 이 사람을 선택한 것, 참 잘한 거다. 이것 하나님의 축복이요, 하나님의 은사다. 하나님께서 내게 주신 최고의 복이 이 사람을 만난 것이다'라고 생각하고 감사하며 사는 사람, 제일 행복한 사람이고요. 가장 불행한 사람이 누구입니까? 결혼을 해놓고 한평생 살면서 '그때 만나지 말았어야 되는데! 이건 역사적인 실수다. 어쩌다 이런 실수를 했나?' 하는 사람입니다.

제가 잘 아는 분인데요. 옛날에 고등학교 선생을 했대요. 한번은 아이들을 데리고 바닷가에 수학여행을 갔더랍니다. 그리고 밤에 바닷가를 거니는데 여학생 한 명이 뒤에 처지더래요. '뒤처져서 이러면 안되지. 그러다가 누굴 만나면 안될 텐데, 뒤에 불순한 깡패라도 따라오면 안될 텐데!' 이런 생각이 들어서 아이들은 다 앞으로 가고 그 마지막에 따라오는 학생 뒤에 이 선생님이 뒤따라가고 있었는데 그만 도랑을 지나면서 아이가 넘어지더래요. 그래서 그만 붙들었대요. 붙들었더니 여학생이 딱 정색을 하고 하는 말이 "책임지세요" 그러더래요. "이 깨끗한 손을 당신이 잡았으니까 책임지세요." 그래서 꼼짝못하고 결혼을 했어요. 물론 나이 차이가 많지요. 한 15년 차이가 있는데, 그래서 그런지 그 부인이 조금 철없이 놀 때가 있어요. 한번 화가 나면 막나가는 겁니다. 그때마다 '아, 그때 손을 잡지 말았어야 되는데 큰 실수였다'라는 생각이 든대요. 제가 본인한테 열 번도 더 들은 얘기입니다. 그때 생각 아차 했다는 것입니다.

여러분 어떻습니까? 그 지난날의 선택을 잘했다 싶습니까? 아니면 그건 역사적인 실수였다, 그런 생각입니까? 오늘 본문에서 하나님께서 이스라엘 백성에게 말씀하십니다. "생명을 선택하라." 아니, 세상에 누가 죽음을 선택하겠습니까? 그러나 이상하게도 죽음을 선택하는 사람이 너무 많아요. '여기서 끝내자.' 보세요. 이것 선택 아닙니까? 죽음을 선택, 죽음의 길을 선택합니다. 뻔한 죽음의 길입니다. 그런데도 그걸 선택하는 사람이 있기에 하나님께서 말씀하십니다. "생명을 선택하라. 생명의 길을 선택하라."

여기에 중요한 비밀이 있습니다. 엄청난 진리가 말없이 숨겨져 있습니다. 그게 뭐냐하면 노예한테는 선택권이 없습니다. 선택이란 아무나 하는 것이 아닙니다. 한번 잘못 선택한 다음에는 고칠 수 없는 것처럼 운명이 이미 삐뚤어졌어요. 다시 하지 못합니다. 아직도 선택할 수 있다는 것, 선택할 여지가 있다는 것, 이것은 큰 축복입니다. 죄인에게는 선택이 없습니다. 빚을 많이 진 사람은 자유가 없습니다. 건강을 잃은 사람도 선택권이 없습니다. 타락한 죄인은 선택권이 없습니다. 신학적 용어인 Total Corruption, 전적인 타락은 자유가 없습니다.

보세요, 알코올 중독자 참 비참합니다. 그렇게 오랫동안 실수하면서도 또 거기를 가야 됩니다. 이것은 병입니다. 자유가 없습니다.

또 도박하는 사람들 자유가 없어요. 선택권이 없어요. 돈에 미친 사람, 명예에 미친 사람, 우울증 환자, 선택에 자유가 없습니다.

그런데 오늘 성경은 말씀하십니다. "생명을 선택하라." 얼마나 소중한 메시지입니까? 애굽에서 고생스런 노예생활 하는 사람들, 그들에게 주는 메시지가 아닙니다. 그들은 선택의 여지가 없습니다. 이미 죄악과 악한 권세에 노예가 되어 있기 때문에 그들에게 선택권은 없습니다. 선택의 자유가 없습니다. 그런고로 오늘성경은 말씀합니다. 애굽의 그 노예생활에서 구속하시고 홍해를 건너 광야에 옮겨놓고 그 다음에 주시는 말씀입니다. "이제 너희는 생명을 선택하라."

여러분, 에덴동산의 이야기를 잘 알지 않습니까? 에덴동산에 선악과를 만들어놓고 하나님 말씀하십니다. "저 나무의 열매는 먹지 마라." 무슨 말씀입니까? 먹을 수도 있고 안먹을 수도 있어요. "먹지 마라. 먹는 날에는 정녕 죽으리라." 똑같은 말씀입니다. "먹지 말고 생명을 선택하라." 거기서 자유가 있었어요. 그러나 한번 먹는 순간 그들에게는 자유가 없습니다.

여러분, 흔히 '선택의 여지가 없다'라는 말을 쉽게 합니다. 그 순간 나는 절망하는 하는 겁니다. 망가지는 시간입니다. 그러나 아직 선택할 수 있습니다. 아직도 선택의 여지가 있습니다. 그것이 내 존재의 가치입니다. 아직도 난 생명과 사망을 선택할 수 있습니다. 선택의 여지, 선택의 기회, 선택의 지혜가 내게 있다는 말입니다. 이것은 특권입니다.

동시에 내가 선택한 것을 내가 책임을 져야 합니다. 본문은 특별히 중요한 말씀인 것이 애굽에서 구속하시고 광야로 이끌어내사 다음에 많은 시련을 통해서 훈련을 시킨 다음 요단 강을 건너가기 전에 주시는 말씀입니다. "생명을 선택하라. 이제 네가 결정하라." "생명과 복, 사망과 화를 내가 네 앞에 두었나니 하나님을 사랑하고 하나님을 기뻐하고 그 계명을 지키는 생명의 길을 선택하라." 강압적이 아닙니다. 선택적이라는 말씀입니다. 복과 저주를 네 스스로 선택하라, 네 운명은 네가 결정해라— 에덴동산에서부터 주어지는 것입니다. 네 생명, 네 운명은 네가 결정해라. 얼마나 고귀한 존재입니까? 이게 인간만이 가진 소중한 특권입니다.

요한복음 15장 16절에 보면 "너희가 나를 택한 것이 아니고 내가 너희를 택하여 세웠다" 하십니다. 이 얼마나 귀한 말씀입니까? 내가 너희를 택했다, 이제는 네가 나를 택해라, 그런 말씀입니다. "내가 너희를 선택했다. 이제는 너희 스스로 자의로 기쁜 마음으로 행복한 마음으로 사랑하는 마음으로 나를 선택하라. 그것이 나에게 기쁨이요, 내게 영광이 되고 또 너희에게는 복이 될 것이다." 그렇습니다. 이제는 우리가 하나님을 선택할 시간입니다. 이것이 바로 우리에게 주어진 생명의 길입니다. 예수님 친히 말씀하십니다. '내가 길이요, 진리요, 생명이다. 내가 그 길이다. 생명의 길이다.' 이것은 좁은 길입니다. 십자가의 길입니다. 생명을 선택해야 됩니다. 아주 중요한 말씀입니다.

동양의 성현 공자의 말씀 중에 지혜를 얻는 길이 세 가지가 있다고 말합니다. 하나는 묵상을 통해서입니다. 아주 고결한 방법이지요. 두 번째는 모방을 통해서입니다. 가장 쉬운 방법이지요. 그러나 셋째는 경험의 길을 통하여, 라고 했습니다.

여러분, 이 선택이란 운명을 거는 것입니다. 머리 굴리는 것이 아닙니다. 지혜가 아닙니다. 그렇다고 인정하고 동정한다는 그런 애기가 아닙니다. 긍정심리가 아닙니다. 이것은 운명을 거는 것입니다. 선택이란 곧 운명을 거는 것입니다. 그리고 그 일생을 갖는 것입니다.

오늘 본문의 말씀을 잘 살펴보면 더욱 귀한 말씀이 하나 있습니다. 신비로운 메시지가 있습니다. 그것은 뭐냐하면 하나를 선택하면 나머지를 버려야 한다는 것입니다. 선택을 위해서는 버릴 것이 있다는 말이지요. 이걸 잊지 말아야 합니다. 우리 어린아이들 공부하느라고 애씁니다. 공부하면 놀지 못합니다. 놀면 공부하지 못합니다. 어느 쪽 하나를 버려야 합니다. 그렇지 않습니까? 하나를 버려야 한다는 데 문제가 있어요. 하지만 과감하게 버려야 합니다. 예수님 친히 말씀하십니다. "나를 따라오려거든 자기를 부인하고 자기 십자가를 지고 나를 좇으라." 자기 십자가를 지지 않고는 나를 좇지 못한다고 사랑하는 베드로에게 말씀하십니다. 사랑하는 제자에게 훈계하십니다. 오늘도 보니까 양손에 떡을 쥐고 '이걸까? 저걸까?' 일생을 두고 저울질하는 사람이 있어요. 어느 순간에 우리는 한쪽을 과감하게 버려야 합니다. 그걸 잊지 말아야 합니다. 둘 다는 없어요. 그렇게는 안됩니다.

그 옛날 이런 얘기가 있잖아요. 어머니는 동쪽사람하고 결혼하라 하고, 아버지는 서쪽총각하고 결혼하라 하고, 집안에서 싸움이 났어요. 이 딸이 이럴까? 저럴까? 하다가 한 유명한 얘기가 있지요. "동쪽 가서 밥먹고 서쪽 가서 자지요 뭐!" 이거는 안되는 것입니다. 하나를 버려야 됩니다. 그런데 여기게 신비로움이 있습니다. 하나를 선택하는 감격 속에 살면 나머지 버리는 건 어렵지 않습니다. 우리는 이 버리는 것 자체에 너무 신경을 씁니다. 아닙니다. 소중한 것을 얻고 감격하는 순간 나머지를 버리는 것은 아무것도 아니지요.

여러분, 공부해 보았습니까? 공부해 보았지요. 아주 좋은 책을 읽어요. 아주 마음에 들어요. 내가 어쩌다 이런 책을 만났나, 그런 감격에 밤을 꼬박 새워도 피곤하지 않아요. 진리를 얻기 위해서는 나머지를 버리는 것은 조금도 어렵지 않아요. 아마도 그런 것 아니겠어요. 사랑도 그렇지요. 참으로 사랑하는 사람을 만나는 순간 나머지 버리는 건 문제가 아니잖아요. 돈이 문제입니까? 가문이 문제입니까? 명예가 문제입니까? 깊이 생각해야 합니다.

그래서 말씀하십니다. "생명을 선택하라." 그러면 생명 외의 일은 다 버려야 됩니다. 그런데 이 생명의 길이 고난의 길이요, 좁은 길이라는 말입니다. 최후승리가 있고 결국에는 영생이 있습니다마는 오늘 현재로서는 어려운 일들이 많아요. 그러나 오늘의 고난을 선택하면 내일의 영광이 있습니다. 오늘의 정직함을 선택하면 내일의 축복이 있습니다. 오늘의 믿음을 선택하면 약속하신 축복의 세계가 있습니다.

여러분, 하나님께서는 오늘 우리에게 또 한 번 말씀하십니다. "생명을 선택하라. 그리고 생명의 길 외의 것은 과감하게 버려라. 아까워하지 마라. 오직 생명의 길을 선택하라." 특별히 말씀하십니다. "여호와를 사랑하라. 사랑은 기쁨이요, 사랑은 희생이요, 사랑은 행복이요, 사랑은 축복입니다. 여호와를 사랑하라. 그리하면 내가 너희와 함께할 것이다. 모든 축복이 이어질 것이다."

여러분, 다시 한 번 다짐합시다. "생명을 선택하라." 내가 지금 생명의 길을 가고 있는가? 그리고 이 생명의 길을 선택함으로써 나머지 어두운 그림자를 싹 쓸어버리고 없는 듯이 그런 밝은 마음으

로 오늘을 살아가야 할 것입니다. "생명을 선택하라." 하나님의 말
씀입니다. △

중생의 신비

바리새인 중에 니고데모라 하는 사람이 있으니 유대인의 관원이라 그가 밤에 예수께 와서 가로되 랍비여 우리가 당신은 하나님께로서 오신 선생인줄 아나이다 하나님이 함께 하시지 아니하시면 당신의 행하시는 이 표적을 아무라도 할 수 없음이니이다 예수께서 대답하여 가라사대 진실로 진실로 네게 이르노니 사람이 거듭나지 아니하면 하나님 나라를 볼 수 없느니라 니고데모가 가로되 사람이 늙으면 어떻게 날 수 있삽나이까 두번째 모태에 들어갔다가 날 수 있삽나이까 예수께서 대답하시되 진실로 진실로 네게 이르노니 사람이 물과 성령으로 나지 아니하면 하나님 나라에 들어갈 수 없느니라 육으로 난 것은 육이요 성령으로 난 것은 영이니 내가 네게 거듭나야 하겠다 하는 말을 기이히 여기지 말라 바람이 임의로 불매 네가 그 소리를 들어도 어디서 오며 어디로 가는지 알지 못하나니 성령으로 난 사람은 다 이러하니라 니고데모가 대답하여 가로되 어찌 이러한 일이 있을 수 있나이까 예수께서 가라사대 너는 이스라엘의 선생으로서 이러한 일을 알지 못하느냐 진실로 진실로 네게 이르노니 우리 아는 것을 말하고 본 것을 증거하노라 그러나 너희가 우리 증거를 받지 아니하는도다

(요한복음 3 : 1 - 11)

중생의 신비

솔개는 가장 장수하는 조류로 알려져 있습니다. 솔개는 약 70년의 수명을 누릴 수 있다고 합니다. 그런데 이렇게 솔개가 70년을 장수하려면 40세쯤 되었을 때 매우 고통스러운 결심을 해야 한다고 합니다. 그것은 솔개는 약 40세가 되면 발톱이 노화되어서 사냥감을 효과적으로 낚아채고 움켜쥘 수 없게 되기 때문이랍니다. 부리는 길게 자라고 구부러지는데, 가슴에 닿을 정도로 부리가 길어져서 효과적으로 사냥을 할 수가 없다고 합니다. 또 깃털도 두껍게 자라 무거워서 자유로이 날 수도 없게 된다고 합니다. 이때쯤 되면 죽을 각오를 하고 그냥 죽음을 기다리든지, 아니면 약 반년에 걸친 매우 고통스러운 갱생과정을 수행해야 한다고 합니다. 산 정상, 그 높은 곳에 올라가서 먼저 부리로 바위를 쪼아서 부리가 부러지고 깨지고 빠지게 되면 그 다음에 새 부리가 돋아나게 된답니다. 새 부리가 나온 다음에는 그 날카로운 새 부리로 발톱을 하나하나 다 뽑아버려야 한답니다. 또 그리고 그 많은 깃털도 다 뽑아버리고, 그러고 나서 새로운 몸으로 거듭나야만 다시 30년을 살게 된다고 합니다.

여러분은 무슨 생각이 납니까? 솔개 이야기는 새로운 생명을 탄생시키기 위해서 낡은 생명이 얼마나 철저하게 부정되고 버려져야 하는가를 우리에게 말해주고 있습니다.

영성가이며 유명한 대학교수인 에크하르트의 설교 가운데 '빈곤에 관한 설교'라는 것이 있습니다. 그는 이렇게 가르쳐주고 있습니다. 예수님께서 친히 말씀하신 '마음이 가난한 자는 복이 있나니 천국이 저들의 것이다'하는 산상보훈의 첫절입니다. '그 마음이 가난하다는 말이 무슨 뜻일까? 마음이 가난하고야 천국에 들어갈 수 있다고 했는데, 도대체 그 마음이 가난하다는 말이 무슨 의미일까?' 하는 것을 영성가 에크하르트는 이렇게 설명합니다. 첫째, 아무것도 원하지 않는 빈 마음이다, 소원이 없어지는 것, 비 집착성을 말하는 것입니다. 이기주의만이 아니라, 도대체 아무것도 더 바라는 것이 없습니다. 그런 마음으로 돌아가야 됩니다. 둘째, 아무것도 알지 못하는 상태로 돌아가는 것이다, 안다는 것이 없습니다. 어린아이같이 깨끗해지고 맙니다. 안다고 할 것이 아무것도 없습니다. 이 지경에 들어가야 한다는 것입니다. 그래서 어린아이처럼 깨끗한 마음으로 하나님의 말씀을 들을 수 있어야 됩니다. 마지막 셋째, 아무것도 소유하지 말아야 한다, 소유욕으로부터 완전히 자유해야 된다는 것입니다. 아무것도 가지고 싶은 마음이 없습니다. 소유하고 싶지 않습니다. 그것이 아무 의미가 없는 것같습니다. 이런 상태로 돌아간 다음에야 천국이 저의 것이요, 천국을 소유할 수 있다는 것입니다. 이렇게 실제적으로 설명해주고 있습니다.

토니 캄폴로(Tony Campolo) 교수가 아주 재미있는 연구논문을 내 놓았습니다. 95세 이상 된 노인들 50명을 모아놓고 그들에게 질문을 합니다. "당신들이 이제부터 다시 생을 시작한다면 당신들은 어떤 모습으로 생을 살아가고 싶으십니까?" 참 중요한 얘기가 아니겠습니까. 그러자 95세가 되도록 세상을 살고, 그리고 오늘부터 다시 살 수 있다면 나의 일생은 이렇게 살고 싶다는 생각을 몇 가지로 말합니다. 첫째, 날마다 반성하며 살고 싶다— 너무나 허물이 많습니다. 너무나 잘못한 일들이 많아서 앞으로는 좀 더 날마다 스스로 반성하며 살고 싶다는 것입니다. 둘째, 너무나 비겁했다— 좀 더 용기 있게, 과감하게, 담대하게 살아야 했는데, 너무나 비겁하고 초라하게 살았습니다. 용기가 부족했던 것에 대한 후회가 있다는 것입니다. 셋째가 중요합니다. 죽음이 앞에 있다는 것을 조금이라도 미리 알고 살았으면 좋았을 것이다— 우리 앞에 죽음이 있다는 것을 기억하고, 다가오는 죽음을 좀 더 심각하게 생각하면서 하루하루를 살았어야 할 것이라고 95세 넘은 노인들이 한결같이 말하고 있습니다.

분명히 자기가 자기를 비워야 하고, 부인해야 하고, 부정해야 하는 것은 사실입니다. 이것을 내가 마음대로 할 수 있습니까? 욕심을 버려야 할 줄 알면서 못버립니다. 질투하지 말아야 할 줄 알면서 질투합니다. 집착하지 말아야 될 줄 알면서 집착합니다. 다 지나간 것, 아무 소용이 없는 줄 알면서도 다시 옛날에 얽매입니다. 그러면 자기가 자기를 부인할 수 있습니까? 이것이 과연 가능한 것입니까?

오늘본문은 이에 대해서 중요한 대답을 합니다. 니고데모라는 바리새인이요, 당시 종교지도자요, 중요한 산헤드린 공회의 의원 되는 사람이 조용히 저녁에 홀로 예수님을 찾아옵니다. 그 밤에 왔다는 사실과 혼자 왔다는 사실이 중요한 의미를 가집니다. 이 사람, 귀족입니다. 그래서 남의 눈을 피하여 갈릴리에서 온 선지자 한 청년을 만나러 온 것입니다. 그리고 영생에 대한 질문을 하게 됩니다. 이때에 예수님께서 니고데모에게 절대조건을 지시하십니다. "거듭나야 한다. 너는 거듭나야 한다. 거듭나야 천국을 볼 수도 있고, 천국에 들어갈 수도 있다." 이 '본다'는 말을 헬라어로는 '본다'고도 하고 '안다'고도 합니다. 같은 단어입니다. '거듭나야 천국을 볼 수도 있고, 천국을 알 수도 있고, 천국에 들어갈 수 있다.' 절대조건으로 말씀하십니다.

그런데 예수님께서 '거듭나야 한다'고 말씀하실 때 니고데모가 이 말씀을 이해하지 못해 오늘본문에서 참 유치한 질문을 합니다. "사람이 늙으면 어떻게 날 수 있습니까? 두 번째 모태에 들어갔다가 날 수 있겠습니까? 늙으면 안되고, 젊으면 되나요?" 이런 멍청한 질문이 어디에 있습니까. 어떻게 한 번 나왔으면 그만이지, 다시 들어갔다 나올 수 있다는 말입니까. 아마 예수님의 카리스마 앞에 권세 있는 니고데모가 위축되어서 그만 이같은 어리석은 질문을 하게 된 것같습니다. 그래서 오늘본문 10절에서 예수님께서는 이렇게 핀잔을 주십니다. "너는 이스라엘의 선생으로서 이러한 일을 알지 못하느냐." 저는 거기에 한마디 더 붙이겠습니다. "이 멍청한 놈아!" 그렇지 않습니까. 니고데모가 예수님 앞에 가서 큰 망신을 하고, 부끄러움을 당하는 얘기입니다.

여기서 우리는 깊이 생각해야 합니다. 니고데모, 그는 당시 최고의 지도자입니다. 산헤드린회의 회원이지요, 바리새인이지요, 많은 사람의 지지를 받는 사람입니다. 이런 종교지도자가 33세밖에 안된, 갈릴리에서 온 초라한 사람 예수님 앞에 가서 그렇듯 부끄러움을 당하고 있습니다. 예수님께서 하시는 말씀입니다. "너는 거듭나야 한다." 이것은 니고데모에게 직설적으로 하신 말씀입니다. "너 같은 사람은 거듭나야 돼. 특별히 너는 거듭나야만 된다. 이대로는 안된다."

이 '거듭난다'는 말은 헬라어로 '게네테 아노텐'이라고 하는데, 신학적으로 문제가 많은 용어입니다. 왜냐하면 이 '거듭난다'는 말이 공관복음에는 없기 때문입니다. 중요한 천국의 절대조건인데, 거듭나지 않으면 천국에 못들어가는데, 이 귀중한 교리가 마태, 마가, 누가복음에 없습니다. 오직 요한복음 3장에만 있고, 베드로서에 두 번 나옵니다. 이처럼 이 '거듭난다'는 말은 아주 독특한 용어입니다. 신학적으로 중요한 의미를 다룬 것입니다. 게네테 아노텐, 이 말은 솔직히 말하면 니고데모에게 해당하는 얘기입니다. 니고데모 같은 지성인에게 직설적으로 꽂히는 말입니다. '너는 거듭나야 한다.'

그러면 이 거듭남의 절대조건이 어떻게 공관복음에 없다는 말입니까. 없을 수 없지요. 그런데 공관복음에서는 거듭나야 한다는 신학적 용어를 쓰지 않고 비사를 썼습니다. '어린아이와 같이 되지 아니하면'— 그 말이 그 말입니다. '어린아이와 같아야 한다'는 말과 '거듭나야 한다'는 말은 개념상으로 서로 같습니다. 그런데 니고데모에게는 이 말이 더 필요합니다. '게네테'라는 말은 '출생'이라는 뜻입니다. 동사입니다. 출생, 새로운 생명이 탄생하는 출생입니다. '아노텐'이라는 말은 부사구입니다. '위로부터'라는 뜻입니다. 이것을 직역하면 'regeneration'이라고 하기도 하지만, 옛날 번역에서는 좀 더 직역을 해서 'born from above' 곧 '위로부터 출생'입니다. 땅에서부터 출생을 하는 것이 아니고, 하늘로부터 출생하는, 그런 신기원적 생명의 출생이 있어야 한다, 그러고야 하늘나라를 볼 수도 있고, 하늘나라에 들어갈 수도 있다, 이런 말입니다. 철저한 말씀입니다. 철저한 자기부정을 뜻합니다. 어린아이와 같이 되고, 자기를 십자가에 못박는 행위를 말합니다.

여기서 우리는 생각해야 합니다. 생명의 신기원, 이것은 우리에게 신비에 속합니다. 도대체 생명이 언제입니까? 참 우스운 얘기입니다마는, 서양 사람들하고 만나서 대화하다보면 어쩌다 나이를 묻게 됩니다. 우리는 나이를 우리 나이로 계산하지만, 저 사람들하고 나이를 계산해보면 꼭 한 살이 모자랍니다. 일 년이 모자랍니다. 만 몇 살, 우리 나이로 몇 살 오늘이 제 생일입니다. 그런데 오늘 우리 나이로 세면 제가 79세입니다. 그러나 만으로 치면 78세입니다. 그러면 제가 농담 겸 진담으로 말합니다. "당신들이 세는 나이는 산부인과에서부터 세는 것이고, 우리가 세는 나이는 아버지 어머니가 연애할 때부터 세는 거다. 우리가 진짜다." 그러니까 그 사람이 "아멘" 그러더라고요. 맞지요. 이것이 진짜입니다. 산부인과에서부터 세는 것은 아니지요. 생명이 어디서부터 시작했는데, 그렇지 않습니까.

이것, 아주 중요한 얘기입니다. 신비로운 것입니다. 생명은 여전히 신비로운 것입니다. 어디서 어떻게 시작했는지, 그 시작을 우리가 바로 알기가 어렵지요. 그런데 생명의 시작이 있다는 말입니다. 분명히 있습니다. 이것이 땅으로부터가 아니고, 위로부터, 하늘로부터 오는 생명으로 시작하는 것이 바로 중생입니다. 그런고로 다시 신학적 용어를 빌리면 재창조입니다. 창조, 재창조, 다시 창조되는 역사, 이 재창조의 역사가 바로 중생이라는 것입니다.

이제 신비로운 말씀이 있습니다. 예수님께서 말씀하십니다. '바람이 임의로 불매 어디서 와서 어디로 가는지 알지 못한다.' 무슨 말씀입니까? 의식 이전의 일이라는 것입니다. 생명의 역사는 의식 이전의 일입니다. 내가 생각하는 것보다 훨씬 더 먼저 있는 것입니다.

우리의 오늘까지 오는 성품과, 우리의 지성과, 우리의 지능과 건강이 어디서부터 오는 것입니까? 어렸을 때, 그것도 네 살 전의 것은 기억하지 못하는데도 내 운명은 네 살 전에 결정이 됩니다. 네 살 전에 버림받아 울음을 많이 운 사람은 일생동안 염세적으로 삽니

다. 네 살 전에 사랑을 많이 받으면서 웃고 자라온 사람은 평생 낙천
가가 됩니다. 이것이 성품이 되고, 운명이 됩니다. 이것은 의식 이전
의 일입니다. 내가 선택한 것이 아닙니다.

그래서 참으로 중요한 논문이 있습니다. '할아버지 할머니의 사
랑을 받은 사람은 절대로 정신병자가 안된다'는 것입니다. 왜요? 할
아버지 할머니의 사랑은 사실 맹목적이거든요. 그냥 사랑하지 않습
니까. 끝없이 사랑합니다. 이 사랑을 다 받고 자랍니다. 나도 모르게
네 살 전의 이것이 일생동안 내 마음에 있어서 세상을 밝게 보고 사
는 것입니다. 그러나 이때 버림받고, 이때 어려움을 당하면 알게 모
르게 그 깊은 곳에 절망이 있고, 염세주의가 있고, 그리고 무서운 정
신병으로 발전합니다. 이것은 내가 생각한 것이 아니지 않습니까.
의식 이전의 일입니다.

동시에 사랑도 생명도 구원의 역사도 의식 이전의 일입니다. '너
희는 내가 예수 믿고 내가 깨닫는 줄 알지만, 아니다. 그보다 훨씬
전에 하나님께서 재창조의 역사를 나타내주시고, 그리스도를 통하
여, 말씀을 통하여, 성령을 통하여 그 마음속에 역사하신 것이다. 중
생은 의식 이전의 일이다.' 이 얼마나 중요한 얘기입니까. 얼마나 신
비롭고, 동시에 얼마나 실제적인 것입니까. 그러니까 하나님께서 주
시는 객관적 계시, 그리스도 사건과 말씀, 성경이 우리에게 전해지
고, 동시에 성령께서 또 감동시키십니다. 감동해서 구원의 역사가
이루어집니다.

우리가 지금 물건을 봅니다. 내 눈으로 본다고 할 때 두 가지 조
건이 있습니다. 하나는 내 눈이 밝아야 됩니다. 내가 눈을 떠야 뭘
보지 않습니까. 그런가 하면 뜬다고 보는 것이 아닙니다. 빛이 있어

야 봅니다. 객관적으로 주어지는 빛이 없으면 내 눈이 아무리 밝아
도 볼 수 없습니다. 내 눈을 아무리 떴더라도 빛이 없으면 안됩니다.
하나님께로부터 오는 영적인 조명, inspiration, illumination, 빛이 있
어야 합니다. 그리고 내가 눈을 떠야 됩니다. 그럴 때 세상을 밝게
볼 수 있습니다. 이런 말씀의 객관적 역사와 성령의 주관적인 역사
가 합쳐서 한 사람이 구원을 받는다는 말씀입니다.

　　우리가 많은 사람을 만나는데, 어떻습니까? 한평생 지내보니
아주 공부 많이 한다고 꼭 좋은 사람 되는 것 아니더라고요. 공부는
많이 했는데, 머리는 잘못 굴리고 있습니다. 또 그런가하면 돈이 있
다고 되는 것 아닙니다. 가난하다고 잘못되는 것 아닙니다. 돈 있다
고 착해지는 것 아니더라고요. 그런가하면 학대받으면 나빠지고, 칭
찬받으면 좋아지나요? 그것도 아니더라고요. 결국은 환경의 문제가
아닙니다. 하나님께서 역사하시는 내적인 생명력이 있어서 중생의
역사, 거듭남의 역사가 있을 때 비로소 그리스도의 사람이 되고, 하
나님의 사람이 되는 것을 우리가 알 수 있습니다.

　　우리는 성경을 상고할 때마다 깜작 놀라는 부분이 있습니다. 그
것은 베드로입니다. 베드로가, 예수님의 제자들이 예수님과 3년 동
안을 함께합니다. 예수님께서 하시는 그 이적을 다 보았습니다. 예
수님과 동행하면서 배를 타고 다녔습니다. 예수님과 함께하며 5천
명을 먹이시는 기적을 보았습니다. 그 많은 기적을 함께 보았는데
도 불구하고 베드로는 중생하지 못했습니다. 그래서 사도행전 1장에
나옵니다. ‘나라이 임하실 때가 이때입니까?’ 아직도 세상적인 욕망
을 버리지 못하고 있더라고요. 결국은 예수님 십자가에 돌아가시고
부활하신 다음에 주님께서 말씀하시고 약속하신대로 오순절 성령의

역사가 있은 뒤 성령께서 임하실 때 중생하고, 거듭나고, 새사람이 되고, 새로운 역사가 창조되는 것을 볼 수 있습니다. 그래서 스가랴 4장에서 말씀합니다. '이는 힘으로도 되지 아니하며, 능력으로 되지 아니하고, 오직 하나님의 힘으로 되느니라.'

그런고로 우리는 성령의 역사를 위해서 기도해야 되겠고, 성령께서 우리의 마음을 감동시키실 때 마음을 열어야 되겠고, 성령으로 나를 주관하시게 하고, 뿐만 아니라 성령께 순종하게 됩니다. 성령께 온전히 생을 위탁합니다. 그럴 때 충만함에 이르게 됩니다. 내 이성도 성령 안에서, 내 양심도 성령 안에서, 내 의지도 성령의 주관 안에서, 내 건강도 성령 안에서, 성령께서 완전히 나를 사로잡으실 때 성령께서는 자유의 영이십니다. 진리의 영이십니다. 그때 비로소 온전한 자유, 온전한 진리의 사람으로 담대하게 그리스도의 증인이 되어, 하나님의 사람으로 살아가게 되는 것입니다.

여러분, 다시한번 생각합시다. 신비롭게 역사하시는 주님의 역사로 성령의 역사를 조용히 들으면서 성령을 거역하지 마십시오. 성령께 순종하세요. 성령을 향해서 마음을 여세요. 그때 점점 더 충만해지는 신비로운 생명력을 경험하게 될 것입니다.   △

나 곧 나는 여호와라

눈이 있어도 소경이요 귀가 있어도 귀머거리인 백
성을 이끌어 내라 열방은 모였으며 민족들이 회집하
였은들 그들 중에 누가 능히 이 일을 고하며 이전 일
을 우리에게 보이겠느냐 그들로 증인을 세워서 자기
의 옳음을 나태내어 듣는 자들로 옳다 말하게 하라
나 여호와가 말하노라 너희는 나의 증인, 나의 종으
로 택함을 입었나니 이는 너희로 나를 알고 믿으며
내가 그인줄 깨닫게 하려 함이라 나의 전에 지음을
받은 신이 없었느니라 나의 후에도 없으리라 나 곧
나는 여호와라 나 외에 구원자가 없느니라 내가 고하
였으며 구원하였으며 보였고 너희 중에 다른 신이 없
었나니 그러므로 너희는 나의 증인이요 나는 하나님
이니라 여호와의 말이니라 파연 태초로부터 나는 그
니 내 손에서 능히 건질 자가 없도다 내가 행하리니
누가 막으리요

(이사야 43 : 8 - 13)

나 곧 나는 여호와라

여러분, 맥아더장군을 잘 아실 것입니다. 저는 인천에서 14년 동안 목회를 했는데, 그 예배당이 맥아더장군 동상 바로 밑에 있었습니다. 그래 수시로 공원에 올라가 맥아더장군의 동상을 쳐다볼 때마다 저는 어딘가 모르게 마음의 깊은 깨달음도 있고, 감사함도 있고, 은혜도 있고, 그렇게 많은 경험을 했습니다. 그 동상 밑에 쓰인 문구는 이렇습니다. '승리에 대신은 없다. 오로지 승리가 있을 뿐이다.' 그것이 맥아더장군의 신조입니다. 저는 특별히 맥아더장군에 대하여 일부러 책을 구해서 읽어도 보았습니다. 그는 철저한 신앙인입니다. 아무리 최 일선에 있더라도 자기 전에 반드시 성경 한 장을 읽고 잤습니다. 꼭 하나님의 말씀을 읽고 묵상하고 기도하고야 비로소 쉬었다고 합니다. 그는 정말 훌륭한 신앙의 사람이었습니다.

그 맥아더장군이 1945년 8월 15일 태평양전쟁에서 일본의 항복을 받아냅니다. 그리고 적지인 일본 동경에 상륙하게 되는데, 그때 놀라운 역사적 사건이 일어납니다. 맥아더장군은 미국사람입니다. 한마디로 말하면 일본의 적이요 적장입니다. 한데도 동경시민들 수만 명이 구름 떼처럼 모여서 동경에 상륙한 맥아더장군을 환영했습니다. 이런 일은 없습니다. 적지에 들어가서 패전한 국민들로부터 역사에 없는, 유례없는 환영을 받은 것입니다. 거기서 그는 유명한 연설을 했습니다. 그 연설문은 두고두고 많은 사람의 마음속에 깊은 감명을 주고 있습니다. 먼저 온 세계의 문제는 경제문제라는 것입니다. 이 전쟁도 경제문제입니다. 더 가지려는 사람, 빼앗기지 않으려는 사람, 빼앗고 빼앗기고…… 이처럼 더 많이 가지려고 하는 경제문제로 이 세상 도처에 전쟁이 있다는 것입니다.

그러나 좀 더 깊이 생각하면 전쟁은 경제문제가 아니고 정치문제라는 것입니다. 정치를 잘못해서 경제문제가 생기는 것입니다. 그런고로 경제문제는 정치문제입니다. 오늘도 우리가 날마다 경험하고 있지 않습니까. 정치 한번 잘못하면 골치 아프거든요. 모두가 다 어려워지거든요. 경제문제는 근본적으로 정치문제입니다. 또한 정치문제는 정치가의 양심문제입니다. 곧 도덕성 문제라는 것입니다. 오늘 우리가 겪고 있지 않습니까. 경제문제가 정치문제요, 정치문제가 정치가의 양심문제입니다. 이 양심 없는 정치가들 때문에 모두가 고생을 하고, 세상이 망가지는 것입니다. 그런고로 문제는 도덕성입니다. 그리고 도덕적 문제는 종교와 신앙의 문제입니다. 신앙 없는 도덕을 말할 수가 없기 때문입니다. 마지막으로 신앙의 문제는 신학의 문제입니다. 그런고로 맥아더는 '모든 문제의 근본은 신학적 문제입니다'라고 하는 유명한 연설을 했습니다. 그 얼마 뒤 그는 한국전쟁에 참여하게 됩니다. 그때 그는 이런 기도를 남겼습니다. '하나님이여! 또 하나의 전쟁을 원하지 않습니다. 그러나 저 작은 한반도 땅에 하나님의 의를 전할 수 있다면 기꺼이 저를 써주십시오.' 결국 그는 하나님의 의를 위하여 다시 나서서 한국전쟁을 주도하게 됩니다.

저는 워싱턴을 방문할 때면 아무리 바빠도 반드시 시간을 내어 한국전쟁기념관에 갑니다. 여러 번 갔지마는 또 갑니다. 너무나도 제게 중요한 감명을 주었기 때문입니다. 갔던 자리를 또 가봅니다. 그곳에는 한국에 와서 희생된 5만 명의 미국청년들 이름이 씌어 있습니다. 그 서두에는 'Freedom is not free'라고 기록되어 있습니다. 저는 그 글을 처음 볼 때 숨이 막히는 것같은 충격을 받았습니다. '자유는 공짜가 아니다. 자유는 거저 주어지는 것이 아니다.' 오늘 우리의 이 자유를 위하여 죽은 사람이 미국청년만 5만 명입니다. 결국은 총합해서 3백만이 죽었습니다. 3백만이 죽고 나서야 오늘 우리의 이만한 자유가 주어지고, 지켜지고 있다는 것을 잊어서는 안됩니다. 자유는 공짜가 아닙니다. 엄청난 희생이 거기에 지불되고 있는 것입니다.

1950년 9월 28일 인천상륙작전을 성공적으로 이루고 나서 서울을 회복하게 됩니다. 소위 9·28 수복입니다. 그래 수도서울을 되찾게 되었을 때 큰 행사가 열렸습니다. 이 행사를 준비하면서 누가 맥아더장군에게 물었습니다. "이 행사에 요구할 것이 있습니까? 장군님께서 말씀하시지요." 그때 그는 조용히 이렇게 답했습니다. "주기도문을 함께 드릴 것을 제안합니다. Thy will be done on earth, as it is in heaven(뜻이 하늘에서 이루어진 것같이 땅에서 이루어지이다). 다함께 주기도문을 외웁시다." 이 얼마나 위대한 제안입니까. 뜻이 하늘에서 이루어진 것같이 땅에서 이루어지이다, 이것을 위해서 나는 생명을 바칩니다, 이것을 위해서 우리는 여기에 있습니다… 그 누구를 위해서가 아닙니다. 하나님의 뜻을 이루기 위해서— 이것이 얼마나 굉장하고 훌륭한 제안이었는가를 회고하게 됩니다.

전쟁은 왜 있어야 합니까? 원컨 원치 않건 분명히 전쟁은 있습니다. 참 비참한 전쟁이지만, 어찌 생각하면, 그리고 그 뒤에 가만히 생각해보면 있어야 할 일이더라고요. 있어야 할 일이 있는 것입니다. 그 필연성, 그 개연성, 그 신학적 의미를 우리가 바르게 이해해야 된다는 말입니다. 우리가 흔히 말하는 역사라고 하는 것은 통틀어서 전쟁사입니다. 이 방면의 세계적인 권위자인 에밀 브루너는 「정의와 자유(Justice and Freedom in Society)」라는 저서에서 이렇게 요약하여 우리에게 말해줍니다. '전쟁이 왜 있느냐? 욕심 때문이다. 지나친 욕심 때문이다. 억제할 수 없는 욕심 때문에 전쟁은 있다. 또 그런가하면 생존 때문이다.' 살아남기 위해서 빼앗자는 것도 아니고, 욕심 부리는 것도 아닙니다. 우선 살아 남아야겠으니까요. 죄송한 말입니다마는, 그리 좋은 얘기는 아닙니다. 제가 최 일선에서 6·25 때 전쟁을 경험해보았습니다. 양쪽에서 딱 마주쳤습니다. 그래 섰을 때 저기 적이 보입니다. 이제 총으로 쏘아야겠는데, 대체로 적이 보인다고 바로 총을 쏘지는 못합니다. 왜요? 사람을 죽이는 것이니까요. 아무리 여기에 명분이 있다고 하지만, 저기 있는 사람을 보면서 섣불리 총을 못쏩니다. 그래 총을 딱 겨누고만 있는데, 저쪽에서 빵하고 총알이 날아오면 그제야 마주 쏩니다. 이것은 무엇입니까? 내가 남을 죽이기 위해서 쏘는 것이 아니고, 내가 살기 위해서 쏘는 것입니다. 이것이 전쟁이더라고요.

그런가하면 높은 의미로는 정의를 위해서입니다. 세상에는 불의가 많습니다. 부정, 부패, 불의…… 이것이 극에 달하면 해법은 하나밖에 없습니다. 때려부숴야 됩니다. 전쟁 외에 진정한 정의를 생각할 수가 없습니다. 교육이다, 봉사다, 좋은 제도다…… 말짱 헛된 것입니다. 그래서 역사가들은 말합니다. '하나님의 정의구현의 비상조치가 전쟁이다.' 때로는 이해하기 어렵습니다. 왜 이런 일이 있어야 하나? 왜 이 끔찍한 일이 생겨야 하나? 그러나 먼 훗날 생각해보십시오. 높은 차원에서 보면 그것이 아니고는 정의가 무너지기 때문입니다. '정의를 세우기 위해서 그 전쟁은 있어야 했다.' 이것이 우리의 마지막 간증입니다.

좀 더 나아가서는 자유와 평화를 위해서입니다. 자유가 있기 위해서는 이 전쟁이라고 하는 무서운 소용돌이를 거쳐서 자유에로 향합니다. 「전쟁과 평화」라는 톨스토이의 유명한 소설이 있습니다. 저는 젊었을 때 읽어보았습니다. 전쟁 끝에 평화가 있다는 것이 아니고, 전쟁 속에 평화가 있다는 것입니다. 전쟁 속에 깊은 의미의 평화가 있습니다. 또한 좀 더 깊이 말씀을 드리면 하나님의 권능과 구원과 사랑의 계시가 바로 이 전쟁 속에 있습니다. 전쟁 속에서 사랑을 알고, 하나님의 손길을, 하나님의 음성을, 하나님의 능력을 우리는 보고 경험하게 됩니다. 이제 우리는 간증합니다. 전쟁은 하나님의 재창조의 역사라고 말입니다. 재창조의 역사, 이해하기 어렵지마는, 그러나 먼 훗날에 우리는 이것을 알게 됩니다.

유명한 역사가 Beard라고 하는 분이 있습니다. 그는 말합니다. '전쟁 속에 하나님의 심판이 있다. 하나님만이 아시는 심판이 있다. 이걸 우리가 동의할 수 있어야 한다. 전쟁 속에 하나님의 신비로운 구원이 있다. 하나님께서 기뻐하시는 자를 그 불꽃 속에서 구원하신다. 거기에 신비로운 하나님의 지혜가 있다. 죽고 죽이고 망하는 것 같으나, 오묘하게 마치 꽃에서 벌이 꿀을 뽑는 것처럼 묘한 관계이다. 그래서 새로운 역사를 창조해가는 것이다.' 이것이 전쟁의 의미입니다.

특별히 이사야 43장 1절은 말씀합니다. "야곱아 너를 창조하신 여호와께서 이제 말씀하시느니라 이스라엘아 너를 조성하신 자가 이제 말씀하시느니라 너는 두려워 말라 내가 너를 구속하였고 내가 너를 지명하여 불렀나니 너는 내 것이라." 여기에 전쟁의 의미가 있습니다. 하나님께서 전쟁을 통하여 구속하십니다. 구속이라는 것이 무엇입니까? 얻기 위해서 버리는 것입니다. 버리고 얻는 것이 구속입니다. 대가를 치릅니다. 구속이란 그런 의미가 있는 것입니다. 그냥 공짜로 구원하는 것이 아닙니다. 이 구원을 위해서 엄청난 대가를 치릅니다. 하나님께서는 말씀하십니다. '너를 얻기 위하여 많은 민족을 버렸느니라. 너를 살리기 위해서 많은 민족을 죽였느니라.' 그 뜻입니다. '내가 너희를 구속했다.'

그리고 오묘한 말씀입니다. 지명하여 불렀다— 이름을 불러서 너는 내 것이라고 택한 백성으로 세웠다는 것이지요. 여기에 택함 받은 백성의 사명이 있습니다. 택했다는 말의 깊은 의미는 '그것은 너의 의도 아니고, 너의 선도 아니고, 너의 도덕성도 아니다. 하나님께서 말씀하시는 바 깊은 뜻이 있어서 특별히 지명하여 세웠고, 너희를 통해서 큰 역사를 이루려 하신다'는 것입니다.

또한 '나는 여호와라. 나 외에 다른 신이 없다'라고 하십니다. 그는 창조주 되십니다. 그는 역사의 주인이 되십니다. 그는 우리를 구속하십니다. 택하여 세우십니다. 그런고로 택함 받은 사람들의 사명이 엄청나게 큰 것입니다. 그런고로 오늘본문은 말씀합니다. '하나님을 알고, 하나님을 알게 하시고, 그리고 하나님을 믿게 하시고……'

사실로 우리는 6·25전쟁 때 16개국에서 온 연합군이 없었다면 어떻게 되었겠습니까. 낙동강까지 다 밀렸거든요. 그러나 연합군의 참전으로 우리가 이렇게 구원을 받았는데, 그 연합군이 어떻게 왔습니까? 안전보장회의의 결의로 연합군 16개국에서 세계의 청년들이 우리나라에 와서 그렇게나 많이 죽었지 않습니까. 어떻게 이런 일이 있습니까? 역사에 딱 한 번 있었던 일입니다. 여기에 미스터리가 하나 있습니다. 뉴욕에서 한국전쟁을 위한 안전보장이사회가 열렸습니다. 거기에 당연히 참석해야 될 구소련의 몰로토프 외상이 있었습니다. 그가 참석해서 거부권을 행사하면 참전군을 한국에 보낼 수 없었습니다. 그런 중요한 시점이었습니다. 그래 당연히 몰로토프 외상이 거기에 참석해야 될 것인데, 참석하지 않았습니다. 그래서 16개국 평화의 군이 이 땅에 오게 되었고, 우리가 구원을 받게 된 것입니다. 왜 참석 안했습니까? 대답이 너무나 재미있습니다. 보나마나 결의되지 않을 것같아서 참석하지 않았답니다. 그의 마음을 흐리게 하신 것입니다. 그래서 안정보장이사회에서 이 엄청난 일이 결의되고, 한국전 참전을 결의하게 됩니다. 기가 막힌 비밀이 아닙니까. 역사에 없는 일입니다. 그래서 오늘 우리가 이 자리에 앉아 있는 것입니다.

공자와 그 수제자 자공 사이의 유명한 대화가 있습니다. 제자가 스승 공자에게 묻습니다. "나라가 잘 되려면 어찌해야 되겠습니까?" 그러자 공자가 "足食(족식), 足兵(족병), 足信(족신)" 이렇게 세 가지를 말합니다. 足食(족식)이란 먹을 것이 넉넉해야 한다는 것, 곧 경제문제입니다. 足兵(족병)이란 국방의 완전함입니다. 足信(족신)이란 도덕성입니다. 이제 다시 물어봅니다. "이 세 가지 중 하나가 없다면 무엇을 뺄 수 있겠습니까?" "그거야 물론 국방을 빼야지." "거기서 하나만 남기고 또 빼야 한다면 무엇을 뺄 수 있겠습니까?" "그러면 식량을 빼야지. 나라가 나라 되기 위해서는 다 없어도 믿음은 있어야 한다." 오직 믿음— 이 얼마나 중요한 대답입니까.

　이사야 43장 25절에서 하나님께서는 백성의 허물을 용서하신다고 하십니다. 하나님께서는 창조주 되시고, 구원자가 되시고, 구속하시고, 또 훈련시키시고, 계속해서 그 뜻을 알리십니다. 알게 하시고, 믿게 하시고, 깨닫게 하시고, 그리고 여기에 오셨습니다. 다시 말씀합니다. 알고, 믿고, 깨달아야 할 것입니다. 그의 권능과 그의 지혜, 그 무궁무진한 신비로운 사랑, 깊이 깨달아야 하겠습니다. 하나님께서 우리에게 베푸신 신비로운 엄청난 기적을 생각하며 우리가 그 크신 은혜에 응답하고 감사하고, 귀한 사명을 가지고 다시 출발해야 할 것입니다.　△

너희는 그들과 같이 하지 말라

    그러나 저희의 다수를 하나님이 기뻐하지 아니하신 고로 저희가 광야에서 멸망을 받았느니라 그런 일은 우리의 거울이 되어 우리로 하여금 저희가 악을 즐겨한 것같이 즐겨하는 자가 되지 않게 하려 함이니 저희 중에 어떤이들과 같이 너희는 우상 숭배하는 자가 되지 말라 기록된바 백성이 앉아서 먹고 마시며 일어나서 뛰논다 함과 같으니라 저희 중에 어떤이들이 간음하다가 하루에 이만 삼천 명이 죽었나니 우리는 저희와 같이 간음하지 말자 저희 중에 어떤이들이 주를 시험하다가 뱀에게 멸망하였나니 우리는 저희와 같이 시험하지 말자 저희 중에 어떤이들이 원망하다가 멸망시키는 자에게 멸망하였나니 너희는 저희와 같이 원망하지 말라 저희에게 당한 이런 일이 거울이 되고 또한 말세를 만난 우리의 경계로 기록하였느니라 그런즉 선 줄로 생각하는 자는 넘어질까 조심하라 사람이 감당할 시험밖에는 너희에게 당한 것이 없나니 오직 하나님은 미쁘사 너희가 감당치 못할 시험당함을 허락지 아니하시고 시험당할 즈음에 또한 피할 길을 내사 너희로 능히 감당하게 하시느니라

(고린도전서 10 : 5 - 13)

너희는 그들과 같이 하지 말라

브라이언 트레이시(Brian Tracy)라는 교수의 「백만 불짜리 습관 (Million Dollar Habits)」이라고 하는 유명한 저서가 있습니다. 이 책에서 그는 이렇게 말합니다. '당신이 생각하고 느끼고 행동하고 성취하는 모든 것의 95퍼센트는 습관의 결과이다. 결코 환경과 여건의 문제가 아니고, 자기 자신의 사람됨과 인간성의 문제에서 오는 것이다.' 무엇을 생각하고 있으면 이것이 알게 모르게 행동으로 옮겨집니다. 그리고 행동이 계속 반복되면 자기도 모르게 습관이 됩니다. 여기서 '자기도 모르게'라는 말이 중요합니다. '의식 밖'의 일입니다. 어떻게 계속하다보면 그만 벌써 습관이 되고, 습관이 되면 그 다음에는 체질이 됩니다. 그리고 그 다음에 성품이 되고, 그 다음에는 결국 운명이 됩니다.

이제 묻습니다. 내 인생의 현주소가 어디입니까? 지금 내가 어디까지 와 있습니까? 나의 나 됨을 내가 지금 객관적으로 볼 때 어느 정도의 인간이 되었다고 생각합니까? 나라고 하는 존재, 그리고 습관으로 나타나는 행위, 이는 모두 의식 밖의 일입니다. 그대로 살아가면서 그만 엉뚱하게 상상도 못했던 그런 인간이 벌써 되고 있더라는 것입니다. 이것을 깊이 생각해야 합니다.

감사도 불평도, 웃음도 눈물도, 감격도 원망도 알고 보면 전부 습관입니다. 어느 사이에 그만 벌써 나의 삶의 방식이 되어버렸습니다. 이런 습관의 인간이 되어버렸습니다. 사건에 부딪힐 때마다 곧 그렇게 나타나고 맙니다. 어떤 순간에는 내가 깜짝 놀랍니다. '이게 내가 아닌데, 내가 절대로 이런 존재가 아닌데……' 그러나 벌써 행동은 옮겨졌습니다. 운명은 벌써 멀리 가버렸습니다. 이제 이 모순을 어떻게 정리해야겠습니까?

SBS의 '그것이 알고 싶다'라는 프로그램이 있지 않습니까. 여기에 우정훈이라고 하는 사람의 이야기가 나온 적이 있습니다. 28세에 그는 비보이계의 선임으로서 최고의 댄서입니다. 가수 겸 댄서, 비보이계의 아주 최고의 권위자입니다. 그리고 9년 동안 열애 끝에 마침내 결혼을 합니다. 9년 동안 연애를 해서 결혼을 하고 행복한 신혼생활을 시작했는데, 어느날 불의의 교통사고로 이 우정훈씨가 하반신 마비의 장애인이 됩니다. 최고의 댄서가 춤을 못춘다면 어떻게 되겠습니까? 노래하고 춤을 추는 사람이 하반신 마비가 됐다면 이제 끝난 것 아닙니까. 그러나 결혼한 지 8개월 밖에 안됐는데, 이 아내가 이 시련을 잘 받아들입니다. 그리고 남편을 위로합니다. 놀라운 것은 1년도 채 안지나서 그가 일상으로 복귀했다는 것입니다. 그가 휠체어를 타고 노래를 부르는 것을 볼 때 눈물겹습니다. 그리고 방송인으로 대학강의를 합니다. 여기서 귀중한 간증을 들어봅니다. 그 아내가 하는 말입니다. "만약에 이런 사고가 없었더라면 우리는 서로에게 우리가 얼마나 소중한 존재인지를 영원히 몰랐을 거예요. 사고가 아니었더라면 아마도 서로 자신을 내세우며 많이 싸웠을 겁니다. 어떤 일을 겪었을는지 몰라요. 그러나 이 사고 때문에 우리는 서로에게 정말 소중한 존재가 됐고, 우리의 삶은 너무나도 아름다운 것이 됐습니다."

이스라엘이 큰 은혜 중에 출애굽을 합니다. 광야로 나와 기적속에 살면서 가나안 땅으로 향하고 있습니다. 그런데 성경을 읽을 때마다 제 마음을 아프게 하는 부분이 있습니다. 그들이 애굽에서 나와 홍해를 건너 황야를 거쳐 가나안으로 가는데, 태반의 사람이 광야에서 죽었습니다. 여호수아와 갈렙을 뺀 많은 사람이 광야에서 죽었습니다. 그들이 죽은 이유에 대해서 성경은 이렇게 말씀합니다. '이들이 큰 죄를 지었기 때문이다.' 이 큰 죄, 죄 중의 죄는 바로 '원망 죄'였습니다. 그토록 큰 이적들과 그 놀라운 경험들을 몸소 체험했지만, 사람이 되지 못했던 것입니다.

저는 50년 동안 목회하면서 많은 사건을 봅니다. 우리 교인들의 이런 저런 사건들을 경험합니다. 좀 잘못 가다가 '꽝'하고 어려운 일 당하면 제 생각에 이번에 여기서 새 사람이 될 것같습니다. 그러나 안되더라고요. 어떤 때는 큰 기적을 만납니다. 병 걸렸다가 낫기도 하고, 망했다가 흥하기도 하고, 어려운 중에 하나님의 은총을 경험합니다마는, 그래도 안되더라고요.

제가 오래 전 1963년도에 미국에 가서 공부할 때는 어렵기도 했습니다마는, 여름방학에 경험삼아 공장에서 일을 했습니다. 그리고 나를 소개시켜주는 분에게 이렇게 부탁했습니다. "가장 어려운 일을 하게 해주세요." 결국 한 3개월 동안 유명한 강철공장에 들어가서 일을 했습니다. 얼마나 소리가 시끄러운지 반드시 귀마개를 하고 일을 해야 합니다. 그런 공장에서 일을 해봤는데, 그 무거운 일을 두 사람씩 일하게 되어 있습니다. 그런데 내 옆에서 일하는 조지라는 사람이 아주 능숙하게 일을 잘하기 때문에 그에게 배워가면서 일을 했습니다. 한데 가만히 보니 그는 꼭 일주일에 한 번씩 결근을 합니다. 결근하면 벌칙이 있어서 월급이 많이 줄어들거든요. 그래도 늘 그렇게 합니다. 그래서 제가 왜 그러느냐고 물었더니 "어젯밤에 술

을 많이 마셔서" 합니다. "그럼 술을 마시지 말아야지, 그러면 되겠
냐?" 그랬더니 " 술 많이 마셔서 마누라도 도망갔고, 나 혼자 있는데
속상해서 술을 많이 마셨더니 또 위장병이 걸려가지고 병원에 가서
위를 잘라내는 수술까지 했다"고 합니다. 그리고 의사가 말하기를
"다시 술 마시면 죽는다"고 그랬답니다. "아니, 그런데 왜 술 먹나?"
하고 다시 물었더니 "다시 술 먹으면 죽는다고 하는 것이 괴로워서
또 먹는다"고 합니다. 큰 수술을 받고도 정신 못차리더라고요.

환난과 고통이 사람을 만듭니까? 유명한 말이 있지 않습니까.
'내 자식을 때리면 품에 안기고, 남의 자식은 때리면 도망간다.' 하나
님의 사람은 고통당하면서 하나님의 음성을 듣고 하나님께로 가까
이 오지만, 멸망의 자식은 고통당하면 당할수록 점점 더 멀리 가버
립니다. 영영 구제할 수 없는 상태에 빠져버린다는 말입니다. 놀라
운 것은 기적이 중생을 이루지 못한다는 것입니다. 이것이 현실입니
다. 그렇게도 큰 능력을 보았습니다. 그 큰 기적을 보았다면 이제쯤
은 사람 될 것같지 않습니까. 그렇게 믿음의 사람, 온유한 사람, 정
직한 사람이 될 것같은데, 안될 사람은 안되더라고요.

이것을 알아야 합니다. 기적이 사람을 만들지 못합니다. 성경
을 보면 출애굽할 때 열 가지 재앙이 있었습니다. 이스라엘 백성들
은 그것을 다 눈으로 목도했습니다. 홍해가 갈라지는 기적도 보았습
니다. 마침 오늘 교독문에도 나왔습니다마는, 홍해를 육지같이 건너
갑니다. 이 얼마나 굉장합니까. 홍해가 딱 갈라지고, 그 사이에 걸어
들어가는 모습이 얼마나 굉장합니까. 이런 경험을 하고도 성경을 가
만히 읽어보면 꼭 두 주일 만에 하나님을 원망하더라고요. 사람 만
들기 힘듭니다. 때려도 안되고, 은총을 줘도 안되고, 잘살게 해줘도

더 안되고, 못살게 해주면 도망가버리고 더 원망합니다. 이거 어떡하면 좋겠습니까? 입장을 바꿔서 하나님이 되어보십시오. 어떡하면 좋겠습니까? 이놈들을 어떡하면 좋겠습니까? 그 엄청난 기적을 누리면서 말입니다. 특별히 광야에서 저들은 농사짓고 일한 것 아니거든요. 그냥 먹고 놀았습니다. 딱히 할 일이 없었습니다. 하늘에서 만나가 내려오니까 아침마다 그 만나를 걷어다가 빵 만들어 먹으면 되고, 고기가 먹고 싶을 때는 메추라기 잡아먹으면 되고, 그리고 광야이지마는 반석에서 나오는 물을 마셨습니다. 그야말로 백 퍼센트 기적입니다. 그 많은 기적 속에 살면서 하나님을 원망했다면 이것 말이 됩니까.

그래서 저는 구약성경의 출애굽기를 읽을 때마다 이런 생각을 합니다. '죽어 마땅하다. 그럼, 죽어 마땅하다.' 하나님 편에서 생각해보니 이거야말로 Impossible(불가능)입니다. 어떡하면 좋습니까? 때려도 안되고, 은총을 줘도 안되고, 이래도 안되고, 저래도 안됩니다. 사람 안되더라고요. 참 놀라운 일 아닙니까.

결국 백성도 모세도 원망에 지쳤습니다. 어쨌든 빨리 가나안 땅에 가고 싶습니다. 이 광야생활을 접고 빨리 젖과 꿀이 흐르는 땅, 약속의 땅에 들어가고 싶습니다. 그런데 문제가 있습니다. 그들은 아마 이랬겠지요. '몇 월 며칠에 들어간다. 몇 달 뒤에 들어간다. 몇 년 뒤에 들어간다.' 이렇게 타이밍을 하나님께서 정해주시면 좋겠는데, 하나님께서는 그렇게 타이밍을 정하지 않으십니다. 이것을 잊지 말아야 합니다. 사람됨에 있거든요. 하나님의 백성 되는 것, 믿음의 사람 되는 거기에 수준을 맞춘다는 말입니다. 그러니까 날짜라고 하는 것은 아무 의미가 없습니다.

제가 좀 괴로운 질문을 많이 받습니다. 가끔 이 교회 저 교회로 부흥회를 다니면서 설교하다보면 제가 북한선교하고 있다는 것을 잘 아는 분들이 참 진지하게 질문해오곤 합니다. "목사님, 언제 통일 되나요? 언제쯤 고향에 갈 수 있나요?" 이렇게 물어보는 분들이 참 많습니다. 그때마다 저는 좀 괴롭습니다. 이 분이 목사님일 수도 있고, 장로님일 수도 있습니다. 그때마다 저는 대답하기가 너무나 괴롭습니다. 왜요? 저는 이렇게 말하고 싶거든요. "당신의 마음속에서 북한에 있는 우리 동포들을 정말로 형제로 생각하고, 그들의 배고픔을 내 고통처럼 느끼고, 그들이 억압당하는 그 고통을 내가 몸으로 알고, 진정으로 저들을 동포와 형제로 생각하는 그날, 그때 통일이 있는 것이지, 그게 날짜 문제요? 당신이 지금도 그렇게 북한을 미워하고 있는데, 어떻게 통일이 되겠소?" 심지어는 이런 말도 들어보았습니다. 이것은 북한에서 들은 말입니다. "만일 지금 이대로 통일이 되면 많이 죽습니다. 많이 죽습니다." 저는 무슨 뜻인지 압니다. 9·28 수복 때 많이 죽었습니다. 많이 때려 죽였습니다. 제가 목도했습니다. 이 마을 저 마을에서 때려죽이는 소리가 들리는데, 그 비참함, 말도 못합니다. 원한에 찼던 사람들이 이렇게 나옵니다. 우리도 지금 통일이 되면 수백만 명이 죽습니다. 어떻게 하면 좋겠습니까?

우리는 자꾸만 타이밍을 말합니다. 며칠입니까? 몇 년 뒤입니까? 그러나 그것은 하나님 앞에서 중요하지 않습니다. 너희들이 사람이 되어야지, 너희들이 하나님의 백성이 되어야지, 하나님을 바로 믿는 믿음에 문제가 있는 것입니다. 하나님의 능력을 믿고, 하나님의 지혜를 믿고, 그리고 초조한 마음을 버려야 합니다. 하나님의 능력대로, 하나님의 지혜대로, 하나님의 판단대로 다 맡기고, 온유하고 겸손한 가운데서 주께서 인도하시는 대로 조급함 없이 따라가야 됩니다. 그러나 믿음 없는 사람들은 원망합니다. 조급한 사람들은 원망합니다. 성격이 급한 사람들은 항상 원망투성이입니다.

특별히 오늘본문을 다시한번 깊이 읽어보면 '이렇게 하루속히 가나안 땅에 들어가고 싶은 마음이 가득한데 왜 못들어가느냐?'고 원망하고 불평합니다. 그러나 여기에 문제가 있습니다. 하나님께서 보실 때는 들어갈 만한 자격이 없습니다. 그래서 가데스 바네아까지 갔다가 가나안 땅을 정탐한 다음, 그 불신앙적인 소행을 보시고 하나님께서 저들을 우회시키시지 않습니까. 다시 광야로 회정하라— 결국 다시 광야로 들어가서 40년을 살게 됩니다. 그러니까 자격미달입니다. 요단 강까지 왔다가 다시 회정해야 했던 것입니다. 그런데 이스라엘 백성들의 생각은 그렇지 않습니다. 자기들이 자격이 있느냐, 없느냐? 자기들에게 믿음이 있느냐, 없느냐? 아무 생각도 안합니다. 단, 빨리 가고 싶은데 하나님께서 못가게 하시는 것입니다. 왜요? 구름기둥과 불기둥으로 인도하고 계시지 않습니까. 이 구름기둥이 이동하는 대로 따라가는 것입니다. 불기둥이 가는대로 가야 되는데, 불기둥이 광야로 들어가버렸습니다. 우리가 못가는 책임이 하나님께 있다는 것입니다. 어디까지나 그 책임이 내게 있는데, 그런 생각은 추호도 없고, 모든 책임을 하나님께 돌리고 있습니다. 그러니까 하나님을 원망할 수밖에요.

그들이 원망하고 불평했는데, 사도 바울은 오늘본문에서 말씀합니다. 이렇게 원망하는 것은 초조하기 때문이고, 조급하기 때문입니다. 하나님께서는 시험을 주실 때마다 피할 길을 내신다고 하십니다. 정말 그렇습니다. 이스라엘 백성이 홍해의 광야 길로 나와서 지금 딱 홍해를 만나게 됩니다. 앞에는 홍해요, 뒤에는 애굽 군대가 따라옵니다. '아, 이제 죽었구나.' 원망합니다. '애굽에 공동묘지가 부족하더냐? 왜 우리를 이리 데려다 죽이느냐?' 모세를 원망하고, 하나님을 원망합니다. '이젠 죽었다, 죽었다' 했지요. 이것이 저들의 원망의 극치입니다.

그러나 하나님께서 피할 길을 내십니다. 홍해를 열어놓으셨습니다. 그리고 홍해를 육지같이 건너게 하십니다. 그때야 비로소 '아, 그랬구나! 그래서 우리를 홍해의 광야 길로 인도하셨구나!' 하고 깨닫게 됩니다. 그 막다른 골목의 어려움이 이렇게 귀한 길로 이어질 줄 몰랐거든요. 드라마틱한 장면 아닙니까. 피할 길을 내사…

시험 당하는 사람마다 자기한테 선택권이 없다는 말을 많이 합니다. '이럴 때는 화낼 수밖에 없고, 이럴 때는 욕할 수밖에 없고, 이럴 때는 절망할 수밖에 없고, 누구도 어찌할 수 없다. 내게 선택이 없다.' 그러나 며칠만 지나고 생각해 보십시오. 얼마든지 길이 있었습니다. 막다른 길이란 없습니다. 사람들이 막다른 길이라고 말하는 것뿐입니다. 모든것이 끝났다고 말하는 것은 사람이지, 하나님은 그렇지 않습니다. 오히려 막다른 길을 통해서 그 길이 열립니다. 사업이 망했기 때문에 더 큰 사업 하는 사람도 있고, 병들었기 때문에 딴 사람이 되는 경우도 있지 않습니까. 그때는 선택권이 없다고 생각했으나, 그 자체가 불신앙이었습니다. 조용히 묵상했더라면 하나님께서 열어주시는 또 다른 길이 있습니다. 문이 닫혔습니까? 위를 보십시오. 또 다른 문이 열려 있습니다. 이것을 생각해야 합니다. '피할 길을 내사 능히 감당하게 하시느니라.' 시험이 끝났다고 생각하지 마십시오. 절망은 그 자체가 죄입니다.

언론학자인 메기 잭슨(Maggie Jackson)은 「집중력의 탄생 (Distracted)」이라는 저서에서 이렇게 말합니다. '현대인은 산만형 인간이다.' 엄청난 정보 때문에 산만합니다. 컴퓨터에 들어가서 이것 보고, 저것 보는 동안에 하루 종일 산만합니다. 인간관계가 피상적입니다. 모두 깊은 관계가 없습니다. 또한 결정과 선택을 환경에 맡겨버렸습니다. 그리고는 일이 잘 안될 때 불평하는 것입니다. 그래서 원망이 상습이 되어버렸습니다. 원망이 체질이 되어버렸습니다. 그렇다면 거기에는 길이 없습니다. 오직 은혜에 감사할 때만 길을 열 수 있습니다. 감사하는 사람만이 바른 총명의 길을 열 수 있습니다. 그에게만 길이 보입니다. 원망할 때는 길이 보이지 않습니다.

하나님께서 원하시는 인간상이 어디에 있습니까? 출애굽시키시고 기적을 내주십니다. 하나님께서 원하시는 것은 감사하는 마음이요, 하나님께서 원하시는 것은 겸손한 마음이요, 하나님께서 원하시는 것은 순종과 인내의 마음입니다. 과거에도 그랬고, 앞으로도 하나님의 손에 있으니까 하나님께서 인도하시리라고 믿고 나아가는 것입니다.

본회퍼의 유명한 옥중서신 가운데 이런 것이 있습니다. 감옥에서 고생하면서 하는 말입니다. 언제 죽을지 모를 시간에 이런 글을 씁니다. "'내가 누구냐?' 하는 질문이 나를 괴롭힌다. '내가 누구냐? 내가 누구냐?' 하는 중에 내 양심이 나를 비웃는다. 내가 언제 너였더냐? 하나님 안에 있는 내가 아니었더냐? 내가 누구냐고 물을 것도 없다. 나는 하나님의 것이다. 하나님의 손 안에 있는 것이다." 그러나 이상하게도 원망은 점점 상승작용을 합니다. 원망하다보면 나를 원망하고, 이웃을 원망하고, 하나님을 원망하고, 다 원망하게 됩니다. 자기를 상실하게 됩니다.

저는 오래전에 본 영화지만 늘 마음에 기억되는 것이 하나 있습니다. 「수퍼스타」라고 하는 뮤지컬이 있습니다. 그게 하도 인기가좋아서 여러 해 동안 공연하다가 그것을 영화로 만든 것입니다. 그영화를 제가 두 번이나 가서 봤습니다. 자세히 보았습니다. 가룟 유다가 죽었습니다. 그래 가룟 유다의 혼령이 나타났습니다. 그 영혼이 슬피 울면서 노래를 부르는 장면이 나오는데, 제가 그 장면을 그렇게 잊을 수가 없습니다. 가룟 유다가 뭐라고 하는지 아십니까? "Why didn't you tell me?" 이것이 주제입니다. 계속 "Why? Why?" 그럽니다. "주님께서는 내게 십자가 뒤에 부활이 있다는 것을 왜 말씀하지 않으셨습니까? 내게 말씀하셨다면 내가 미쳤다고 예수님을팔았겠습니까. 왜 내게 말씀하지 않으셨습니까?" 그리고 소리를 지릅니다. 제가 그 노래를 들으면서 '미친 놈, 그렇게 많이 말했는데, 그동안 뭘 듣고 있었더냐?' 속으로 생각합니다. 불신앙의 사람에게는 들리지 않습니다. 원망하면 아무것도 보이지 않습니다. 그것을잊지 말아야 합니다.

하나님께서는 우리에게 오늘도 믿음을 원하십니다. 믿고 기다리라고 하십니다. 감사하며 기다리면 이제 미래가 환하게 열리는 것을 볼 것입니다. △

잘못된 믿음의 현주소

　　여러 날이 걸려 금식하는 절기가 이미 지났으므로 행선하기가 위태한지라 바울이 저희를 권하여 말하되 여러분이여 내가 보니 이번 행선이 하물과 배만 아니라 우리 생명에도 타격과 많은 손해가 있으리라 하되 백부장이 선장과 선주의 말을 바울의 말보다 더 믿더라 그 항구가 과동하기에 불편하므로 거기서 떠나 아무쪼록 뵈닉스에 가서 과동하자 하는 자가 더 많으니 뵈닉스는 그레데 항구라 한편은 동북을, 한편은 동남을 향하였더라 남풍이 순하게 불매 저희가 득의한 줄 알고 닻을 감아 그레데 해변을 가까이 하고 행선하더니 얼마 못되어 섬 가운데로서 유라굴로라는 광풍이 대작하니 배가 밀려 바람을 맞추어 갈 수 없어 가는 대로 두고 쫓겨 가다가 가우다라는 작은 섬 아래로 지나 간신히 거루를 잡아 끌어 올리고 줄을 가지고 선체를 둘러 감고 스르디스에 걸릴까 두려워 연장을 내리고 그냥 쫓겨 가더니 우리가 풍랑으로 심히 애쓰다가 이튿날 사공들이 짐을 바다에 풀어 버리고 사흘째 되는 날에 배의 기구를 저희 손으로 내어 버리니라 여러 날 동안 해와 별이 보이지 아니하고 큰 풍랑이 그대로 있으매 구원의 여망이 다 없어졌더라 여러 사람이 오래 먹지 못하였으매 바울이 가운데 서서 말하되 여러분이여 내 말을 듣고 그레데에서 떠나지 아니하여 이 타격과 손상을 면하였더면 좋을 뻔 하였느니라

(사도행전 27 : 9 - 21)

잘못된 믿음의 현주소

E. J. 스미스라는 세계적으로 유명한 선장이 있었습니다. 그가 남긴 글 가운데 이런 기록이 있습니다. '바다에서 지낸 내 40평생이 어떠했느냐고 누가 질문한다면 한마디로 별일 없었다고, 조난당한 일도 없고, 난파선을 본 일도 없다고, 그리고 어떤 조류와 재난이든 다 이길 수 있었고, 절망할 만큼 위험에 빠진 적은 한 번도 없었다.' 자신만만한 선장이었습니다. 40년의 경력을 자랑하는 세계적인 최고의 선장이었습니다. 그는 바로 타이타닉호의 선장이었습니다. 1907년입니다. 얼마나 오래전 이야기입니까. 1907년 그 당시에 대단한 배를 만들었습니다. 46,000톤급입니다. 지금도 이것은 굉장한 규모입니다. 한데 그 옛날 46,000톤에 길이가 270미터, 게다가 승무원만 천명이 넘습니다. 이런 거대한 배를 출항시킨 것입니다. 자신만만하게 세계인의 축하를 받으며 오만하게 출항했습니다마는, 첫 출항에서 이 배는 빙하에 부딪혀서 그만 그대로 반 토막이 나 파선되고 말았습니다. 온 세계를 놀라게 했습니다. 그래서 우리는 타이타닉이라고 하는 것을, 그 옛날의 역사를 영화로 만들어서 다시 볼 때 영화인데도 섬뜩합니다. 정말 굉장한 사건이었다고 생각하게 됩니다. 스미스 선장은 말합니다. '40년 역사에 단 한 번의 실수도 없었노라.' 그렇게 당당하게 호언장담했습니다마는, 그것으로 끝났습니다. 그가 의지했던 것이 무엇입니까? 자기의 경험입니다. 자기의 지식입니다. 그리고 이 튼튼하게 만든 역사적인 배입니다. 그러나 그 모든것은 의지할 것이 아니었습니다. 그대로 파선되고 말았습니다.

콜롬비아 대학의 경영학 교수인 마이클 모부신(Michael Mauboussin)이「왜 똑똑한 사람이 어리석은 결정을 내릴까?」라는 아주 재미있는 책을 썼습니다. 재미있지 않습니까. 왜 똑똑한 사람이 어리석은 결정을 내릴까? 그는 한마디로 요약해서 'Tunnel View(시야협착증)' 때문이라고 말합니다. 굴을 지나갈 때 이쪽에서 굴 저쪽을 바라보면 저 끝에 구멍이 조금 열린 것이 보입니다. 거기만 보입니다. 분명히 저 앞은 보입니다마는, 조그마한 구멍으로 세상이 보입니다. 그 외의 세상은 안보입니다. 이런 모습을 'Tunnel View'이라고 합니다. 우리말로는 '시야협착증'이라고 번역합니다. 그러니까 잘 보는 것같고, 똑똑한 것같기는 한데, 외골수요, 자기가 보는 것만 보고, 그것이 세상 전부인 줄로 아는 것을 말합니다. 세상에 어리석고 바보스러운 일 아니겠습니까마는, 바로 이런 사람들이 소위 똑똑한 사람들입니다. 그는 다시 말합니다. '과거의 패턴에서 벗어나기 어렵기 때문이다.' 제가 늘 마음에 새기는 말 한마디가 있습니다. '작은 성공이 큰 미래를 망친다.' 지난날에 좀 성공했다고 해서 대단하게 생각하지 마십시오. 어떤 사람들 유치원 다닐 때 1등 했다고 자랑합니다. 그러니 어쩌라는 얘기입니까? 초등학교 다닐 때 백점 못받아 본 사람 있나요? 유치원 다닐 때, 초등학교 다닐 때, 대학 다닐 때…… 그만하십시오. 그것처럼 바보스러운 일이 없습니다. 똑똑한 사람들이 바로 과거의 패턴에서 벗어나기 어렵습니다. 그리고 자기경험에 집착합니다. 걸핏하면 "나 다 해봤다" 합니다. 자기가 해 본 것이 몇 가지입니까? 도대체 해 본 일이 뭐가 있다는 것입니까? 자기경험에 집착하는 것, 자기 과거의 것을 자랑삼는 일 좀 그만하십시오. 저도 옛날 6·25 때 고생 많이 했습니다. 그래서 아이들한테도 가끔 "아, 그때……" 하고 얘기합니다. 그러면 어떤 때는 제 아들이 말합니다. "아버지, 그만하시지요. 그때는 그때고, 지금은 지금입니다." 그러니까 지난날의 작은 성공, 여기에 집착해서 소중한 미래와 현재를 잃어버리게 된다는 말입니다. 이것이 바로 'Tunnel View'입니다.

또 하나는 한결같고 싶은 인생의 욕구에 끌리는 것입니다. 지난날에 성공했다면 거기에 집착하고 싶습니다. 뭔가 선택한 것이 있다면 이것을 부정하고 싶지 않습니다. 기왕에 해놓은 것, 뭔가 좀 이루었던 것을 무너뜨리고 싶지 않은 것입니다. 거기에 애착을 느끼다보니 앞이 보이지도 않고, 앞이 열리지 않는 것입니다.

그 다음 말이 저는 개인적으로 마음에 듭니다. '보고 싶은 것만 보고, 듣고 싶은 것만 듣는다.' 보기는 다 같이 보았는데, 그 사람은 자기가 보고 싶은 것만 보았습니다. 다 같이 들었는데, 듣고 싶은 말만 들었습니다. 하나님 말씀 듣는 것도 그렇더라고요. 자기 마음에 드는 말은 '아멘!' 하고요, 자기 마음에 좀 거슬리는 말은 안들을 뿐만 아니라, 뒤에 저한테 전화해서 항의합니다. '보고 싶은 것만 본다. 듣고 싶은 말만 듣는다.' 참 예리한 관찰입니다. 자기가 원하는 것만 선택적으로 보고 듣고 한다는 것이지요. 여기에 인간의 어리석음이 있습니다. 똑똑한 척하지만, 가장 어리석은 것입니다.

'과학적 지식'이라는 말은 참 중요합니다. 우리가 그 지식 속에, 그 과학 속에 살아가지 않습니까. 그러나 '과학주의'라고 하는 우상은 문제가 됩니다. 제가 많은 의사선생님들을 압니다. 그 의사들끼리 얘기하는 말을 듣고 깜짝 놀랐습니다. 아무리 좋은 과학기술로 정성을 다해서 수술하려고해도 40퍼센트가 빗나간다는 것입니다.

그것 참 큰일 아닙니까. 똑같은 병을 가지고, 똑같은 방법으로, 그것도 정성을 다해서 했는데, 이 사람은 낫고, 저 사람은 죽습니다. 그 까닭을 알 수가 없다는 것입니다. 40퍼센트가 그렇답니다. 그래서 많은 환자들이 와서 "나 수술해주세요" 하지마는, "웬만하면 그냥 살면 안되겠습니까" 하면서 수술해주고 싶지 않답니다. 정 급해서 "이제는 사나죽으나 마찬가지니까 수술해주세요" 하면 그때 가서 비로소 칼을 댄다는 것입니다. 그러나 여기에 모순이 있습니다. 수술이란 가장 건강할 때 수술해야 효과가 좋거든요. 다 건강한데 이것 하나만 나쁩니다. 그럴 때 수술하면 이것은 100퍼센트 효과가 있는데, 다 나빠진 다음에 수술하면 해보나마나랍니다. 그러나 정작 건강할 때는 자신이 없기 때문에, 잘못될 수도 있기에 멀쩡한 사람을 놓고 "지금 수술합시다" 하고 말할 수가 없답니다. 왜요? 빗나갈 수 있으니까요. 그것이 인간의 지혜요, 지식이요, 기술입니다. 그것을 알아야 됩니다. 그러니까 과학이라는 것은 훌륭합니다마는, '과학주의'라고 하는 우상에 빠져서는 안됩니다. 과학이면 모든것이 해결될 줄로 착각해서는 안됩니다. 약을 먹으면 무슨 병이든지 나을 줄로 착각하지 마십시오. 의학이 발달하면 내가 안죽을 것처럼 착각하지 마십시오. 죽는 것은 죽어야 합니다. 이것을 깊이 생각합니다. '과학주의'라는 감옥에서 벗어나야 한다는 말입니다.

오늘본문을 보면 2천 년 전에 상상도 못할 일이 벌어집니다. 276명이 탄 배가 유다를 떠나서 지중해를 건너 로마로 가고 있었습니다. 이 큰 배가 많은 화물을 싣고 로마로 가고 있었습니다. 가다가 일단 미항이라고 하는 작은 항구에 기착을 합니다. 잠깐 쉬어가지고 또 갈까 그러는데 앞에 겨울이 있고요, 또 계절풍이라고 하는 것을 예상하게 됩니다. 이때쯤 되면 태풍이 불어옵니다. 우리나라처럼 그래서 위험하다는 것이지요. 그러니까 '더 항해해야 되나? 말아야 되나?' 합니다. 어차피 로마까지는 못갑니다. 그런데 이 사람들 생각에 이 미항이 안전하고, 아주 조용한 항구이기는 한데, 여러 가지로 불편합니다. 워낙 조그마한 항구라서 그렇습니다. 그러나 조금만 더 가서 뵈닉스까지만 가면 거기는 큰 항구입니다. 거기에는 술집도 많고, 오락시설도 많고, 사람도 많고, 한겨울 동안 재미있게 지낼 수 있습니다. 그리고 봄이 되면 로마로 가게 되어 있는 것이지요. 여기 성경말씀이 중요합니다. '아무쪼록 뵈닉스로 가서 겨울을 지내자' 하는 사람들이 많이 있었습니다. 이제 '가야 되나, 말아야 되나?' 하는데, 어차피 로마는 못갑니다. 그래서 '미항에서 아주 불편한 가운데서 과동하느냐? 아니면 뵈닉스까지 가서 흥청거리면서 아주 편안하고 즐겁게 겨울을 지내느냐?' 하는 것을 놓고 많은 사람들이 논쟁을 벌인 것같습니다. 다시 말하면 '불편하면서 안전한 곳에 머물 것이냐? 아니면, 모험을 통해서 큰 모험을 통해서 뵈닉스까지 갈 것이냐?' 하는 문제를 놓고 논쟁을 벌인 것입니다.

잊지 말아야 합니다. 이제 중대한 결정을 하려고 할 때 사도 바울은 아주 인간적인 얘기를 했습니다. 가장 인간적인 얘기입니다. '이때쯤 되면 강풍이 불어오니까 위험한 일 하지 맙시다. 그저 좀 불편하지만 이 미항에서 겨울을 지내고 가는 것이 어떻겠소?' 이것이 사도 바울의 말입니다. 아주 인간적이고 상식적인 얘기입니다. 그러나 안전위주의 판단입니다. 그런데 많은 사람은 아닙니다. '조금 모험을 해서라도 뵈닉스까지 가서 겨울을 지냅시다' 합니다. 이렇게 양론이 전개될 때 총지휘관은 누구냐 하면 백부장입니다. 문제는 백부장이 이제 결정을 해야 될 단계에서 누구 말을 듣느냐는 것입니다. 성경은 이렇습니다. '선장과 선주의 말을 바울의 말보다 더 믿더라.'

사실은 이 상식이라는 것도 알고 보면 어려운 말로 표현하여 자연계시적 의미가 있는 것입니다. 하나님께서 우리에게 상식을 주셨습니다. '이때쯤은 바람이 분다. 이런 일은 위험하다.' 이 일상적이고 상식적인 그곳에 진리가 있는 것입니다. 이것을 무시하는 것을 마치 용기인 양 생각합니다. 그것은 만용입니다. 정상을 거스르는 것이 마치 무슨 영웅이나 되는 것처럼 착각해서는 안됩니다. 일상적인 것이 중요합니다. 일상 속에 하나님의 뜻이 있는 것입니다. 일상을 거스르고 모험을 통해서 향락의 길을 찾으려고 했던 것입니다. 선장, 그가 누구입니까? 경험과 지식의 대표입니다. 결국 선장은 자기 경험과 자기지식에 의존해서 '갑시다. 갈 수 있을 것같아요. 내가 책임지고 갑시다' 하고 결정을 내립니다. 선장, 이것 믿을 만한 사람입니까? 자기 경험과 지식 그것뿐입니다.

또 한 사람 선주, 이 사람은 경제의 대표입니다. '이 배는 내 것이요. 그런고로 파손이 되든 말든 내 것이니 내 마음대로 갑시다.' 큰 소리 치지만, 생명에 관한한 이거 아무것도 아니거든요. 또 그런가하면 그렇게 떠나자 하는 사람이 많더라, 이것 민주주의입니다. 다수가 그리 원하는 것입니다. 사실 이 민주주의라는 것처럼 맹랑한 것이 없습니다. 많은 사람이 옳다면 옳은 것입니까? 한 사람이 말해도 옳은 것은 옳은 것이고, 백 사람이 말해도 틀린 것은 틀린 것이지요. 그런데 우리는 지금 민주주의라고 하는 이상한 것에, 집단이기주의라는 것에 끌려서 소리가 크면 옳은 것입니다. 많은 사람이 지지하면 옳은 것입니다. 숫자적으로 옳으면 옳은 것입니다. 과연 이것이 옳은 것입니까? 아닙니다. 예수님께서는 홀로 십자가를 지셨어도 옳으신 것입니다. 수에 밀려서는 안되고, 유행에 따라서도 안되고, 많은 사람이 그렇다니 그런 것이라고 해서는 안됩니다. 민주주의라고 하는 것처럼 맹랑한 우상이 없습니다. 이것을 알아야 합니다. 유명한 사람들은 학술적으로 말합니다. 'minority(소수)가 지배하고, minority(소수)에 의가 있다.' majority(다수)가 아니고, minority(소수), 이것을 잊지 말아야 합니다. 하지만 많은 사람들이 가자고 하니까 가는 것입니다. 이 결정이 잘못된 것입니다. 이것이 불신앙이었던 것입니다. 어느 편을 따를 것인가? '백부장이 결정을 내리는데, 백부장이 선장과 선주의 말을 더 믿더라.' 여기서 빗나가는 것입니다. 그리고 미항을 떠납니다. 그러자마자 큰 풍랑을 만납니다. 결국 배가 파선되게 되니까 모든 기구를 다 버립니다. 배에 있는 그 소중한 짐을 다 버립니다.

오늘본문에 나타난 아주 중요한 내용입니다. 그 소중한 짐도 다 버리고, 목숨 하나만 살아보겠다고 애를 썼지만, 결국 이 배는 깨지게 됩니다. 왜 이런 일을 해야 했습니까? 그들의 믿음이 잘못된 것입니다. 잘못된 믿음에 문제가 있었습니다. 사람을 믿었고, 경험을 믿었고, 지식을 믿었고, 숫자를 믿었습니다. 이에 사도 바울이 말씀합니다. '내 말을 듣고 떠나지 않았더면 좋을 뻔했습니다.' 하나님의 음성을 듣는 사도 바울, 하나님의 사람 사도 바울의 말을 들었어야지, 사람을 믿고, 지식을 믿고, 경험을 믿고, 경제력을 믿고…… 그것은 아니었더라고요. 그리고 다 버리게 되는 이야기가 오늘본문에 있습니다.

　　유명한 벤저민 프랭클린(Benjamin Franklin)을 우리는 잘 모르지만, 미국사람들은 그를 대단히 중요한 존재로 여깁니다. 그는 가난한 집에 17형제 중에 15번째로 태어나서 정규교육이란 받은 바가 없습니다. 그러나 과학자가 되었고, 정치가가 되었고, 사회개혁자가 되었고, 문필가가 되었고, 미국헌법의 기초를 만든 유명한 사람이 되었습니다. 그런데 그 프랭클린은 13가지의 덕목을 세워놓고 항상 쳐다보면서 일평생을 살았답니다. 그런데 이 덕목에 실천사항이 있습니다. 이렇게 덕목대로 살려면, 이렇게 이상적으로 살려면 어때야 되느냐? 그 방법을 그는 이렇게 말하고 있습니다. 간단한 이야기입니다. 먼저, '청교도적인 부모님의 말씀을 따르라. 내 생각과 부모의 생각이 다를 때는 언제든지 부모님의 말씀을 따르라.' 둘째, '주일마다 교회에 나가서 설교를 들으라.' 특별히 오늘 아침에 비가 무척 많이 오는데, 제가 생각했습니다. 오늘 아침에 온 분들은 다 알곡입니다. 우리교회 우등생입니다. 참 귀한 시간에 어려운 비를 무릅쓰고 이 아침 새벽에 모였습니다. 귀한 것입니다. 계속 말씀을 들어가며 살아야 됩니다. 이것 못들으면 안됩니다. 주일마다 예배하며 살아야 합니다. 예배 없이 살면 우리 영혼이 생명력을 유지할 수 없습니다. '주일마다 교회 나가 말씀을 들으라.' 셋째, '어떤 일이 있어도 물질의 주인이 되고, 물질의 노예가 되지 마라. 물질의 노예가 되지 마라.' 물질만능이라고 하는 것, 무서운 것입니다. 이 돈이라는 것, 무서운 귀신입니다. 여기 한번 물리면 정신없습니다. '그런고로 돈을 지배하라. 돈의 노예가 되지 마라.' 그렇게 말하고 있습니다.

　　성도 여러분은 무엇을 믿고 살아왔습니까? 무엇을 믿을 만하다고 생각합니까? 잘못된 믿음의 현주소를 재진단해야겠습니다. 여기까지 왔습니다. 우리 믿음을 정비해서 이제는 그저 오늘까지 믿어오던 것, 그만합시다. 헛된 꿈을 꾸지 맙시다. 그리고 사도 바울의 말을 들어야 했던 것처럼 오늘도 하나님의 말씀을 듣고, 하나님의 말씀에 귀를 기울이면서 우리의 믿음을 새롭게 하고, 다시 시작해야 할 것입니다. △

나의 잃은 양을 찾았노라

모든 세리와 죄인들이 말씀을 들으러 가까이 나아
오니 바리새인과 서기관들이 원망하여 가로되 이 사
람이 죄인을 영접하고 음식을 같이 먹는다 하더라 예
수께서 저희에게 이 비유로 이르시되 너희 중에 어느
사람이 양 일백 마리가 있는데 그 중에 하나를 잃으
면 아흔 아홉 마리를 들에 두고 그 잃은 것을 찾도록
찾아 다니지 아니하느냐 또 찾은즉 즐거워 어깨에 메
고 집에 와서 그 벗과 이웃을 불러 모으고 말하되 나
와 함께 즐기자 나의 잃은 양을 찾았노라 하리라
(누가복음 15 : 1 - 6)

나의 잃은 양을 찾았노라

1963년, 제가 프리스턴 신학교에서 공부하고 있었는데, 그 당시 학생들 사이에 아주 특별한 분위기가 있었습니다. 본회퍼(Dietrich Bonhoeffer)의 「옥중서신」이라고 하는 아주 작은 책이 있습니다. 몇 페이지 안됩니다. 본회퍼가 옥중에 있으면서 쓴 것입니다. 그것이 뒤에 알려져서 흔히 말하기를 '본회퍼의 옥중서신'이라고 합니다. 그가 이 편지를 써놓고 그 뒤에 순교했거든요. 그때 그의 나이 35세였습니다. 그래서 이 작은 책은 유명해졌습니다. 마침내 어느 정도냐 하면, 이 책을 읽지 않은 사람하고는 얘기가 안됩니다. 어디서나 만나면 그 얘기입니다. 본회퍼의 옥중서신에 대한 얘기들이 많이 있을 때입니다.

제가 이 책을 읽다가 특별히 감동을 받은 부분이 있습니다. 그것은 일평생 잊을 수 없는 대단히 중요한 부분인 동시에, 신학적 기조를 이루는 데도 크게 도움이 되었습니다. 그것은 다름이 아니라, 히틀러가 전 세계를 전쟁으로 몰아가고 있을 때 본회퍼라고 하는 젊은 목사가 보란 듯이 담대하게 교인들에게 한 설교입니다. 그 내용은 이렇습니다. "어느 미친 운전사가 만취상태에서 버스를 운전하고 간다고 합시다. 그래 많은 사람들을 치기도 하고 좌충우돌하면서 가고 있는데, 만일 당신이 그 현장, 그 버스에 타고 있다면 당신은 어떻게 하겠습니까? 또한 기독교인이라면 그저 뛰어다니면서 부상자들을 치료하고, 또 앉아서 열심히 기도하고, 또 죽은 자가 있으면 끌어다가 장례식 하고…… 이렇게 해서 되겠습니까. 적어도 그리스도인이라면 운전사를 버스에서 끌어내어 모두를 무사하게 해야 하지 않겠습니까." 아주 패기 있는 설교 아닙니까. 비유이면서도 정확한 말씀입니다.

그런데 문제는 여기에 있습니다. 본회퍼가 순교당하기 직전 기도하는 중에 환상을 보았답니다. 그 내용이 감동적입니다. 히틀러가 죽은 뒤에 하나님의 심판대 앞에 섰더랍니다. 재판하시는 분은 물론 하나님이시지요. 하나님께서 히틀러에게 말씀하십니다. "너는 그동안 많은 사람을 괴롭혔고, 무고한 피를 흘렸으니, 지옥으로 빠져라." 그랬더니 히틀러가 울부짖으면서 이렇게 항변하더랍니다. "하나님, 저는 죽어서 이런 세계가 있다는 것을 알지 못했습니다. 만약 알았다면 죄를 범하지 않았을 것입니다. 누구 하나 제게 알려준 사람도 없고, 제게 그렇게 전도한 사람도 없었습니다." 본회퍼가 이 장면을 보고 깜짝 놀랐습니다. 그래 그는 가슴을 치며 회개하였답니다. 그리고 이렇게 하나님 앞에 기도했습니다. '주님, 저는 그 영혼을 불쌍히 여겨 전도할 생각은 전혀 하지 않았고, 그를 끌어내릴 생각만 했습니다. 그것이 제 잘못이요, 제 허물입니다.'

아주 비유적이고 비사적이고 쉬운 설명이지마는, 이것은 신학적으로 엄청난 문제가 됩니다. '바로 지금 미친 운전사를 끌어내야 된다.' 이것이 바로 혁명신학입니다. 그래서 그때부터 혁명신학이 만연되었습니다. '사회를 바로잡아야 하고, 구조적으로 문제를 해결해야 된다.' 이것이 사회주의적 기독교입니다. 정반대도 있습니다. '히틀러를 위해서 기도해야 한다. 그 한 영혼을 위해서 기도해야 한다. 그리고 문제를 해결했어야 했다.' 이것이 복음주의입니다. 혁명신학과 복음주의의 갈림길이 바로 여기입니다. 그때 굉장했습니다.

밥 먹을 때도, 길을 걸을 때도, 누구를 만나기만 하면 전부 '옥중서신' 얘기로 토론을 벌였는데, 참 좋은 경험이었고, 깊은 인상을 받았습니다.

오늘 본문에서 잃은 양을 찾는 목자를 봅니다. 이 목자의 마음, 관심은 잃은 양 한 마리뿐입니다. 양이 아니고 질입니다. 숫자가 아닙니다. 퍼센트가 아닙니다. 99 : 1, 이런 이야기가 아닙니다. 100 : 1도 아닙니다. 자세히 읽다보면 성경에 두 가지 이상한 점이 있습니다. 좀 짓궂은 생각으로 읽어보면, 아흔아홉 마리를 들에 두고 한 마리를 찾아갔다고 그랬습니다. 그 한 마리를 찾아가는 동안 남은 아흔아홉 마리가 다 도망가면 어떡합니까? 그 걱정이 됩니다. 또 하나 문제가 있습니다. 이 양을 찾아가지고 돌아와서 잔치를 했답니다. 잔치를 할 때는 음식이 있지 않습니까. 양을 잡아먹었을 것이라는 말입니다. 도대체 몇 마리나 잡아먹었을까? 그런 생각이 듭니다.

그것이 사실입니다. 그러나 상관없습니다. 아흔아홉 마리는 관계없습니다. 한 마리가 문제입니다. 왜요? 그 생명 하나에 관심이 있기 때문입니다. 한 생명이 중요하기 때문입니다. 그를 사랑했습니다. 그 양을 사랑했습니다. 예수님 친히 말씀하십니다. '선한 목자는 양을 위하여 목숨을 버린다.' 정말입니다. 저는 이스라엘에 가서 차를 타고 다니면서 광야에 나가보았습니다. 거기서 유목민들이 양치는 광경을 보았습니다. 몇 시간 동안 앉아서 같이 보았는데, 양하고 같이 살더라고요. 양의 우리에 문이 없습니다. 그 문턱에 딱 앉았다가 그냥 누워서 잡니다. 그러면 양들이 목자를 건너가지 않습니다. 그 양과 목자의 관계가 완전히 일치되어 있는 것을 보았습니다.

또한 목자는 양을 사랑했습니다. 그리고 이 잃어버린 양을 생각합니다. '얼마나 고통스러울까? 어느 바위틈에서 죽어가고 있는가? 어느 넝쿨에 걸려서 몸부림치고 있는가? 가시에 찔렸나? 그 양이 지금 어떤 형편에 있는가?' 그 아픔에 함께하고 있는 것입니다. 그런고로 그는 절대 편할 수 없습니다. 절대 잠을 잘 수 없습니다. 그래서 이 양을 찾아 나서는 것입니다.

헨리 나우언(Henri Nouwen)의 「탕자의 귀향」이라고 하는 작은 책이 있습니다. 렘브란트(Rembrandt)의 그림 '탕자의 귀환'이라고 하는 그림이 있지 않습니까. 나이 많은 아버지가 돌아온 탕자를 품에 안는 모습을 그린 그림입니다. 렘브란트의 세계적인 명화입니다. 그는 이 그림을 묵상하면서 이렇게 말합니다. '그리스도인이 가져야 할 마음가짐이란 첫째, 슬픈 마음이다. 죄인들을 생각하며 슬퍼하는 마음이다. 구원받지 못한 사람들, 복음을 듣지 못한 사람들을 생각하며 눈물 흘리는 마음이다. 지옥으로 끌려가는 사람을 생각하면서 마음 아파 동참하는, 그와 나를 동일시하는 공감대를 이루는 그 마음이 첫째요, 둘째는 용서하는 마음이다. 아무것도 비판할 것 없다. 세상도 비판하지 말고, 누구를 탓하지도 말고, 항상 넓게 아버지의 마음으로 용서하는 마음이다. 셋째는 너그러운 마음이다. 얼마든지 받아들이고, 탕자가 돌아올 때 아버지는 전혀 과거를 묻지 않고, 그 아들을 영접하는 것처럼. 너그러운 마음, 그것이 그리스도인의 성품이다.'

특별히 오늘본문을 깊이 읽어야 됩니다. 그것은 이 목자는 잃어버린 양의 아픔을 같이 아파할 뿐만 아니라, 길 잃은 책임이 아마도 목자 자신에게 있다고 생각하는 것입니다. 자기가 회개하고 있습니다. 이제 율법은 관계없습니다. 이 잃어버린 양을 보면서 '내가 좀 더 잘 돌아보았다면 좋았을 텐데, 내가 잠깐 실수를 한 가운데 내가 무엇인가 잘못해서 이렇게 된 것은 아닐까?' 하고 자기를 탓하며 회개하는 마음으로 양을 찾아나서는 것입니다. 이 얼마나 중요합니까.

저는 성경에 있는 어느 부분 아주 신비로운 말씀을 나름대로 해석해봅니다. 예수님께서 십자가에 돌아가실 때 '아버지여, 저들의 죄를 사하여주시옵소서. 저들은 지금 자신이 하는 것을 모르기 때문입니다' 하고 마지막 기도를 하시는 데 반해서, 스데반은 순교할 때 이렇게 기도합니다. '하나님이시여, 이 허물을 저들에게 돌리지 말아주십시오. 이 허물을 저들에게 돌이지 말아주십시오.' 제가 볼 때는 그 다음 한 문장이 빠졌습니다. 그럼 누구에게 돌리라는 말입니까? 아마도 스데반은 이렇게 생각했던 것같습니다. '저들이 저렇게 완악해지고, 또 내게 돌을 던지는데, 저렇게 강퍅하게 만든 데는 제게도 책임이 있습니다. 그런고로 이 허물을 저들에게 돌리지 말아주십시오.' 이렇게 기도하고 있는 것이 아닌가, 하고 나름대로 생각합니다.

이 양을 왜 잃었습니까? 물론 양이 잘못한 것이지요. 아흔아홉 마리는 멀쩡하게 잘 있는데, 왜 한 마리가 뛰쳐나가서 길을 잃습니까? 물론 양의 책임입니다. 그러나 목자는 '내가 조금 더 잘 돌보았더라면, 내가 좀 더 완전하게 돌아보았더라면 이런 일이 없을 텐데' 하고 자기 자신의 잘못처럼 회개하는 마음으로 양을 찾아 나섭니다. 양에게 책임을 묻지 않습니다. 왜 그랬냐고 따지는 말이 없습니다. '이것은 네 책임이다. 네 죄를 네가 당해라. 죽어 마땅하다.' 아닙니다. 왜요? 양은 스스로 돌아올 줄 모르기 때문입니다. 양은 스스로 돌아올 능력이 없기 때문입니다. 스스로 일어날 수 있는 능력이 없는 자를 비판해서는 안됩니다. 추호라도 비판하는 마음을 품어서는 안됩니다. 실수는 목자 자신에게 있는 듯이, 목자는 그렇게 회개하며 양을 찾아 나섭니다. 많은 고난을 무릅씁니다. 성경은 말씀합니다. 찾아내기까지 찾았다— 행동입니다. 양을 위해서 기도하고 있는 것이 아닙니다. 양을 찾아 나섰습니다. 왜 이렇게 실수를 했느냐고 비판하지 않았습니다. 모든 고난을 무릅쓰고 행동으로 나서서 양을 찾아갑니다. 찾도록 찾았습니다. 얼마나 귀한 말씀입니까. 그리고 양을 찾았습니다. 성경을 보면 어깨에 메고 돌아오더라 했습니다. 돌아와서 너무나 기쁜 나머지 온 동네를 돌아다니면서 '나와 함께 즐기자. 잃은 양을 찾았노라. 내 잃은 양을 찾았노라' 했습니다. 이 양 한 마리의 가치는 경제적 가치가 아닙니다. 목자가 이 양을 위해서 수고한 값, 마음을 썼습니다. 자기희생을 했습니다. 그 희생한, 지불된 희생의 대가에 대한 값입니다. 수고 많이 했거든요. 이 양을 위해서 수고를 많이 한 것입니다.

　어떤 어머니가 있었는데, 지나가는 손님이 하룻밤 쉬면서 어머니에게 물었습니다. "아이가 몇입니까?" "넷입니다." "아, 그래요? 어느 아이를 제일 사랑합니까?" "물론 맏아들은 첫 사랑의 열매니까 사랑하지요. 그러나 아닙니다. 두 번째, 우리 집에 딸 하나 있는데, 사랑합니다마는, 역시 이 아이도 아닙니다. 그리고 셋째도 아닙니다. 제일 사랑하는 것은 바로 넷째입니다." "왜요?" "이 아이는 소아마비에 걸렸거든요. 그래서 이 아들을 위해서는 내가 많은 수고를 합니다. 많이 기도했고, 마음을 많이 쏟았거든요. 그런고로 이 아들은 소중합니다."

　이것이 바로 지불된 값이라는 것입니다. 지불된 희생, 얼마나 정성을 다했는가? 얼마나 중요합니까. 거기에 값이 있는 것입니다. '이것이 얼마짜리냐? 양 한마리가 얼마냐?' 그거하고는 얘기가 다르지요. 현대에 제일 가는 불행의 원인이 바로 여기에 있습니다. 모든 것을 상품가치로 계산해버리고 맙니다. 그러나 아닙니다. 그 마음에 예술적 가치도 있고, 도덕적 가치도 있지마는, 가장 중요한 것은 자기희생의 가치입니다. 수고와 희생을 지불했습니다. 그런고로 기쁩니다. 그런고로 행복합니다. 지불된 만큼, 수고한 만큼 행복한 것 아니겠습니까. 찾고 돌아올 때 목자는 너무나 행복한 것입니다. 이것이 진정한 가치입니다.

제가 간간히 자랑합니다마는, 여기에 볼펜 하나가 있습니다. 이 볼펜은 제가 1963년에 미국 프린스턴에서 산 것입니다. 그때 제 수중에는 2백 달러밖에 없었습니다. 그것이 나라가 저 같은 유학생한테 줄 수 있는 돈의 전부였기 때문에, 그것이 그때 제 총재산이었습니다. 그 2백 달러밖에 없는 제가 25달러나 주고 이것을 샀습니다. 그리고 지금까지 쓰고 있습니다. 그러니 이것은 백 달러짜리가 아닙니다. 천 달러짜리도 아닙니다. 제가 사십 년 동안 쓴 것입니다. 그 무엇 하고도 바꿀 수 없습니다. 정말 잃어버린 적도 몇 번 있습니다. 그랬다가 다시 찾을 때마다 얼마나 행복했는지 모릅니다. 제가 이것을 몸에 깊숙이 넣고 다닙니다. 왜요? 이것이 바로 행복이라는 말입니다. 행복이란 여기에 있는 것입니다. 함께 기뻐하자— 이 목자의 마음을 여러분 알겠습니까?

어느 술친구가 둘이서 밤늦게까지 술을 마셨습니다. 주거니 받거니 잔뜩 취해가지고 둘이 함께 집에 돌아가는데, 도중에 한 친구가 말합니다. "2차 가자." "이 만큼 마셨는데 뭘 또 마셔?" "아니야,

우리집에 가서 2차 하자." 그리고 자기 집으로 끌고 들어갔습니다. 그랬더니 부인이 "어서 오십시오" 하고, 이 두 비틀거리는 술친구를 앉혀놓고 술상을 잘 차려서 대접하는 것입니다. 이 끌려간 친구가 깜짝 놀랐습니다. '나는 술만 먹고 집에 들어가도 난리가 나는데, 어찌 이렇게 만취가 되어가지고 친구까지 데리고 들어와 술상을 차려 놓으라는데도 이렇게 고분고분 순종할 수가 있나?' 그래 너무나 고마워서 물어보았습니다. "아주머니, 여기 앉으세요. 어떤 마음으로 저희를 이렇게 대접하는 것입니까?" 그러니까 아주머니가 "알려고 하지 마세요. 그냥 잡수세요" 하더랍니다. 왜 그러느냐고 자꾸 말하라고 그러니까 옆에 있던 남편이 "여보, 무슨 사연이 있는지 모르지만 말해" 하더랍니다. 그러니까 "정 그러시다면 말씀드리지요. 저는 예수를 믿거든요. 그래 이 사람하고 십 년을 살았는데, 그 십 년 동안 정성을 다해서 기도하고 전도했지만 남편은 아직도 교회에 안나갑니다. 그리고 밤낮 이렇게 술을 먹고 들어오는데, 아마도 이 사람은 지옥에 갈 것입니다. 저는 천당 갈 텐데 지옥 갈 사람 세상에 사는 동안이라도 좀 편안히 살라고 제가 정성껏 대접하는 것입니다" 하더랍니다. 이 말을 둘이서 듣고 '이거 얘기가 좀 다르네. 이게 아니지' 하고 두 사람이 결심하고 다음 주일부터 교회에 나갔답니다. '저 술도깨비하고 내가 일평생을 사나?' 하지 말고, 그 영혼을 불쌍히 여기십시오. 내게 돌아오는 이득이 뭐냐고 묻지도 말고, 내게 오는 기쁨이 얼마냐고 생각하지도 마십시오. 지금까지 못받은 사랑을 이제 받겠습니까? 잊어버리세요. 단 저 사람을 사랑하십시오. 저 사람의 영혼을 사랑하십시오. 그 기도만이 응답이 있을 것입니다.

불행은 자기 자신을 사랑하지 못하는 데서부터 오는 것입니다.

내가 나를 사랑할 수 있는 길은 나를 위해서 희생한 사람, 나를 위해서 기도해준 사람, 나를 위해서 애쓴 모든 분들을 생각해보는 것입니다. 나를 위하여 십자가를 지신 예수님을 생각하십시오. 그때에 나는 소중합니다. 거기서 내가 십자가로 값을 지불한, 지불된 가치를 발견하는 것입니다. 이것은 기본적인 것이요, 구속론적인 것입니다. 잃었다가 찾았습니다. 찾은 바 된 나를 생각하십시오. 나의 나 됨은 십자가로 지불된 값, 거기에 있습니다. 나를 위해서 기도해준 분들에게 있고, 나를 위해서 희생한 분들에게 있습니다. 그 지불된 모든 값이 여기에 있습니다. 그리고 나를 보십시오. 나는 소중합니다. 그런고로 행복합니다. 이 기쁨을 다 함께 나누어야 합니다. 이것이 그리스도인의 생활입니다.   △

하나님께서 요구하시는 것

　이스라엘아 네 하나님 여호와께서 네게 요구하시는 것이 무엇이냐 곧 네 하나님 여호와를 경외하여 그 모든 도를 행하고 그를 사랑하며 마음을 다하고 성품을 다하여 네 하나님 여호와를 섬기고 내가 오늘날 네 행복을 위하여 네게 명하는 여호와의 명령과 규례를 지킬 것이 아니냐 하늘과 모든 하늘의 하늘과 땅과 그 위의 만물은 본래 네 하나님 여호와께 속한 것이로되 여호와께서 오직 네 열조를 기뻐하시고 그들을 사랑하사 그 후손 너희를 만민 중에서 택하셨음이 오늘날과 같으니라

(신명기 10 : 12 - 15)

하나님께서 요구하시는 것

어느 가정에 아주 신앙생활을 잘하는 어머니가 있었습니다. 유치원에 다니는 아들을 위해서 밤마다 잠자리 기도를 같이 했습니다. 아주 어렸을 때부터 이렇게 두 손을 마주잡고 하나님 앞에 기도를 하면 이 어린 아들은 어머니가 기도하는 동안 조용하게 함께 고개를 숙이고 기도를 했습니다. 그렇게 지내다 유치원에 갈 나이가 되었습니다. 그날도 어머니는 잠자리에 든 아들의 두 손을 마주잡고 하나님 앞에 간절히 기도했습니다. "하나님, 우리 아들 건강하게 해주시고, 지혜롭게 해주시고, 정직하게 해주시고, 착한 아이가 되게 해주세요." 이런 기도를 하고는 반드시 어머니가 하나 더 붙입니다. "엄마 말 잘 듣는 아들이 되게 해주세요." 꼭 그렇게 기도를 했습니다. 그렇게 몇 년 동안을 기도했는데, 유치원을 다니다보니 아이가 좀 철이 들었습니다. 어느 날 저녁에는 그러더랍니다. "엄마! 오늘은 내가 기도해도 될까?" "그럼. 네가 이만큼 컸구나!" 기특하게 생각해서 좋은 마음으로 "오늘은 네가 기도해라" 했더니 아이가 뭐라고 기도했는지 아십니까? "하나님 아버지! 우리 어머니가 내 말 잘 듣게 해주세요, 아멘" 그러더랍니다.

관심의 초점이 이렇게 서로 달랐습니다. 신학적으로는 이런 문제를 '아가페 앤 에로스'라고 합니다. 하나는 '아가페'요, 하나는 '에로스'입니다. 이 둘 다 사랑이라는 말입니다. 뜻은 같습니다. 사랑, 다 사랑이라는 말이지만, 그러나 근본적으로 다릅니다. 뭐가 다르냐하면 '에로스'라고 하는 것은 심리학적 관점에서 볼 때 언제나 내가 중심입니다. 나를 중심으로 해서 사랑합니다. 다른 사람이 나를 사랑해주고, 나를 위해주고, 내 소원을 들어주기를 바라는 바로 그런 마음의 사랑입니다. 그런고로 열정이 대단합니다. 소위 에로틱한 에로티시즘이라고 하는 것은 엄청난 정열이 있습니다. 반드시 내 소원을 이루어야 되겠고, 내가 꼭 사랑을 받아야 되겠고, 저 사람을 나와 같은 사람을 만들어야 되겠다. 그런 정열입니다. 전부가 에로스에 속합니다.

그러나 '아가페'란 뭐냐 하면 내가 사랑하는 그분을 생각하고, 이제 내 소원은 접어두고, 내가 사랑하는 그분의 뜻을 생각합니다. 그분의 마음을 생각합니다. 내 소원이 아니고, 그분의 뜻을 생각하며, 나를 기쁘게 하는 것이 아니고, 그를 기쁘게 하고자 하는 마음으로 바뀝니다. 진실로 내가 사랑하는 그분만 생각하고, 그분만을 기쁘게 하기 위해서 전심전력을 다합니다. 그러면 내 소원은 다 사라지고 맙니다.

가끔 결혼문제로 복잡해지는 가정들이 있습니다. 본인들의 결혼, 자녀들의 결혼…… 왜 이렇게 복잡할까 생각해보니 그것도 간단합니다. 전부가 자기중심이기 때문입니다. 요새 젊은 사람들이 쓰는 말 가운데 이런 것이 있습니다. "저 남자는 내 스타일이 아니야." 내 스타일이 아니다— 그것이 무슨 뜻인가 하고 생각해보니, 내 소원을 이루어줄 사람이 아니라는 것입니다. 저 사람을 통해서 내가 얻을 것이 없다는 것입니다. 이 마음으로 사랑이 되겠습니까? 미안하지만 결혼해봐도 별 볼일 없습니다. 사랑한 나머지 내가 사라져야 됩니다. 내가 없어져야 되는 것입니다.

우리가 너무나도 잘 알고, 노래방에 가서 많이 부르는 노래가 하나 있지요. '애모'입니다. 저 이 노래 다 못부릅니다마는, 제가 한 절만은 기억합니다. '그대 앞에만 서면 나는 왜 작아지는가?' 그것 참 말이 됩니다. 그것 진리입니다. 그대 앞에 서면 나는 작아집니다. 작아지기만 하나요? 아예 없어집니다. 그것이 사랑이라는 것입니다. 그런데 반대로 그대 앞에 섰는데 나는 점점 커지고 저 사람이 작아집니다. 저것이 바보입니다. 어쩌다가 저런 것한테 걸렸나? 이런 생각이 난다면 사랑은 아닙니다. 당신에게 행복은 기대하지 마십시오. 그것은 결혼도 아닙니다. 이것을 생각해보십시오. 사랑이란, 내가 사랑하는 자가 커집니다. 점점 더 위대하고, 점점 더 훌륭하고, 모든 면에서 나보다 낫고, 결국 내 생각은 버리고 그의 말을 듣게 되고, 그의 의견을 따르는 것이 안전합니다. 내가 하고 싶은 대로 하는 것보다 그가 하자는 대로 하는 편이 훨씬 더 결과가 좋습니다.

그래서 이것을 통계학적으로 연구해보니, 우리가 '남편의 뜻을 아내가 따른다'는 것을 가부장제도라고 하지 않습니까. 가부장적 의식을 가지고 사는 사람이, 그렇지 않고 자기주관을 내세우면서 1대 1로 사는 사람보다 20년을 더 산답니다. 내 것 고집해봐야 마지막에 별것 없습니다. 아무것도 아닙니다.

그런데 대개 보니까 그러더라고요. 나이 좀 많이 들어가지고도 '남편이 나를 사랑해주지 않는다. 내 뜻을 몰라준다. 결혼기념일이 되어도 꽃 한 송이도 없다' 하는 말 많이 하는데요, 한 번 솔직히 생각해보십시다. 한창 예쁠 때도 사랑 못받았는데, 이제 한물갔는데 뭘 더 사랑받기를 원합니까. 잊어버리세요. 그냥 사랑하세요. 그냥 내 뜻을 포기해버리세요. 그러면 그렇게 행복하고 좋을 것입니다. 오래도 산다는데, 이제 와서 뭘 더 고집하는 것입니까. 저 남자가 제

멋대로 오십 년을 살았습니다. 이제 와서 고쳐지겠습니까. 그러니까 잊어버리세요. 그것이 중요한 것입니다. 내 뜻을 버리고 상대방 뜻을 따르는 것만이 아닙니다. 기뻐하고, 그 뜻을 따르는 것을 내 생각보다 훨씬 더 크게 생각하는 것을 '아가페'라고 하는 것입니다. 에로스적 사랑에서 벗어나서 아가페적 사랑을 해야 합니다. 그러니까 사랑이라는 것은 생각하며 행복하고, 만나서도 행복하고, 서로 보면서 행복하고, 동행하면서 행복합니다. 또 있습니다. 그를 위해서 희생하면서도 행복합니다. 이것이 사랑이라는 것입니다.

그러면 관심의 초점을 생각해봐야겠습니다. 교회에서 쓰는 용어로서는 '중생'이라는 말이 있습니다. '거듭난다. 다시 태어난다'는 뜻입니다. 어떤 분이 글에 이렇게 썼습다. '교회는 나오지만 중생하지 못한 교인 때문에 교회에 문제가 많다.' 그렇습니다. 중생하지 못한 교인, 무슨 말입니까? 아직도 자기 소원을 버리지 못했습니다. 자기 욕망을 버리지 못했습니다. 자기의 더러운 정욕까지도 아직 버리지 못했습니다. 그리고 하나님을 믿는다고 합니다. 아직도 자기소원, 자기욕망, 자기생각, 자기철학, 자기생활양식…… 이렇게 하고 하나님을 믿습니다. 하나님께서 요구하시는 바는 상관없고, 내 뜻을 관철하려는 마음으로 꽉 차 있습니다. 집착을 합니다. 어떻게 될 것 같습니까?

놀랍게도 이런 사람이 거듭난 사람보다 훨씬 더 열심이 많습니다. 더 열심히 합니다. 열심이 대단합니다. 그런데 전부가 내 소원을 이루자는 것입니다. 거기에 집착되어 있습니다. 그러면 어떻게 됩니까? 신앙생활 자체가 수단화됩니다. 그래서 내 소원을 이루기 위해서 하나님 앞에 간절히 기도하고, 이루어지지 않을 때 어떻게 합니까? 하나님을 원망합니다. 그래서 그 기도 자체도 가만히 보면 원망의 기도가 많습니다. '왜 안주십니까?' 심지어 어떤 분은 질투까지 합니다. "왜 시원치 않은 저 사람한테는 주시고, 저한테는 안주십니까? 열심도 없는 저 사람한테는 복을 주시고, 교회를 향해서 열심을 다하는 저한테는 왜 복을 안주십니까?" 이러고 하나님과 싸우더라고요. 이게 무슨 짓입니까? 이것이 다 무엇을 말하는 것입니까? 자기욕심에 집착된 신앙을 말하는 것입니다. 이것은 에로스적 신앙입니다.

우리가 늘 주기도문을 외우지 않습니까. 저는 이렇게 말하고 싶습니다. 참 답답하든가 하면 기도가 잘 안될 때가 있을 것입니다. 그럴 때는 주기도문만 외우십시오. 주기도문만 한 열 번 외우십시오. 그리고 아멘하고 끝내십시오. 어쭙잖은 기도보다 주기도문이 모범답안입니다. 그 주기도문 내용에 가장 중요한 부분이 무엇입니까? '뜻이 하늘에서 이루어진 것같이 땅에서도 이루어지이다.' 참 중요한 말씀입니다. 이것이 결론입니다. 뜻이 하늘에서 이루어진 것같이— 이 말씀은 곧 '예수 그리스도의 십자가를 통해서'라는 뜻입니다. 예수님을 통해서 이루어진 것처럼 오늘 내게서 'here and now' 바로 여기서 이루어지이다 무엇입니까? 내 뜻을 포기하는 시간입니다. 내 의견, 이 잡다한 것 싹 다 버리고 주의 뜻이 이루어지는 것입니다. 그래서 마태복음 6장 33절은 이렇게 말씀합니다. "너희는 먼저 그의 나라와 그의 의를 구하라……" 그 나라와 그 의를 먼저 구하라, 그리하면 이 모든것이 이루어 질 것이다 하나님의 뜻이 먼저 이루어지고, 그 다음에야 내 뜻이 이루어진다, 이것입니다.

오늘본문은 '하나님께서 요구하시는 바가 무엇이냐?'를 아주 친

절하게 우리에게 가르쳐주고 있습니다. 하나님께서 요구하시는 것은 첫째가 하나님을 경외하는 것입니다. 하나님을 두려워하는 것, 하나님의 존재와 능력을 인정하는 것입니다. '하나님께서 보신다. 하나님께서 아신다. 하나님께서 들으신다. 하나님께서 나와 함께 계신다. 하나님의 그 크신 섭리 안에 내가 있다.' 이것이 경건입니다. 내 생각의 중심이 하나님께 있습니다. 모든것은 하나님 앞에서 하는 것입니다. 하나님께서 보시는 앞에서, 하나님께서 들으시는 가운데, 아니, 하나님의 사랑을 느끼면서 행하는 것입니다. 이것을 한마디로 경건이라고 합니다. 예전에는 '하나님을 두려워하는 마음', 요새 와서는 '하나님 있는 마음'이라고 합니다. 우리 생각, 우리 계획, 모든 중심에 하나님께서 계십니다. 이 경건을 하나님께서 원하십니다.

동시에, 그의 모든 법을 행하며 하나님께서는 말씀하시는 하나님이시요, 그런고로 계시하시고 말씀하시는 하나님의 말씀을 따라 순종하는 것입니다. 인격과 인격의 관계란 그런 것입니다. 말씀을 들어야 됩니다. 상대방의 말을 듣는것이 중요하고, 들은 다음에는 깊이 간직하고, 그것을 기쁜 마음으로 순종하는 것입니다. 말씀을 따라야 합니다. 하나님의 법도를 따라 행한다, 하나님을 사랑한다는 것은 그의 법을 따르는 것입니다. 그러기 위해서는 내 뜻을 버리는 것입니다. 내 욕심을 버리고 하나님의 뜻을 따라 순종하는 것입니다.

또 세 번째는 오늘본문은 말씀합니다. 하나님께서 요구하시는 것은 하나님을 사랑하는 것이라 달리 말하면 하나님께서 하시는 모든 일이 나를 사랑하셔서 하신 것으로 받아들여야 한다는 것입니다. 마르틴 루터의 대요리문답이 있습니다. 아주 간단한 얘기지마는, 너무너무 소중합니다. 그는 거기서 율법을 해석합니다. 십계명을 해석하는데, 보십시오. 너무나 간단하고도 중요한 말씀입니다. 살인하지 말라 누구를 위한 것이냐는 것입니다. 하나밖에 없는 내 목숨을 보호하시기 위해서 살인하지 말라는 울타리를 쳐놓으신 것입니다. 간음하지 말라— 하나님께서 내 순결을 지켜주시는 것입니다. 도둑질하지 말라— 내 사유재산을 하나님께서 보호해주시는 것입니다. 그것이 바로 도둑질하지 말라는 것입니다. 또 거짓증거 하지 말라— 이것은 무엇입니까? 내 인격을 지켜주시는 것입니다. 속고 나면 인격이 망가지고 고통스럽습니다. 하나님께서 거짓증거 하지 말라고 하셨다— 이 모든것이 무엇입니까? 전부 사랑입니다. 나를 사랑하셔서 주신 계명입니다. 전적으로 하나님의 말씀은 전부가 나를 사랑하시어 주신 것입니다. 그 사랑을 느끼면서 순종해야 됩니다. 이것이 하나님께서 원하시는 바입니다.

제가 목회를 50여 년 동안 하고 있습니다마는, 제가 30대 초반일 때의 일입니다. 처음 노회에 참석하기 시작할 때입니다. 경기노회에서 노회회원으로 있을 때 제가 노회에 몇 번 참석했는데, 참 깊은 감동을 받은 시간이 있었습니다. 노회에서 노회 목사님들과 장로님들 모이는데, 그 가운데 목사님 한 분에게 효자 상을 주었습니다. 세상에 그런 일은 없습니다. 하지만 어쨌든 그것이 합의가 되어서 상품과 함께 목사님에게 효자 상을 주었습니다. 저는 그 까닭을 알고 싶었습니다. 왜 목사님에게 효자 상을 줄까? 특별하다는 것입니다. 공교롭게도 하루는 제가 그 목사님 댁에 초청을 받아서 점심을 먹은 일이 있습니다. 그 목사님에게는 어머니가 계십니다. 목사님은 지금 환갑이 넘었습니다. 한데 그 어머니가 친어머니가 아니고 계모라는 것입니다. 목사님이 그 어머니에게 얼마나 정성을 다하는지, 그래서 모든 노회회원들이 감동을 받아서 그 목사님에게 효자 상을 준 것입니다. 그것이 무엇일까? 점심을 먹고 환갑이 넘은 그 목사님 하고 같이 밖에 나오는데 그 어머니가 따라오면서 하시는 말씀이 이렇습니다. "애야, 길 조심해라. 차 조심해라. 여자 조심해라." 이런 잔소리를 하는 것입니다. 그런데 또 그 목사님은 "예, 잘 알았습니다. 명심하겠습니다" 하면서 나오는 것입니다. 제가 가만히 있겠습니까. "김 목사님, 나이 많은 어머니의 잔소리가 귀찮지 않습니까?" 하고 한마디 했더니, 김 목사님이 정색을 하고는 이런 말씀을 합니다. "무슨 말씀입니까? 누가 나더러 그런 얘길 해주겠습니까? 이제 누가 나더러 길 조심해라, 여자 조심해라 할 사람이 있습니까? 이게 다 나를 사랑해서 내게 주시는 말씀인데, 고마울 밖에요." 깜짝 놀랐습니다.

어떤 말을 듣든지 다 나를 위해서, 나를 사랑해서 주시는 말씀입니다. 그렇게 받아들임으로써 비로소 사랑은 이루어지는 것입니다. 그래서 하나님께서는 말씀하십니다. "너희가 나를 사랑해서 이 사랑으로 준 계명이라는 것을 알고, 사랑하는 마음으로 기뻐하고, 사랑하는 마음으로 행복하고, 그렇게 계명을 지켜나가야 한다."

또 섬기라 하는 말씀이 있습니다. 이것은 헌신을 말하는 것이요, 동시에 이것은 문자 그대로 예배를 말하는 것입니다. 하나님을 사랑하고, 하나님을 믿고, 하나님 앞에 기도하고, 하나님을 찬양 할 때 꼭 잊지 말아야 합니다. 그러나 형벌이 무서워서 해서는 안됩니다. 형벌이 무서워서 하는 것이라면 이는 하나님을 욕보이는 것입니다. 하나님께서는 그런 하나님이 아니십니다. 또 보상을 바라는 마음도 안됩니다. 내가 이것을 지켜서 상을 받겠다, 칭찬을 받겠다, 축복을 받겠다…… 흔히 축복이라고 하는데, 축복은 그렇게 억지로 얻어내는 것이 아닙니다. 받을 만한 사람이 되면 하나님께서 무궁무진하게 주시는 것이지, 그것은 내가 달라고 한다고 주게 되어 있는 것이 아닙니다. 보상심리는 안됩니다.

요즘 보면 전부 여기에 빠졌습니다. 벌 받을까봐 무섭고, 또 복 받으려고 합니다. 조금 실례되는 말씀이지만, 하도 이런 일이 많기에 말씀을 드립니다. 어떤 교회에서는 목사님이 밖에 나가서 마음대로 못다닌답니다. 그래서 어찌하느냐 하면, 보디가드를 대동하고 다닙니다. 그 목사님에게 "왜 그랬습니까?" 하고 물으니, 이유는 이렇습니다. 목사님이 설교할 때 십일조를 내면 복 받는다고 그랬거든요. 그래서 어느 분이 십일조를 냈답니다. 마지막에는 낼 것이 없어서 빚을 내어서까지 십일조를 냈습니다. 그뿐 아니라 요새는 '선금 십일조'도 있습니다. 만원을 벌었으면 천원을 내는 것이 십일조인데, 아직 벌지도 않았는데 장차 만원 벌 것으로 믿고 미리 천원을 내는 것입니다. 이것이 '선금 십일조'입니다. 이렇게까지 열심히 했는데도 장사가 안되는 것입니다. 그래 화가 나가지고 목사님한테 십일조 도로 달라고, 물어달라고 그러는 것입니다. 그런데 그것이 될 리가 있습니까? 그러니까 골목에서라도 만나면 넥타이를 딱 잡고 헌금 도로 반환해달라고 그러니, 목사님 참 고생하게 생겼습니다. 이 사람이 낸 헌금, 이 사람의 이 십일조가 하나님의 마음에 드는 것이겠습니까. 복 받고자 하는 마음, 보상 받고자 하는 마음으로 꽉 차 있습니다. 안됩니다. 여러분, 혹 구제를 합니까? 절대 칭찬받으려고 하지 마십시오. 감사장 받으려고 하지 마십시오. 아주 잘못된 것입니다. 그저 순수한 마음으로 그리 되어야 합니다. '섬기라. 사랑으로 섬기라. 기쁨으로 섬기라.' 이것이 하나님의 뜻입니다.

오늘본문의 깊은 뜻을 생각하십시다. 오늘본문에 보면 너무나도 중요한 말씀이 13절에 있습니다. "내가 오늘날 네 행복을 위하여 네게 명하는 여호와의 명령과 규례를 지킬 것이 아니냐." 네 행복을 위하여─ 왜 이것을 모르느냐는 것입니다. 하나님의 계명은 다 우리이 행복을 위해서 주신 것입니다. 그것을 바로 이해해야 합니다. 하나님의 명령은 다 나를 위해서 주신 것입니다. 그래서 하나님의 말씀, 하나님의 법도, 하나님의 명령이 이제 사랑스럽게 들려와야 됩니다. 그 말씀이 나를 기쁘게 해야 됩니다. 그 말씀에 감복해야 됩니다. 왜요? 나를 위해서 주시는 것이니까요. 나를 사랑해서, 내 행복을 위하여 주셨다─ 바로 그 마음으로 율법을 대할 것이요, 그 마음으로 말씀을 지켜갈 것입니다. 그리고 그 사랑 가운데서 우리를 선택해주셨다는 말씀입니다. 깊이 생각해야 합니다.

탕자가 집을 나갑니다. 나갈 때 아버지로부터 유산을 받아가지고 나갔습니다. 허랑방탕 돌아다니다가 그 유산을 다 허망하게 없애고 다시 돌아옵니다. 돌아오면 유산은 없습니다. 그가 집을 나가기 전에는 유산 때문에 아버지를 따랐습니다. 그러나 돌아올 때는 유산과는 상관없이 아버지를 사랑합니다.

요새 명절 때가 되면 민족대이동 한다고 하지 않습니까. 전부 고향으로 갑니다. 왜 가느냐고 물어보았더니 어느 분이 이렇게 나한테 고자질해줍니다. 이 명절에 만일에 고향에 안가면 아버지가 돌아가실 때 그 유산을 안주거든요. "이놈아! 명절에도 안내려오는 놈에게 무슨 유산이 있냐?" 그런다는 것입니다. 그것을 생각하며 고향을 간다면 그게 무슨 효도입니까.

하나님의 소원은 하나님의 뜻을 깊이 아는 것, 그리고 하나님의 뜻을 기뻐하는 것, 하나님을 사랑하는 마음으로 말씀을 따르는 것, 사랑을 느끼고 행복을 느끼면서 감사한 마음으로 그 법도를 준행할 것입니다. 그리할 때에 하나님께서 기뻐하시고, 하나님을 기쁘시게 해드린 다음에 비로소 그의 나라와 그 의를 구하는 자에게 이 모든 것을 더하시는 복이 함께할 것입니다. △

누가 내 이웃입니까

어떤 율법사가 일어나 예수를 시험하여 가로되 선
생님 내가 무엇을 하여야 영생을 얻으리이까 예수께
서 이르시되 율법에 무엇이라 기록되었으며 네가 어
떻게 읽느냐 대답하여 가로되 네 마음을 다하며 목숨
을 다하며 힘을 다하며 뜻을 다하여 주 너의 하나님
을 사랑하고 또한 네 이웃을 네 몸과 같이 사랑하라
하였나이다 예수께서 이르시되 네 대답이 옳도다 이
를 행하라 그러면 살리라 하시니 이 사람이 자기를
옳게 보이려고 예수께 여짜오되 그러면 내 이웃이 누
구오니이까 예수께서 대답하여 가라사대 어떤 사람
이 예루살렘에서 여리고로 내려가다가 강도를 만나
매 강도들이 그 옷을 벗기고 때려 거반 죽은 것을 버
리고 갔더라 마침 한 제사장이 그 길로 내려가다가
그를 보고 피하여 지나가고 또 이와 같이 한 레위인
도 그곳에 이르러 그를 보고 피하여 지나가되 어떤
사마리아인은 여행하는 중 거기 이르러 그를 보고 불
쌍히 여겨 가까이 가서 기름과 포도주를 그 상처에
붓고 싸매고 자기 짐승에 태워 주막으로 데리고 가서
돌보아 주고 이튿날에 데나리온 둘을 내어 주막 주인
에게 주며 가로되 이 사람을 돌보아 주라 부비가 더
들면 내가 돌아올 때에 갚으리라 하였으니 네 의견에
는 이 세 사람 중에 누가 강도 만난 자의 이웃이 되겠
느냐 가로되 자비를 베푼 자니이다 예수께서 이르시
되 가서 너도 이와 같이 하라 하시니라

(누가복음 10 : 25 - 37)

누가 내 이웃입니까

　아시다시피 지난 3월에 대지진이 일본 동북부를 강타했습니다. 그 이후로 일본사회가 많이 달라졌다고 합니다. 그 가운데 특이한 것은 '이혼식'이 유행한다는 것입니다. 결혼식이 있듯이, 이혼에도 이혼식이 있다는 것입니다. 마치 결혼식을 하듯이 이혼식을 성대하게 치른답니다. 지인들을 초대하고, 예복도 갖춰 입고 식을 진행하는데, 이혼식의 하이라이트는 두 사람이 함께 망치를 들고 나와서 결혼반지를 깨뜨리는 것이라고 합니다. 하지만 이것도 끝은 아닙니다. 이혼식도 예식인만큼 피로연도 있고, 서로 그동안 고마웠다고 하며 부둥켜안고, 눈물도 흘린답니다. 그 이유가 아주 중대합니다. 큰 지진을 겪고 보니 가족도 소용없더라, 자식도 소용없고, 마누라도 남편도 다 소용없더라, 오직 나 혼자뿐이더라, 더구나 큰 재난을 당할 때 이런 것들은 다 거추장스럽더라, 나 혼자 살다 나 혼자 가는 게 제일 좋다…… 그래서 이혼한답니다. 이혼하는 목적이 좀 다릅니다. 좀 특별한 철학적 의미를 가지고 있습니다.

　장 바니에(Jean Vanier)라고 하는 유명한 교수가 쓴 「인간되기(Becoming Human)」라는 책이 있습니다. 그는 이 책에서 인간의 성장은 그 핵심이 동행에 있다고 말합니다. 동행한다, 함께한다는 데 있답니다. '동행하면서 자기를 알고, 동행하면서 힘을 주고, 동행하면서 서로의 존재를 확인하고, 가치를 아름답게 키워나갈 수 있고, 서로 성장하기도 하고, 성숙하기도 하고, 동행하면서 진실과 사랑과 겸손을 배워가고 익혀가면서 인간이 되는 것이다.' 이렇게 말하고 있습니다.

이 관계라고 하는 것은 존재보다 우선한다는 것을 잊지 말아야 합니다. 나라고 하는 존재가 있기 전에 관계가 먼저 있습니다. 부모가 있고 내가 있습니다. 절대로 혼자가 아니고, 혼자 이뤄서도 안됩니다. 그런데 이 관계를 불평스럽게 느끼면서부터 인간은 파괴되는 것입니다. 관계를 행복하게 느끼고, 관계 속에서 자기존재를 찾고, 관계 속에서 진정한 행복을 창조해나가는 그것이 정상적인 인간의 모습이라는 것입니다. 깊이 생각해야 합니다.

지난 1970년대 초반 제가 미국에서 유학하던 시절에 아주 흥미 있는 과목을 하나 선택했던 일이 있습니다. 'Jewish Theology(유대인 신학)'라고 하는 것입니다. 유대사람들의 신학을 배우는 과목입니다. 교수님은 물론 유대인 랍비입니다. 현지 랍비가 와서 강의를 하는데, 이분은 강의는 별로 많이 하지 않고 이스라엘 사람답게 현지 교습을 합니다. 그래서 회당에도 데리고 가고, 심지어는 학생들을 전부 나누어서 이스라엘 가정에 들어가 며칠씩 있게 하기도 합니다. 이렇게 해서 현지생활을 통하여 이스라엘이 무엇인지를 우리에게 가르쳐주는 특수한 과목이었는데, 어느 날 회당에 예배를 드리러 갔습니다. 물론 전부가 유대사람입니다. 우리 몇 사람만 이방사람이지요. 그날 설교하던 랍비의 설교주제가 뭐냐 하면 '이웃을 내 몸과 같이 사랑하라' 하는 것으로, 한참 말씀을 전합니다. 제가 속으로 '그것 우리와 같은 건데, 우리 설교하고 같은 얘기를 하는구먼' 했더니, 그 다음 두 번째가 매우 다릅니다. '이웃이 누구냐?' 하는 것입니다. 딱 사람을 둘로 나누어서 '이웃이 있고 원수가 있다. 그러면 이웃은 누구냐? 이웃은 마치 애굽에 있던 산파와 같이 이스라엘의 생존을 도와주는 사람이다. 그것이 이웃이고, 이스라엘 사람을 해치는 사람은 다 원수다. 그런고로 이웃은 사랑하고, 원수는 미워하라' 하는 것이 설교였습니다. 들으면서 섬뜩하기도 하고, 참 알 것도 같고, 모를 것도 같은 생각을 해보았습니다.

　오늘본문의 맥락을 보면, 한 율법교사가 예수님께 와서 심각한 질문을 합니다. 바로 그것입니다. '누가 내 이웃입니까?' 이웃을 내 몸과 같이 사랑하라는 것까지는 알겠는데, 도대체 그럼 누가 내 이웃이냐는 것입니다. 마태복음 5장 43절에서 예수님 말씀하신 바가 있습니다. "또 네 이웃을 사랑하고 네 원수를 미워하라 하였다는 것을 너희가 들었으나…" 이스라엘 사람들의 공통적인 의식이 '이웃은 사랑하고 원수는 미워하라. 그러면 이웃이 누구냐? 나와 뜻을 같이 하는 사람이다' 이렇게 생각하는 것입니다. 그래 예수님께서 '그건 아니다. 나는 너희에게 말하노니 원수를 사랑하고 너를 핍박하는 자를 위해서 기도하라' 하고 말씀하고 계십니다.

　오늘본문에 너무나 유명한 '선한 사마리아 사람(Good Samaritan)'의 이야기가 나옵니다. 이것은 비유가 아닙니다. 꾸며낸 이야기도 아닙니다. 가령 이렇다면 어떠냐 하고 만들어낸 이야기가 아니라는 것입니다. 왜요? 만약 예수님께서 이 이야기를 어떤 교훈을 위해서 꾸며내셨다면 예수님께서는 이 말씀 한마디 하시고 끌려가셔서 죽어도 할 말이 없습니다. 제사장을 모독했거든요. 제사장모독죄라는 말입니다. 최고로 경건과 존경을 겸하는 제사장을 비하시킨 것입니다. 여기 강도를 만난 사람이 있는데, 다 죽어 가는데, 제사장이 보고 그냥 지나치고, 레위사람이 보고 그냥 지나갔다는 것입니다. 말이 안됩니다. 이렇게 말하고야 살아남을 수가 없습니다. 게다가 더

모독적인 것은, 이스라엘 사람들이 아예 사람으로 치지도 않고 상종도 하지 않는 사마리아 사람이 그를 도와주었다니, 말이 안되는 일입니다. 이스라엘 사람들이 사마리아 사람을 얼마나 싫어하는지, 사마리아 땅으로 지나가지도 않으려고 했습니다. 사람을 만나지 않는 것은 물론이고, 그 땅을 밟지도 않습니다. 멀리 돌아다니면서도 사마리아 땅을 지나가지 않는 것이 그들이 말하는 고고한 자기생활양식입니다.

그러고 나면 한 가지 알 수가 있습니다. 이것은 사실입니다. 이것은 사건이었습니다. 불과 얼마 전에 있었던 사실이요, 그래서 모든 사람들이 알게 되었습니다. 입소문으로 돌던 이야기입니다. 사실이기 때문에 아무 시비도 벌이지 못했습니다. 왜 이런 이야기를 하느냐고 예수님께 항의하지 못했다는 것입니다. 이것이 사실이기 때문입니다.

그런데 오늘본문에서 생각해야 될 중요한 것이 있습니다. 꼭 기억해두십시오. 예수님께서 이 말씀을 하실 때 초점을 어디에 맞추셨는가 하는 것입니다. 강도를 만난 사람에게 초점을 맞추십니다. 오직 강도 만난 사람만 생각하십니다. 여기에 초점을 맞추십니다. 윌리엄 바클레이(William Barclay)의 해석대로 말하면 '내가 저 사람을 안도와주면 저 사람이 어떻게 될까?' 생각합니다. 그런데 어떤 사람은 '내가 저 사람을 도와주다가는 내가 어떻게 될까?' 하고 나한테 돌아오는 피해를 생각합니다. 그래서 그 피해의식으로 제사장과 레위사람들은 그 강도 만난 사람을 그냥 지나쳐가고 말았습니다. '이 근방에 아직도 강도가 있을 테니까 여기에 있다가는 나도 당한다. 그러니까 저 사람을 도와주다가는 내가 어떻게 될지 모른다.' 이렇게 자기중심적으로 판단한 것입니다. 자신에게 돌아올 불이익을 생각합니다. 그런고로 피해갔고, 선한 사마리아 사람은 '내가 저 사람을 지금 안도와주면 저 사람은 죽는다' 하고 생각합니다. 그 사람, 다시 말하면 대상 중심으로 생각한 것입니다. 그래서 그를 도와주게 되었다는 것입니다.

여기서 생각할 것이 하나 있습니다. 성경에는 안나타나지만, 예수님께서는 이 시간에 강도를 비난하지 않으셨습니다. 요새는 그런 사람들 많습니다. 이런 사건이 하나 있으면 보통 우리는 '이 사회가 왜 이 모양이냐? 가진 자가 왜 이 모양이냐? 권력자는 뭘 하는 거냐? 나라는 뭘 하고 있느냐?' 하고 말하지 않습니까. 그리고 강도를 비난합니다. '이렇게 강도가 날뛰는 사회를 만들었다. 경찰은 도대체 뭘 했느냐?' 합니다. '이렇게 대낮에 강도가 나서는데 이 사회가 되겠느냐?' 그러나 예수님께서는 강도에 대해서는 한마디 말씀이 없으십니다. 그 사람이 누구든, 어떤 모양으로 됐든 상관 안하십니다. 그대로, 있는 대로 놓고 강도 만난 사람에게 초점을 맞추셨습니다. 우리는 종종 무슨 사건이 나면 사회문제로 돌리고, 정치문제로 돌립니다. 뭐 때문이고, 누구 때문이라고 떠들어대지만, 아닙니다. 강도 만난 사람에게 초점을 맞춰야 됩니다. 예수님께서는 강도를 비난하지 않으셨습니다. 강도가 날뛰는 이 사회를 비난하지도 않으셨습니다. 다만 강도 만난 사람, 거기에만 초점을 맞추셨습니다.

그리고 또 한 가지, 선한 사마리아 사람의 이름이 없습니다. 유명한 이야기가 있습니다. 어느 날 지금처럼 중국에 홍수가 많이 나서 거기에 갔던 미국선교사 한 사람이 홍수에 떠내려갔습니다. 죽는 줄 알았습니다. 이제 죽었다 싶었는데, 웬 중국청년이 목숨을 걸고 뛰어 들어와서 자기를 건져주었습니다. 생명의 은인 아닙니까. 너무나 고마워서 선교사가 그 중국청년에게 말하기를 "당신은 내 생명의 은인입니다. 참으로 고맙습니다. 이름을 좀 알려주면 제가 일생동안 기억하고 보답하겠습니다" 했습니다. 그랬더니 그 청년이 뭐라고 했느냐 하면 "성경에 선한 사마리아 사람의 이름이 있소, 없소?" 했답니다.

선한 사람의 이름은 없는 것입니다. 요새는 이름 석 자 때문에 망가집니다. 그저 선한 일 했으면 살며시 비켜 가면 되는 것입니다. 요새는 기념비 세워라, 감사장 달라, 이런단 말입니다. 또 혹은 고맙다는 인사라도 받으려고 합니다. 아닙니다. 그것은 선행이 아닙니다. 선한 사마리아 사람의 이름은 없습니다. 없어야 됩니다. 그것을 잊지 말 것입니다.

또한 선한 사마리아 사람이 이 강도 만난 사람을 돕기 위해서는 위험이 따릅니다. 지금 강도가 이 근방에 있을 텐데, 여기서 어슬렁거리고 있다가는 나도 강도 만날 수 있다는 것입니다. 언제나 큰 위험이 함께 있다는 것을 잊지 말아야 합니다. 그럼에도 선한 사마리아인은 그 위험을 감수합니다.

동시에 이 선한 사람이 특별한 것이 하나 있습니다. 일시적으로 그 사람에게 얼마를 주든가, 잠깐 돕는다고 하지 않고 아주 책임을 졌습니다. 이 사람을 나귀에 태워가지고 여관으로 가고, 거기서 치료하고, 자기가 일이 바빠서 가면서 돈까지 줍니다. 게다가 "갔다 올 때, 비용이 더 들었으면 내가 뒤에 갚으리이다" 하고 말합니다. 아주 책임지는 그 마음이 정말 아름답습니다. 그냥 잠깐 돕고 지나가는 것이 아니라, 그 사람의 생명을 책임지려고 하는 마음입니다. 정말

아름답지 않습니까.

그리고 또 한 가지가 있습니다. 하등 대가를 요구하지 않았습니다. 고맙다는 인사를 받은 것도 아닙니다. 아무 조건도 없습니다. 추리해보십시오. 만일 이 사건이 예루살렘 번화한 거리에서 있었더라면 제사장이 그냥 보고 지나갔겠습니까. 아마도 이랬을 것입니다. "이리 비켜라. 저리 비켜라. 이런 것은 내가 하느니라" 하면서 다 도와줬을 것입니다. 사람들이 보는 데서 쇼를 하는 것입니다. 이것이 문제입니다.

돈과 명예, 어느 쪽이 더 큽니까? 우리는 돈만 주면 되는 줄 알지만, 마지막에 인사를 받지 않아야 되는 것입니다. 딱 여기서 빗나가는 것입니다. 잊지 말아야 합니다. 원래 가난한 사람은 민감합니다. 고난당하는 사람은 생각이 민감합니다. 자존심을 건드리면 안됩니다. 이것을 알아야 합니다.

오늘 이 제사장은 명예를 생각합니다. 위선적이고 가식적입니다. 사람들이 보는 데서는 선한 일을 하고, 안보이는 여리고 골짜기에서는 슬쩍 지나가버립니다. 여기에 문제가 있습니다. 아마도 제사장과 레위사람들은 자기직무가 있어서, 자기직무에 바빠서 아마도 이런 궂은일을 할 수가 없고, 보아하니 죽을 것같은데, 이미 죽은 것도 같고, 공연히 시체를 만지면 제사장의 직분을 감당할 수 없기 때문에 내가 할 일을 바로 하기 위해서 이런 일은 묵인한다 그랬는지도 모릅니다. 깊이 생각할 문제입니다.

또 하나 생각할 것이 있습니다. 이 같은 처지가 아니면 유대 사람, 사마리아 사람의 선한 일을 수용했을 리가 없습니다. 이것이 성경에 기록되지 아니한 부분입니다. 이것은 사마리아 사람입니다. 유대 사람이 상종하지도 않는, 천하게 여기는 사마리아 사람입니다. 사마리아 사람의 선행을 유대 사람이 받아주게 됩니다. 이렇게 죽을 지경이 되는 사건이 아니라면 어림도 없습니다. 저 선행을 받아주었을 리가 없습니다. 큰 고난이 이 민족적 갈등, 그 교만을 다 해소하고, 참 이웃으로 만나게 해준 것입니다. 이것을 잊지 말아야 합니다.

오래 전에 〈흑과 백〉이라는 영화를 보았습니까? 옛날에 보면서 참 많은 감동을 받은 일이 있습니다. 흑인과 백인이 같이 감옥에 갑니다. 둘이 쇠사슬에 묶입니다. 그리고 감옥을 탈출합니다. 그런데 이 묶인 것 때문에 마음대로 할 수가 없습니다. 그래 둘이 계속 싸우고 다투면서 살아가는 모습을 그렸습니다. 그리고 둘은 마지막에 친구가 됩니다. 고난이 둘을 친구로 만들어줍니다. 고난이 그 고고한 교만을 다 무너뜨리고, 민족갈등을 무너뜨리고, 참 이웃이 되게 했다는 것입니다. 오늘도 보면 그런 경우가 많지 않습니까. 부부 사이든 친구 사이든, 그렇게 오랫동안 문제가 있었지마는, 큰 고난이, 절절한 고난이 착한 사람에게는 서로의 마음을 하나가 되게 하는 귀중한 역사를 만들어간다는 것입니다.

어느 초등학교 교사가 특별한 연구를 해봤다고 합니다. 모든 자기 반 아이들에게 오백 원씩을 주고 "너희들 집에 돌아가서 내일 아침에 올 때 이 오백 원 가지고 선한 일을 하고 와라" 그랬답니다. 반 아이들이 오백 원씩을 가지고 갔습니다. 그리고 이튿날 아침에 올 때 보니까 80퍼센트가 그대로 가지고 왔더랍니다. 20퍼센트만 거지들에게 주었다고 합니다.

우리는 선행을 배우지 못했습니다. 선행을 받을 줄도 모르고, 줄 줄도 모릅니다. 이것이 하루아침에 되는 것이 아닙니다. 이 선한 성품이 우연사가 아닙니다. 선한 사람이 선하게 살다가 선한 열매가 있는 것이지, 하루아침에 선한 일을 만들어갈 수 없습니다. 이 선한 사마리아 사람은 선한 사람입니다. 그런고로 이 시간에 선한 열매를 맺는 것이지, 이것이 우연한 사건이 아니라는 것을 알아야 합니다.

우리는 북한에 대해서 많은 고민을 합니다. 아무것도 묻지 마십시오. 배고프니까 먹여야지요. 목마르니까 마시게 해야 됩니다. 아무 생각도 하지 마십시오. 예수님께서 말씀하십니다. '너희가 먹을 것을 주라.' 그것은 우리 책임입니다. 지금도 몇 백만이 굶어 죽어갑니다. 이것은 우리 책임입니다. 그냥 멀리 바라보면 안됩니다. 깊이 생각해야 합니다. 고난이 하나님의 사람으로 살아가는 기회입니다. 참 이웃을 찾는 기회요, 참 이웃을 만드는 기회요, 참 이웃과 함께 새로운 행복을 창출하는 기회가 되는 것입니다.   △

용서 위에 사랑을 더하라

그러므로 너희는 하나님의 택하신 거룩하고 사랑
하신 자처럼 긍휼과 자비와 겸손과 온유와 오래 참음
을 옷입고 누가 뉘게 혐의가 있거든 서로 용납하여
피차 용서하되 주께서 너희를 용서하신 것과 같이 너
희도 그리하고 이 모든 것 위에 사랑을 더하라 이는
온전하게 매는 띠니라
(골로새서 3 : 12 - 14)

용서 위에 사랑을 더하라

제가 잘 아는 80이 넘은 목사님이 한 분 계셨습니다. 그 목사님
은 70세가 정년 은퇴지만, 65세에 은퇴하셨습니다. 그래서 제가 만
날 때마다 늘 언짢은 말을 했습니다. 목사님은 직무유기라고, 70세
까지 하라면 하는 거지, 왜 65세에 그만두셨느냐고, 나만 아니라 주
위에 앉은 사람이 전부 공격을 합니다. 65세에 은퇴 안하는 사람들
을 다 매도하는 것 아니냐 하고 막 공격을 했더니, 아무 말씀도 안하
시는데, 조용히 내 귀에다 대고 딱 한마디 하셨습니다. "누군 은퇴하
고 싶어서 했나?" 알아듣겠습니까, 무슨 말인지? 그런 목사님이 계
셨습니다.

그런데 그분을 평생 괴롭히던 장로님이 한 분 있는데, 이 장로
님이 연세가 많아서 병원에 있습니다. 임종이 가까웠다는 말도 들었
습니다. 그래서 이 80이 넘은 목사님이 그를 괴롭히던 그 장로님을
찾아갔습니다. 임종이 가까웠다는 말을 듣고 찾아갔더니 정말 이제
며칠 안남았습니다. 마지막 가는 길을 위해서 준비하는 시간입니다.
들어가서 기도하고 성경을 읽고 다 하고 나서 맨 마지막에 마음 깊
이 있던 이야기를 딱 한마디 했습니다. "장로님, 저와 같이 교회 섬
기면서 혹 섭섭했던 일이 있더라도 이제는 다 잊어버립시다." 그랬
더니 그 장로님이 목사님을 쳐다보고 빙그레 웃으면서 하는 말입니
다. "아직도 뭘 기억하고 있을 게 있소?" 그 말에 이 목사님이 깜짝
놀랐습니다. 이 목사님은 장로님에 대해서 늘 안좋은 생각을 하고
있었습니다. 그런데 이 장로님은 전혀 없습니다. 그 목사님이 그 사

건 뒤에 여러 교회 다니면서 설교할 때마다 이 이야기를 했습니다. 너무나 부끄러웠다고, 내가 너무나 부끄러웠다고. 그 이야기를 저도 몇 번 들었습니다. 간증처럼 얘기하며 그랬습니다. 그러다가 그 목사님도 돌아가셨습니다.

성도가 성도됨에 있어서 구원의 절대조건을 알아야 합니다. 나머지는 이래도 되고, 저래도 되고, 좀 정도에 따라서 좀 더 거룩할 수도 있고, 못할 수도 있고, 좀 더 깨끗할 수도 있고, 좀 덜 깨끗할 수도 있을 것입니다. 그러나 절대조건, 이것 없이는 구원을 못받습니다. 그 몇 가지가 있습니다. 첫째가 회개하고 예수를 믿어야 한다는 것입니다. 오직 예수의 은혜로 구원 받으니까, 예수를 믿는 것이 첫째 절대조건입니다.

두 번째는 성령으로 인하여 중생하는 것입니다. 중생하지 못하면 하늘나라를 보지 못한다, 하늘나라에 들어가지 못한다고 말씀하셨습니다. 이것, 절대조건입니다. 그리고 다르게 말하면 어린아이와 같은 마음으로 하늘나라를 영접해야 할 것입니다.

세 번째는 우리가 까맣게 잊어버리고 있을 때가 많습니다. 용서해야 됩니다. 주기도문에 뭐라고 되어 있습니까? '우리가 우리에게 죄 지은 자를 사해준 것같이 우리 죄를 사해 주옵소서.' 우리 죄를 사해달라는 말은 말버릇처럼 합니다. 날마다 합니다. 그러나 '우리가 우리에게 죄 지은 자를 사해준 것같이' 이 대목을 잊어버립니다. 그러나 그것은 절대조건입니다. 내가 용서해야 됩니다. 우리가 우리에게 잘못한 자를 용서해야 용서받는 것입니다. 이것은 절대조건이라는 말입니다. 오늘본문은 더욱 심각합니다. '주께서 너희를 용서하신 것같이 너희도 그리하고 주님이 우리를 용서하신 것같이 용서

하고 그 모든것 위에 사랑을 더하라.' 아주 굉장한 말씀입니다. 복음 중의 복음입니다.

프레드 러스킨(Fred Luskin)이라는 유명한 사상가가 이런 말을 합니다. 그가 쓴 「용서(Forgive for Good)」라는 책에서 하는 말입니다. 첫째, '용서를 통해서 우리는 과거로부터 자유할 수 있다.' 이제 모든 문제가 과거에 있지 않습니까. 용서하고야 내 이 모든 과거에 있던 사건들, 이 어지러운 사건들, 우리를 괴롭히는 모든 죄의식으로부터 벗어날 수 있습니다. 과거로부터 벗어날 수 있습니다. 쉽게 말하면 용서하고야 잠을 잘 수 있는 것입니다. 내 영혼이 자유하려면 깨끗하게 용서하고야 비로소 과거로부터 자유하고, 모든 증오와 잘못된 기억으로부터 내 영혼이 자유할 수 있다는 것입니다.

둘째, '용서함으로 말미암아 두려움에서 벗어날 수 있다.' 우리는 미래에 대한 두려움이 있습니다. 걱정거리가 많습니다. 다 어디서부터 왔습니까? 심리적으로 깊이 들어가 보면 용서 못한 것이 있기 때문입니다. 다 용서한 사람은 두려움이 없습니다. 거칠 것이 없습니다. 모든 사람을 반갑게 대할 수 있습니다. 어떤 일에도 밝은 소망을 전파할 수 있습니다. 두려움의 근본에는 내가 아직도 풀지 못한, 용서하지 못한 사건이 거기에 있다는 것을 잊지 말아야 합니다. 용서하고야 내 영혼이 두려움으로부터 자유할 수 있습니다.

셋째, '용서를 통해서 미래를 볼 수 있다.' 용서하고 나면 환하게 미래가 보입니다. 앞일을 걱정할 것 없습니다. 이런 일이 있을까? 저런 일이 있을까? 뭐, 이런 일도 있고, 저런 일도 있지요. 그러나 다 잘되는 것일 것입니다. 왜 잘 안될 것이라고 생각합니까? 왜 이 것이 잘 안되는 징조라고 생각하게 됩니까? 그것은 용서 못한 사건 때문입니다. 다 용서한 사람한테는 미래가 보입니다. 소망이 보인다는 말입니다.

그런데 용서만 가지고는 안됩니다. 망각으로는 부족합니다. 잊어버리는 것만 가지고는 안됩니다. 그래서 오늘본문은 말씀합니다. "이 모든 것 위에 사랑을 더하라……(14절)" 용서해서 받은 은혜의 수혜자는 저가 아니라 본인 자신입니다. 그것을 잊지 말아야 됩니다. 용서함으로 내가 사는 것입니다. 수혜자는 나 자신이다— 참으로 중요한 말씀입니다.

사람을 셋으로 나누어보면, 사람이라는 것이 묘한 동물입니다. 일단 사람에게는 동물성이 있습니다. 동물이니까 먹어야 하고, 자야 하고, 쉬어야 합니다. 이런 동물적 요소가 사람한테는 있습니다. 그런데 동물적 요소의 특징이 뭐냐 하면 반사작용(Reaction)입니다. 아무리 사랑하는 개라고 하지만, 여러분이 어느 때 그 꼬리를 한번 밟아보십시오. 깨갱하면서 뭅니다. 이것이 반사작용입니다. 개가 그 시간에 '주인이 나를 늘 사랑해주었지. 그런고로 이거 용서한다' 그런 것 없습니다. 밟으면 그냥 뭅니다. 이것이 개라고요. 그것을 잊지 말아야 됩니다. 반사작용, 그렇게만 사는 것입니다.

그런가하면 사람은 무엇입니까? 사람은 응답(Response)하는 존재입니다. 다시 말하면 생각하고 반응하는 것입니다. 가령 여러분이 전철을 탔는데 가만히 보니 누가 내 발을 밟고 있습니다. 발이 아픕니다. 발이 아프자마자 발을 확 빼면서 "이거 누가 내 발을……"이렇게 말하는 것은 개과(科)입니다. 아플 때 딱 쳐다보고 상대가 예쁜 아가씨면 "조금 더 밟고 계세요" 합니다. 이것은 무엇입니까? 이것이 사람입니다. 사람은 생각하고 응답합니다.

이처럼 사람들이 일반적으로 갖고 있는 잘못된 사랑에는 먼저 상호성 사랑이 있습니다. '네가 나를 사랑했으니까 나도 너를 사랑한다. 네가 나를 사랑하는 만큼 나도 너를 사랑할 것이다.' 또는 대가성도 있습니다. '행동할 때마다, 이렇게 해놓으면 좋은 결과가 올 것이다, 부모님께 효도하면 유산이 올 것이다.' 이런 것 말입니다. 뭔가 대가를 바라고 하는 일들, 이것 문제 아닙니까.

어떤 혼자 사는 할아버지가 이상하게도 몇 캐럿짜리 커다란 다이아 반지를 끼고 있습니다. 몇 억짜리입니다. 그러니까 며느리가 와서 잘해주면서 "아버지, 언젠가 그 다이아 반지 저 주시죠" 합니다. 그러자 그 시아버지가 "그러지. 생각해보자" 합니다. 이번에는 딸이 와서 "아버지, 세상 떠날 때 그것 나 주세요" 합니다. 그러자 역시 "생각해보자" 그랬습니다. 딸, 며느리 할 것 없이 그 할아버지한테 잘 했습니다. 그런데 돌아가신 다음에 보니까 가짜더랍니다. 그것이 효도입니까. 인간이 참 좋기는 하지만, 그런 것 보면 인간이 못됐습니다.

세 번째로 하나님 같은 사람이 있습니다. 이것은 무엇인고 하니, 하나님을 닮아가는 것입니다. 마태복음 5장 48절은 말씀합니다. "그러므로 하늘에 계신 너희 아버지의 온전하심과 같이 너희도 온전하라." 하늘 아버지의 온전하심같이 너희도 온전해라 우리가 감히 거기 가까이 못가지만, 그래도 하나님 말씀을 따라 하나님께 가까이 가려고 하는 것, 동물성을 떠나고, 인간성을 떠나서 하나님을 닮아 가려고 하는 그런 인간이 있다고 하는 말씀입니다.

그러면 용서라는 것이 무엇입니까? 먼저 용서하지 못한다고 할 때는 내가 하나님 대신 심판주가 되는 것입니다. 누구도 내가 남을 심판할 수 없습니다. 심판은 하나님만이 하시는 것입니다. 그런고로 하나님을 대신할 생각 하지 마십시오. 그런고로 로마서 12장에서 말씀합니다. '원수 갚는 것 하나님께 맡기라. 그에게 맡기라. 그건 네가 할 일이 아니다.' 이것을 잊지 마십시오. 우리는 용서하고 살아갈 것입니다. 아무도 미워할 권리가 없습니다. 아무도 심판할 권리는 우리에게 없다는 말입니다. 원수 갚는 것, 하나님께 있습니다. 내가 심판주가 돼서는 안됩니다.

또 하나는 용서 못할 때 내가 죽는 것입니다. 남이 죽는 것이 아닙니다. 지난날에 억울함을 당했는데, 그렇다고 용서하지 못하면 과거도 빼앗기고, 미래도 빼앗기는 것입니다. 참으로 어리석은 짓입니다. 용서할 때만이 내가 나를 구제할 수 있습니다.

또 하나, 우리는 잊어버리려고 합니다. 망각해버리려고 몸부림을 칩니다. 잊어버리는 것이 용서이고, 그럼으로써 자유를 얻으려고 합니다.

그러나 잊어버리는 것만 가지고는 안됩니다. 잊어버리려는 노력만 가지고는 잊어버릴 수 없습니다. 사랑해야 됩니다. 베드로전서 4장 8절은 말씀합니다. "사랑은 허다한 죄를 덮느니라." 사랑하고 보면 죄가, 허물이 다 덮입니다. 허물이 보이지 않습니다.

그럼 사랑이란 무엇입니까? 책임을 내가 지는 것입니다. 지금 뭔가 잘못된 것같은데, 상대방한테 책임을 묻지 마십시오. '내가 뭔가 잘못됐을 것이다(something wrong with me).' 책임을 내가 지는 것이 사랑입니다. 사랑이란 남에게 책임을 전가하지 않습니다. 어떤 일이라도, 어떤 잘못된 자녀든, 어떤 망나니 같은 남편이든, 그 누구든 상관없습니다. 모든 책임은 내게 있다고 하는 것이 사랑입니다.

무엇인가 내가 잘못했을 것이라고, 자기가 책임을 지는 마음입니다.

그리고 마태복음 5장 44절에 보면 그뿐만 아니라 '기도하라. 원수를 위하여 기도하라'고 합니다. 로마서 12장 20절에 "네 원수가 주리거든 먹이고 목마르거든 마시우라……" 잠언 25장 21절은 말씀합니다. "네 원수가 배고파하거든 식물을 먹이고 목말라하거든 물을 마시우라." 잠언 24장 17절은 말씀합니다. "네 원수가 넘어질 때에 즐거워하지 말며 그가 엎드러질 때에 마음에 기뻐하지 말라." 그러면 하나님께서 저주를 네게 돌리실 것이다— 원수가 넘어질 때 기뻐해서는 안된다는 말입니다.

또한 사랑하면 이제는 그를 기뻐하는 것입니다. 그를 생각하면서 기쁘고, 만날 때 기쁘고, 함께할 때 기쁩니다. 좀 더 나아가 사랑이란 그를 위해서 나를 희생하는 것입니다. 희생하면서 기쁜 것입니다. 그것이 진정한 사랑입니다.

요새 캠프를 많이 합니다. 캠프를 가면 어린아이들이 내 마음대로 해줍니까. 강아지처럼 목을 매놓고 있을 수도 없고, 물가에 들어가면 자꾸 깊은 데로 들어가려고 하거든요. 물에 들어가지 말라고 엄마가 주의를 주어도 알았다고 하고 나서는 또 들어갑니다. 들어가지 마라 그러는데도 깊이 들어갔다가 그만 떠내려갑니다. 떠내려가면서 "엄마!" 하고 부르지만, 이미 늦었습니다. 엄마로서는 그를 건질 수 없습니다. 그래서 119의 구조대원이 와서 물에 빠져 떠내려가는 아이를 건졌습니다. 바로 이 경우입니다. 아이가 지금 막 구조되어 왔을 때입니다. 서양사람들은 이런 경우에 대체로 어떻게 말하느냐 하면 "괜찮으냐(Are you OK)?" 하고는 "나는 깜짝 놀랐다. 네가 우리에게 얼마나 소중한 존재라는 걸 이제 깨달았다. 네가 없이는 우리는 행복할 수가 없으니까” 하고 말합니다. 그러면 아이들은 이 사건을 통해서 존재감을 느끼는 것입니다.

하지만 우리는 대체로 이런 경우에 뭐라고 말할 것같습니까? “이 웬수야, 너 때문에 못살아” 합니다. 이것이 우리의 말버릇입니다. 지금 이런 상황에서 어떻게 해야 되겠습니까? 서양사람들처럼 “괜찮으냐? 이건 내 잘못이다(Are you OK? It's my fault)” 해야 할까요? 아니면 “이 웬수야!” 이렇게 해야 됩니까? 그러니까 아이가 다시 들어가 죽어야겠다고 생각하지요. 존재감을 잃어버린다는 것입니다. 이거 되겠습니까. 이것이 바로 우리 수준입니다. 잊지 말아야 합니다. 참아주는 것, 좋습니다. 잊는 것도 좋습니다. 그러나 이것 가지고는 부족합니다. 사랑을 더하라

우스운 이야기지만, 제가 어렸을 때 우리 할머니한테 옛날 얘기 해달라고 하면 한 얘기 또 하고, 또 얘기하고, 할아버지도 해주시고 그랬는데, 할머니한테 들은 얘기는 딱 한마디 밖에 없는 것같습니다. 다 잊어버렸는데, 이 얘기를 여러 번 들었습니다. 옛날에 고부 관계가 참 어려웠지 않습니까. 어느 마을에 시어머니가 있고, 며느리가 있었는데, 이 시어머니가 얼마나 못됐는지, 이 과부 시어머니가 며느리를 얼마나 괴롭히는지, 도무지 못살겠습니다. 아무리 잘하려고 해도 안되고, 너무너무 괴로워서 동네의 나이많은 할머니, 요새말로 말하면 멘토 같은 할머니를 찾아갔습니다. “나 더는 못견디겠습니다. 어떡하면 좋겠습니까?” 그러자 그 할머니가 “시어머니 죽으면 좋겠나?” 묻습니다. 그러자 며느리가 “그랬으면 좋겠어요. 살만큼 살았는데, 시어머니 죽었으면 좋겠어요”라고 말합니다. “그래? 그럼 내가 죽여주지.”“어떻게요?”“밤을 구해다가 아침에 밥하

러 나갔을 때 아궁이에다가 밤 세 개를 구워라. 그걸 잘 까서 접시에 담아가지고 가서 아직 시어머니가 일어나지 않았을 때 머리맡에 갖다 놓고 '어머니, 여기 밤을 구워왔습니다. 잡수세요' 하고 아침마다 드리는 걸 한 달만 하면 죽을 거야." "알았습니다." 그리고 아침마다 밤을 까서 머리맡에 갖다놓고 "어머니, 이 밤 잡수세요" 하고 드렸다는 것입니다. 한 보름 동안 잡수시더니 이 시어머니가 얼굴이 뽀얘지고 얼굴이 예뻐졌습니다. 그리고는 고분고분해져서 며느리를 사랑해주는 것입니다. 그러자 이 며느리가 그 할머니한테 찾아가서 "지금은 죽으면 안되겠던데요" 그랬다는 것 아닙니까. 사랑하십시오. 그것이 이기는 것입니다. 미워해가지고는 안되는 것입니다. 잊어버리는 것만 가지고도 안됩니다.

우리가 구약성경을 볼 때 크게 감동되는 부분이 하나 있습니다. 저는 개인적으로 아주 사랑합니다. 그것이 바로 요셉입니다. 하도 요셉이 마음에 들어서 제가 아들을 요셉이라고 이름을 지었습니다. 그 요셉이 그 형들을 만나는 장면을 보십시오. 형들이 동생을 죽이려고 했는데도 불구하고 그 형들을 앞에 놓고 말합니다. "당신들은 나를 팔아먹었지만, 하나님께서 악을 선으로 바꾸사 나로 하여금 애굽의 총리가 되게 하셨습니다. 이것은 당신들이 나를 팔아먹은 것이 아니고, 하나님께서 나를 이리로 보낸 것입니다. 아무 걱정 하지 마세요. 두려워하지도 마세요. 내가 당신들의 자녀를 기르리이다." 기가 막히지 않습니까. 원수도 그런 원수가 없습니다. 이 원수를 사랑합니다. 사랑해버립니다. 그 요셉의 얼굴이 어떻습니까. 이것이 하나님을 닮은 사람이요, 그만이 자유 할 수 있는 것입니다. 그는 두려움도 없습니다. 그에게는 미래가 있습니다.

아직도 여러분의 마음속에 맺힌 것이 있고, 어두운 그림자가 있습니까? 용서하십시오. 아니, 사랑하십시오. 사랑함으로써만이 여러분은 자유인이 될 수 있습니다. 예수님께서 십자가에 돌아가실 때 그 아우성을 치면서 예수를 십자가에 못박는 사람들을 앞에 놓고 "하나님이시여, 저들의 죄를 사해주시옵소서. 모르기 때문입니다" 하는 엄청난 선언을 하셨는데, 이 사랑이 모든 인류를 구원하게 될 것입니다.

더는 우리 마음속에 조금이라도 어두운 그림자가 있어서는 안 됩니다. 혹 기억나는 자가 있거든 오늘은 찾아가십시오. 그를 위해서 기도하십시오. 그리고 그를 사랑하십시오. 그리고 자유인이 되어야 합니다. △

사람은 무엇으로 사는가

그 때에 예수께서 성령에게 이끌리어 마귀에게 시험을 받으러 광야로 가사 사십 일을 밤낮으로 금식하신 후에 주리신지라 시험하는 자가 예수께 나아와서 가로되 네가 만일 하나님의 아들이어든 명하여 이 돌들이 떡덩이가 되게 하라 예수께서 대답하여 가라사대 기록되었으되 사람이 떡으로만 살 것이 아니요 하나님의 입으로 나오는 모든 말씀으로 살 것이라 하였느니라 하시니 이에 마귀가 예수를 거룩한 성으로 데려다가 성전 꼭대기에 세우고 가로되 네가 만일 하나님의 아들이어든 뛰어내리라 기록하였으되 저가 너를 위하여 그 사자들을 명하시리니 저희가 손으로 너를 받들어 발이 돌에 부딪히지 않게 하리로다 하였느니라 예수께서 이르시되 또 기록되었으되 주 너의 하나님을 시험치 말라 하였느니라 하신대 마귀가 또 그를 데리고 지극히 높은 산으로 가서 천하 만국과 그 영광을 보여 가로되 만일 내게 엎드려 경배하면 이 모든 것을 네게 주리라 이에 예수께서 말씀하시되 사단아 물러가라 기록되었으되 주 너의 하나님께 경배하고 다만 그를 섬기라 하였느니라 이에 마귀는 예수를 떠나고 천사들이 나아와서 수종드니라

(마태복음 4 : 1 - 11)

사람은 무엇으로 사는가

여러 해 전에 특별한 기회를 얻어서 아프리카 탄자니아를 방문한 적이 있었습니다. 저에게는 일생동안 잊을 수 없는 아주 중요한 여행이었다고 생각합니다. 탄자니아에는 그 유명한 꼬롱꼬로라고 하는 분화구가 있습니다. 그 직경이 40킬로미터나 되는 둥그런 분화구입니다. 그 안에는 평야와 초원이 있습니다. 거기에 많은 동물들이 살고 있습니다. 사자, 코끼리, 하마, 코뿔소, 악어 할 것 없이 수많은 짐승들이 있는데, 자연의 법칙대로 먹고 먹히고 번식하면서 살아갑니다. 정말 동물로 꽉 찬 자연 동물원입니다. 그래서 사람들이 거기에 가면 지프차를 타고 다니면서 그 동물들을 구경하는데, 저도 특별한 구경을 한 번 했습니다. 여러 가지 재미있는 이야기가 많습니다마는, 제가 잊을 수 없는 중요한 경험을 한 번 했습니다. 그것은 사자에 관한 이야기입니다. 동물의 왕인 사자, 그것도 수사자는 아주 잘 생겼습니다. 주위에 사자가족들이 한 20마리 여기저기 있는 곳을 방문했습니다. 가까이 가보고 깜짝 놀란 것이 하나 있습니다. 사자들이 나무그늘에 누워 있는데, 그 앞에 노루, 토끼, 사슴 들이 같이 어울려 있었다는 것입니다. 같이 어울려서 풀을 뜯고 있습니다. '내가 에덴동산에 왔나? 어떻게 된 건가?' 하고 제 눈을 의심했습니다. 아무리 봐도 사자와 토끼와 노루가 같이 어울리고 있는 것입니다. 이것이 도대체 웬일입니까! 그래서 제가 안내원에게 이거 무슨 일이냐고, 어떻게 저 사자 앞에 저렇게 토끼와 노루가 같이 있느냐고 물어보았더니, 진리를 말해주었습니다. "저 사자는 자기 배가 부르면 절대로 다른 짐승을 해하지 않습니다. 또 식사시간이 아니면 식사를 안합니다. 식사시간에만 식사를 합니다." 또 하나, 절대로 내일 먹겠다고 미리 잡아놓는 법이 없다고 합니다. 다시 말해서 저축을 안하는 것입니다. 지금은 식사시간이 아니기 때문에 사자 앞에 연약한 짐승들이 풀을 뜯고 같이 노는 것입니다.

이런 평화가 어디 있습니까. 이렇게 아름다운 장면을 구경하면서 많은 생각을 해보았습니다. '네가 우리보다 낫다!' 사람은 배불러도 더 먹으려 하고, 많이 가져도 더 가지려 합니다. 또 다음을 위해서 예비하고 준비하고, 이 난리를 치면서 살아갑니다. 그 사자들의 세계를 보면서 좀 부끄러움을 느껴보았습니다. 유명한 찰스 다윈이 이 동물들의 세계를 깊이 관찰하면서 연구한 것이 우리가 잘 알고 있는 소위 진화론입니다. 그 진화론이 공산주의의 철학이 되었고, 오늘까지도 세상을 어지럽히는 좌익사상이 된 거란 말입니다. 그는 동물을 연구하면서 몇 가지를 발견했습니다. 첫째, 생존경쟁이라는 것입니다. 사람을 포함해서 모든 동물들이 생존경쟁, 살아남기 위해서 몸부림을 칩니다. 그러다보니 약육강식이 생겨났습니다. 큰 동물이 작은 동물을 먹고, 작은 동물이 더 작은 동물을 먹습니다. 이렇게 악순환이 이어지는 것입니다. 이것이 생물의 세계입니다. 그러면서 가만히 보니 꼭 강한 자가 이기는 것만 아니라, 약한 자도 이기게 되더라는 것입니다. 왜냐하면 적자생존이기에 그렇습니다. 적자생존의 원리에 의해서 약한 것같지만 번식하고, 강한 것같지만 오히려 약해지는 현상이 나타납니다. 그 다음에 더 중요한 것이 있습니다. 적자생존의 원리입니다. 이것은 진화하는 자만이 살아남고, 환경에 적응할 뿐만 아니라 적응하기 위해서 자기를 변화시키는 자, 변화되는 자는 살아남고, 변화할 줄 모르면 죽는다는 원리입니다. 그래서 동물을 보던 눈과 생각으로 세상을 바라봅니다. 그래서 사람도 동물과 똑같다고 생각합니다. 여기서 이른 바 변증법적 유물론이라는 것이 나오고, 여기서 공산주의 사상이 나오게 된 것입니다. 여기서 인간의 가치는 동물 이하로 떨어지고 맙니다.

사람은 무엇으로 사는 것입니까? 「행복의 조건」이라는 유명한 베스트셀러를 쓴 조지 베일런트 교수는 하버드 대학 학생들이 졸업한 다음 사회에 나가서 40년 동안을 어떻게 사는지를 조사했습니다. 졸업생 수천 명을 자세하게 추적해서 결과물을 얻어 내놓은 것이 「성공적 삶의 심리학」이라는 책입니다. 한마디로 줄여 말하면 '성공은 절대로 돈이나 명예가 아니다'라는 것입니다. 가지면 더 가지려 한다는 것입니다. 마지막에 남는 것은 건강이더라는 것입니다. 다 가지고도 건강 잃어버리면 아무것도 아니니까 건강이 중요합니다. 그런데 건강이 식이요법으로 되고, 운동으로 되고, 영양으로 되는 것이 아닙니다. 많이 애를 씁니다마는, 이것들로는 15퍼센트도 안된답니다. 건강의 비결은 오직 하나 Open Mind, 마음을 여는 것입니다. 탐욕의 노예가 되면 제명대로 사는 사람이 없습니다. 이 사실을 알아야 합니다. 탐욕의 노예가 되면 아무리 많은 것을 가지고도 불행합니다. 마음을 열어야 됩니다. 양심을 향해서, 진리를 향해서, 이웃을 향해서, 하나님을 향해서 마음을 열어야 됩니다. 그런 사람이 건강하게 살 수 있습니다. 이것이 결론입니다.

마음을 열 때 우리에게 들려오고, 비로소 깨닫게 되는 바가 있습니다. 오늘 본문에서 예수님께서는 거룩한 전도사역을 이루시기 바로 직전에, 어떻게 말하면 예수님의 그 거룩한 사역에 전략을 세우십니다. 그래서 일하시기 전에 먼저 기도하시고, 일을 시작하시기 전에 먼저 광야에 나가셔서 시험을 받으십니다. 오늘본문 가운데 특별히 넘어가기 어려운 부분이 하나 있습니다. "성령에게 이끌리어 마귀에게 시험을 받으러 광야로 가사(1절)"— 일반상식으로 말하면 마귀에게 이끌리어 광야로 가사 시험을 당하셨다고 해야 되겠는데, 성경은 그렇지 않습니다. 성령에 이끌리어 광야로 가사 마귀에게 시험을 받으셨습니다. 다시 말해 마귀에게 시험을 당하시기 위해서 오히려 마귀를 향해서 도전적으로 광야로 가신 것입니다. 그리고 40일 동안 금식을 하십니다. 이 시간은 이 세상적인 능력, 세상적인 한계, 세상적인 지식을 다 버리시는 기간입니다. 40일 동안의 금식은 아주 절절한 시간인데, 마귀에게 시험을 당하십니다. 이 사건은 너무나도 중요합니다. 총주제가 무엇입니까? 딱 한마디입니다. '네가 만일 하나님의 아들이어든……' 이것입니다. 여러분으로 돌아가 말하면 내가 정말 크리스천이고, 내가 하나님의 자녀라면 내 앞에는 어떤 일이 있어야 하는 것이냐는 것입니다. 내가 하나님의 아들이라면 말입니다. 이것을 묻는 것입니다. 이렇게 하면 어떻습니까? '하나님의 아들이어든 어째서 배고프냐? 하나님의 아들이 왜 굶주리느냐? 하나님의 아들이 왜 이 고난을 당해야 하느냐? 만사형통해야 될 것 아니겠는가? 배고픈 일도 없고, 병드는 일도 없고, 시험당하는 일도 없어야 하나님의 아들이지, 하나님의 아들이 왜 배가 고프냐? 왜 주려서 죽을 지경이 되었느냐?'

심리학적으로 생각해보면 40일을 굶고 나니 아마도 광야 여기저기 놓여 있는 돌덩이가 떡 덩이로 보였던 것같습니다. '저 돌이 떡 덩어리라면 얼마나 좋을까!' 그런 생각까지 하실 정도로 지금 힘든 지경이 왔습니다. 이것을 깊이 생각해야 합니다. 여러분은 사흘을 굶어보았습니까? 아무 생각도 없습니다. 오직 먹을 생각 밖에 없습니다. 굶는다는 것은 참으로 무서운 일입니다. 제가 북한에서 강제노동수용소에 들어가 한 7개월 동안 고생한 적이 있습니다. 아침부터 밤까지 일을 시키고, 하루에 두 끼의 식사를 줍니다. 그런데 몇 달 동안 하다보니 머릿속에 오직 밥 먹을 생각밖에 아무것도 없습니다. 그 수수밥 주는 것 한 그릇 얻어먹을 생각 밖에는 머리에 아무것도 없습니다. 이것이 바로 시험이라는 것입니다. 사람이 배고프고 가난할 때에는 가난 말고는 다른 문제가 하나도 없는 것입니다. 그 외에는 관심이 없습니다. 그런데 오늘 예수님께서 당하신 이 시험, 곧 마귀가 하는 말이 그것입니다. '네가 하나님의 아들이어든 왜 굶고 앉았느냐? 돌덩어리를 변화시켜 떡으로 만들 수 있는 능력도 있지 않느냐? 능력도 있고, 소재도 있는데, 왜 굶고 앉아서 고생을 하는 것이냐?' '내가 하나님께서 사랑하시는 자녀라면 내가 왜 이 고생을 하나요? 내가 왜 병들어야 되고, 왜 실패해야 되고, 왜 배신을 당해야 하나요? 내가 하나님의 아들이어든 이것이 무슨 시험이라는 말입니까?' '내가 정말 하나님의 아들인가? 정말 하나님이 나를 사랑하시는가?' 이렇게 흔들어놓는 것입니다.

그런데 놀라운 것은 40일을 금식하고 주린 그 절박한 시간에도 예수님께서는 대답하십니다. 이것을 배워야 합니다. 사람이 떡으로만 사는 것이 아니요 바로 이 시간에도 내가 지금 40일을 굶고 고생을 하고 있어도 하나님께서는 나를 사랑하십니다. 지금 나는 하나님의 은혜 안에 있습니다. 사람이 떡으로 사는 것이 아니요, 하나님의 모든 말씀으로 사는 것입니다. 아주 중요한 말씀입니다. 여기에 신학적인 이야기가 조금 필요합니다. 성경에 보면 말씀이라는 말이 여러 곳에 나오는데, 조금 구분이 필요합니다. 요한복음에 나오는 '태초에 말씀이 계시니라'에서 이 말씀은 로고스입니다. 로고스는 헬라어입니다. 로고스로 나타난 말씀이 있고, 또 하나는 레마로 나타난 말씀이 있습니다. 로고스 곧 태초에 말씀이 있다는 것은 생명력을 뜻합니다. 하나님의 위대한 생명력이 우리와 함께하시는 근본적이고 아주 신비로운 하나님의 말씀, 말씀이 육신이 되어 우리 가운데 거하시는 그런 말씀입니다. 그런가하면 레마란 우리 입에서 나오는 말을 뜻합니다. 입에서 나오고 들리는 말. 레마 레마타라고 합니다. 오늘 여기에 주시는 말씀은 사람이 하나님의 말씀으로 산다는 레마입니다. 그 들리는 말씀, 성령 안에서 꼭 필요한 시간에 절절하게 내게 주시는 그 말씀에 의해서 사람은 살아갑니다. 사실입니다. 밥으로 사는 것이 아닙니다. 떡으로 사는 것이 아닙니다. 경제로 사는 것이 아닙니다.

며칠 전에도 일본에서 오신 선교사님과 같이 이야기해 보았습니다. 지난번 고베 지진이 끝난 다음에 이백 명이 자살을 했답니다. 이번에 동북부 지진이 난 다음에, 지금 정확한 통계는 나오고 있지 않지만, 수천 명이 자살을 했답니다. 왜 그렇습니까? 지금 먹을 것이 없는 것이 아닙니다. 정신적으로 견디지를 못하는 것입니다. 전쟁보다 무서운 것이 질병이고, 질병보다 무서운 것이 절망입니다. 그 속에 말씀이 없습니다. 이것을 잊지 말아야 합니다. 어떤 고난을 당하느냐가 문제가 아닙니다. 마가복음 2장 5절에서 우리가 듣습니다마는, 중풍병자에게 예수님께서 딱 한마디 하십니다. "네 죄 사함을 받았느니라." 지금 병들어 고생을 하고 괴로워하고 있지만, 그 마음속에 깊은 죄의식이 있는 것을 예수님께서는 간파하시고 딱 한마디 하신 것입니다. "네 죄 사함을 받았느니라." 벌떡 일어나는 것입니다. 요한복음 9장에 보면 나면서부터 소경 된 사람이 있습니다. 예수님께서 말씀하십니다. '이 사람이나 그 부모의 죄로 인한 것이 아니라 그에게서 하나님께서 하시는 일을 나타내고자 하심이라.' 그래서 너는 소경이요, 네게 이런 고통이 있다는 것입니다. 이 사람이 눈을 뜹니다.

요한복음 11장에서 나사로가 죽었습니다마는, 예수님께서는 말씀하십니다. '이 병은 죽을병이 아니라 하나님의 영광을 위함이오.' 어찌 생각합니까? 이 말씀이 들려와야 됩니다. 순간순간 들려와야 됩니다. 병이 있습니까? 이 병을 통해서 주의 음성을 들어야 합니다. '내가 너를 사랑한다. 잘못 가는 길을 내가 가로막는다. 이 이상의 욕심을 부리지 마라.' 순간순간 들려옵니다.

저는 자랑거리가 하나 있습니다. 소망교회 목회할 때 아주 사업이 어렵고 어려워 마지막에 온 가정이 집단 자살을 하려고 할 때 그 딸이 아버지에게 교회 한 번 나가보고 죽자고 해서 아버지와 딸이 교회에 나왔습니다. 첫날 나와서 말씀을 듣고 수첩 맨 첫 페이지에다 그것을 딱 써놓았습니다. 그 말씀을 듣고 듣고 다시 일어났습니다. 자살하려고 했던 사람이 다시 일어나서 3천억 부자가 되었습니다. 그 수첩에 써놓은 것을 제가 몇 번 보았습니다. '시련은 저주가 아니요, 또 다른 축복으로 향하는 하나님의 은사다.' 마침 그날 제가 욥에 대해서 설교를 했습니다. 여기서 그 음성을 듣고 다시 일어난 것입니다. 그래서 예수님께서 말씀하시지 않습니까. 주기도문 가운데 일용할 양식을 위해서 기도하라고요. 영적으로 일용할 양식입니다. 어제 들은 말씀이 아니고, 오늘 듣는 말씀입니다. 어제 깨달은 바가 아니고, 오늘 주시는 말씀입니다. 날마다 말씀을 들어야 합니다. 날마다 들려와야 합니다. 길을 걸으면서도, 밥을 먹으면서도, 누구를 만날 때에도 순간순간 내게 하나님의 음성이 들려와야 합니다. 방송을 들을 때, 또 신문을 볼 때, 끔찍한 사건들을 보면서 하나님의 음성이 들려와야 합니다.

저는 개인적으로 존경하는 목사님이 한 분 계십니다. 제가 부목사로 있다가 그분을 이어서 담임목사가 되었고, 그분은 원로목사가 되셨는데, 하루는 사무실에 있는 동안 신문이 배달된 적이 있었습니다. 신문을 보다보면 끔찍한 이야기가 많이 있습니다. 살인사건, 강도사건, 전쟁…… 그래 그런 끔찍한 사건이 난 것을 보면서 '세상이 어떻게 되려고 이러나?' 하는 얘기들을 하고 있으면 목사님이 '그 신문 이리 줘' 하시고는 그걸 받아서 쥐고 나가십니다. 한번은 제가 목사님이 어디로 가시나 궁금해서 따라서 나가보니, 교회 본당으로 들어가십니다. 그리고 강대상 앞에 신문을 펴놓고는 '하나님, 어찌해서 이런 일이 있는 겁니까? 주여, 말씀하소서' 하고 앉아서 기도하십니다. 제가 그것을 보았습니다. 순간순간 사람의 소리를 듣지 말고 하나님의 음성에 귀를 기울여야 합니다. 날마다 들어야 합니다. 사건마다 들어야 합니다. 내가 마음을 열고 마음의 귀를 열면 들려옵니다. 아모스 8장 11절은 말씀합니다. "양식이 없어 주림이 아니며 물이 없어 갈함이 아니요 여호와의 말씀을 듣지 못한 기갈이라." 오늘도 우리에게 필요한 것은 말씀입니다. 사람은 떡으로 살지 않습니다. 오직 하나님의 입에서 나오는 말씀으로 삽니다.

로마로 가는 배가 풍랑을 만났습니다. 276명이 탄 이 큰 배가 풍랑을 만나서 다 죽게 되었습니다. 그러나 하나님의 음성이 사도 바울에게 들려옵니다. '걱정하지 마라. 너는 가이사 앞에 서야 할 것이다. 너는 로마에 가서 복음을 전해야 할 것이다.' 들려옵니다. 그런고로 바울은 말합니다. '여러분이여, 안심하라. 하나님의 음성이 내게 어젯밤에 들려왔느니라.' 아브라함도 그랬고, 모세도 그랬습니다. 오늘도 그렇습니다. 주의 음성이 들려올 때 그 음성에 바로 응답할 때에 세상은 밝아지고, 생명력을 공급받게 되는 것입니다. 사람은 떡으로 살지 않습니다. 하나님의 입에서 나오는 말씀으로 삽니다. △

참으로 자유하리라

그러므로 예수께서 자기를 믿은 유대인들에게 이르시되 너희가 내 말에 거하면 참 내 제자가 되고 진리를 알지니 진리가 너희를 자유케 하리라 저희가 대답하되 우리가 아브라함의 자손이라 남의 종이 된 적이 없거늘 어찌하여 우리가 자유케 되리라 하느냐 예수께서 대답하시되 진실로 진실로 너희에게 이르노니 죄를 범하는 자마다 죄의 종이라 종은 영원히 집에 거하지 못하되 아들은 영원히 거하나니 그러므로 아들이 너희를 자유케 하면 너희가 참으로 자유하리라 나도 너희가 아브라함의 자손인 줄 아노라 그러나 내 말이 너희 속에 있을 곳이 없으므로 나를 죽이려 하는도다 나는 내 아버지에게서 본 것을 말하고 너희는 너희 아비에게서 들은 것을 행하느니라

(요한복음 8 : 31 - 38)

참으로 자유하리라

2004년 경 일본 동경의 선교대회에서 강사로 몇 시간 강의를 한 적이 있습니다. 거기에 강사로 온 분들 가운데 정태기 교수님이 있었습니다. 이분은 치유를 전공하는 한신대 교수입니다. 예배시간에 설교를 했는데, 온 회중이 큰 은혜를 받은 시간이었습니다. 정태기 목사님은 그때 눈물을 흘리며 아주 감격스럽게 간증적인 설교를 했습니다. 그 설교내용은 이런 것입니다. 그 정교수님이 모 대학의 교목으로 오랫동안 있었을 때의 일입니다. 학교 채플시간 때마다 한 번도 빠지지 않고 참석하는 신실한 교수님이 한 분 있었습니다. 대학에서 보통 학생들에게는 참석하라고 권하면서도 정작 교수님들은 채플시간에 참석을 잘 안해서 목사님들이 늘 불만과 섭섭함이 있었습니다. 그런데 이 교수님은 빠지지를 않았습니다. 희한하게도 매번 채플이 끝난 다음 나갈 때 인사를 하면 이 교수님이 목사님을 붙들고 꼭 한마디를 합니다. 어떤 때는 농담 같고, 어떤 때는 진담 같기도 합니다. "술 끊도록 위해서 기도해주세요. 꼭 끊을 겁니다." 이 똑같은 말을 늘 반복하는 것입니다. 무려 18년 동안이나요. 그 다음에 한동안 안보여서 알아봤더니 술이 원인이 되어 위암에 걸려 죽고 말았다는 것입니다. 그 얘기를 하면서 슬프게 우는 목사님을 보았습니다. 모두가 다 따라서 울었습니다. 하찮은 술, 그것 하나 끊기가 이렇게 힘이 들었습니다. 18년 동안을 '끊겠다. 끊겠다. 기도해주세요. 기도합니다' 하면서 결국 못끊고 술로 세상을 떠나고 말았습니다.

이것이 인간입니다. 여러분도 가슴에 손을 대고 생각해보십시오. 내가 꼭 버려야 할 것이 있는데 못버리고, 끊어야 할 것이 있는데 못끊습니다. 혹 그렇게 수십 년을 지내지는 않았습니까? '이렇게 시시한 인간이 있나? 이렇게 보잘것없는 인간이 있을 수 있나? 이것 하나를 극복하지 못하나!' 이것이 바로 인간입니다. 여러분은 스스로 자유합니까? 혹은 스스로 자유할 수 있다고 생각합니까? 내가 스스로 자유를 지킬 수 있다고 생각합니까? 진실하게 스스로에게 한 번 물어보아야 합니다.

데이비드 A. 씨맨즈 교수가 쓴 「상한 감정의 치유」라고 하는 아주 재미있는 책이 있습니다. 이 책에 나오는 재미있는 일화입니다. 저자가 아메리칸 인디언 부락에 가서 바자회를 방문한 적이 있었습니다. 자신들이 경작하는 모든 농산물과 기르거나 잡아온 짐승들을 비롯하여 온갖 것을 시장에 내다놓고 팝니다. 어느 시장 귀퉁이에 가보니 메추라기 수십 마리를 파는데, 전부 다리를 서로 묶어가지고 끌고 다닙니다. 그 장면을 보았습니다. 그 메추라기들이 끌려 다니는데, 팔리면 틀림없이 사람들한테 구워서 먹힐 것입니다. 갑자기 그 메추라기들이 불쌍하게 느껴졌습니다. 그래서 그 메추라기들의 가격을 물어 몽땅 샀습니다. 그래 그 자리에서 다 풀어주었답니다. 이제 메추라기들은 자유롭게 하늘을 날아가면 됩니다. 그런데 어찌된 일인지, 메추라기들이 그 자리를 떠나지 못하고 계속 빙글빙글 돌기만 하더라는 것입니다. 이것이 바로 인간이요, 무서운 관습이라는 것입니다. 자기 습성에서 벗어나지 못하는 것입니다. 그래서 브라이언 트레이시는 유명한 「백만 불짜리 습관」이라는 책에서 지적합니다. '인간은 95퍼센트의 습관의 결과로 산다.' 인생은 95퍼센트가 습관대로 사는 것입니다. 사람은 생각하는 기능을 가졌습니다. 이것이 사람의 특징입니다. 그래서 사람은 생각합니다. 또 생각하는 대로 행동합니다. 그리고 같은 행동을 반복합니다. 반복이 거듭되면 곧 습관이 됩니다. 생각이 행동과 함께 습관이 되는 것입니다. 그리고 더 나아가 이 습관은 사상이 되기도 하고, 체질이 되기도 합니다. 또 계속되는 습관은 성품이 되고, 마침내는 내 운명까지 되고 맙니다.

습관이라는 것, 한마디로 생각해보면 맹랑한 것입니다. 어떤 것이든 일단 습관이 되고나면 생각의 통제를 벗어나게 됩니다. 습관이 되면 생각 없이 하게 된다는 것입니다. 처음에는 생각이 있었습니다마는, 오랫동안 반복해가는 가운데 습관이 형성되면 이제는 생각할 필요가 없어집니다. 비판할 필요도 없이 그렇게 되고 맙니다. 화를 내기 시작하고, 화내는 것이 습관이 되면 아무 생각 없이 화를 냅니다. 아무 일도 아닌 일에 화를 버럭 내버리고 맙니다. 습관이 되어버린 것입니다. 이 사실을 알아야 합니다. 예를 들어, 사람은 게으름이 습관이 되면 아무 생각 없이 게을러집니다. 벗어나기가 쉽지 않습니다. 생각의 통제를 벗어난 무의식적인 행동, 이 습관이 얼마나 무서운 감옥입니까.

자유란 스스로 얻어지는 것이 아닙니다. 쟁취하는 것도 아닙니다. 자유는 은혜로 주어지는 것입니다. 나 스스로 자유할 수 없습니다. 빌리 그레이엄 목사님이 설교 중에 많이 한 이야기가 하나 있습니다. '홍수에 지금 정신없이 떠내려가는 사람이 구출받기 위해서 자신의 머리카락을 붙잡고 위로 들어올린다고 하자. 열심히 올린다고해서 그 급류에서 건져질 수 있느냐?' 오직 떠내려가지 않는 어떤 사람이 저 강둑에서 밧줄을 던져주면 비로소 그것을 붙잡고 내가 벗어날 수 있습니다. 나 혼자서 허우적거리며 내 머리카락을 위로 올린다고 해서 구원받을 수 있는 것이 아닙니다. 인간은 자기 스스로를 구원할 수 없습니다. 자기 노력과 수고와 결단과 결심으로 될 수 없습니다. 여러분은 얼마나 많은 시간 결심해보았습니까? 그 결심이 도대체 몇 가지나 할 수 있게 만들었습니까? 아예 포기할 때가 많습니다.

오늘본문은 아주 진실하고 선명하게 몇 마디로 우리를 일깨워줍니다. 첫째는 이것입니다. "진리를 알지니 진리가 너희를 자유케 하리라(32절)." 내가 자유하는 것이 아니고, 내가 진리를 알게 될 때, 내가 아는 바 된 그 진리가 나를 자유롭게 합니다. 나 스스로가 아닌 내가 배운 진리가 자유하게 하는 것입니다. 내 마음 속에 확고하게 나를 지배하고 있는 이 진리가 나를 속박에서 풀어 해방시킵니다. 이 사실을 우리가 꼭 잊지 말아야 합니다. 사람은 후회하면서도 뉘우치지 못하고, 가책에 눌려 살면서도 벗어나지 못하고, 불안에 떨면서도 헤어날 길이 없습니다. 오직 진리, 영원한 그 진리가 우리를 자유케 할 때만이 자유할 수 있는 것입니다. 스스로 자유하지는 못합니다. 처음부터 그렇지 못합니다.

차를 운전하다보면 앞에 신호등이 있습니다. 빨간불, 파란불, 노란불로 계속 바뀝니다. 때때로 보면 이 신호등이 내 가는 길을 가로막습니다. 내가 좀 더 빨리 가고 싶지만, 빨간불이 켜지면 멈추어서야 됩니다. 그런데 가만히 생각해보십시오. 저 신호등에 내가 끌려가는 것같지만, 실은 저 신호등 때문에 내가 자유로운 것 아니겠습니까. 신호등이 나를 지켜주는 것입니다. 이처럼 신호등이 나를 자유롭게 해준다고 생각하는 사람이 있는가 하면, 어떤 사람은 신호등에 빨간불이 켜질 때마다 그렇게 생각하지 못하고 도리어 화를 내는 사람이 있습니다. '저것 때문에 내가 빨리 못간다.' 참 안타까운 일입니다. 진리의 길은 때로는 속박일 수도 있고, 억압처럼 느껴질 때도 있습니다. 그러나 '진리가 너를 자유롭게 하리라' 진리를 따라 살 때만이 진리를 알고, 진리에 순종하고, 진리 안에 자유할 수 있다는 것을 알아야 하겠습니다.

또 오늘본문은 말씀합니다. "죄를 범하는 자마다 죄의 종이라(34절)." 확실하게 말씀하고 있습니다. 죄를 짓고 나면 죄를 짓는 순간 나는 죄인이 됩니다. 저주의식에 매이게 됩니다. 이것은 죄로 말미암아 오는 후속결과입니다. 그 다음에는 죄를 짓는 자마다 한번 죄를 짓고 나면 죄가 내 안에 들어와서 죄가 나를 지배하게 됩니다. 죄가 습관이 되는 것입니다. 그만큼 판단의식과 도덕성이 약해지고, 양심이 흐려져 인격의 격과 도덕의 격이 떨어지고 맙니다. 그래서 죄의 노예가 됩니다. 죄가 가르치는 길대로 갈 수밖에 없습니다. 이제는 나한테는 자유가 없습니다. '죄를 지으면 죄의 종이다.' 동시에 죄를 짓는 순간 사망의 노예가 됩니다. 죄가 나를 주장할 때 사망이 나에게 같이 온다는 것을 잊지 말아야 됩니다. 율법이 나를 지배하게 됩니다. 나에게 자유가 없습니다. 과거의 죄 때문에 살 길이 없고, 앞으로 있는 나의 나약성 때문에 짓게 될 그 죄 때문에 자유할 수가 없습니다. 현재의 노예상태에서 어떻게 살아갈 수가 있습니까. 로마서 7장에서 사도 바울은 이렇게 말씀하지 않습니까. "내가 원하는 바 선은 하지 아니하고 도리어 원하지 아니하는 바 악은 행하는도다(19절)." "오호라 나는 곤고한 사람이로다 이 사망의 몸에서 누가 나를 건져 내랴(24절)." 그는 자기를 직시하고 있었습니다. 자신에게 자유가 없는 것을 알고 있습니다. '사망의 권세가 협박하고 주관하고 있다'고, 끌려가고 있는 비참한 자기 모습을 스스로 알고 있었습니다. 그런고로 오직 주 예수 그리스도로 인하여 감사한다고 고백합니다. 오직 예수 그리스도의 능력만이 죄의 속박으로부터 나를 구원하는 것입니다.

다음으로 오늘 주는 요절 가운데 제일 중요한 말씀이 있습니다. "아들이 너희를 자유케 하면 너희가 참으로 자유하리라(36절)." 그리스도께서 자유하게 하실 때만이 내가 자유롭습니다. 그리스도로 인해서만 내가 자유로워진다는 사실을 잊지 말아야 합니다. 유명한 아브라함 링컨의 말이 있습니다. '가난한 자는 자유인이 아니다.' 가난하니까 먹어야 하고, 먹고 살다보니 원치 않는 일을 해야 하고, 가난하다보니 그 소중한 자유를 빼앗기고 맙니다. 어느 상태에서는 경제적 가난이 마침내 도덕적 가난, 정치적 가난이 됩니다. 완전히 노예가 되고 만다는 것입니다. 그런고로 '가난한 자는 자유인이 아니다' 오늘도 어느 정도의 경제력을 가지고 살아야지, 가난하고 어렵다보면 알게 모르게 죄를 많이 짓게 됩니다. 반대로 경제적으로 넉넉하면 더 큰 노예상태에 빠지게 됩니다. 요즘 증권시세의 폭이 커지고 있는데, 사람들 만나서 악수할 때 보면 알 수 있습니다. 얼굴색이 죽어 있습니다. 그런데 증권과 전혀 관계없는 사람에게는 올라가는지 내려가는지 상관이 없습니다. 몇 프로가 빠졌는지가 무엇인지도 모릅니다. 이 사람은 자유인입니다. 증권의 노예가 된 사람들, 증권시장에 나가 앉아서 하루 종일 시세를 들여다보고 있는 사람들 보면 비참합니다. 어쩌다 사람이 이렇게 되었습니까.

내가 스스로 자유할 수 없다는 사실을 잊지 말아야 합니다. 말씀이 있는 곳에 자유가 있고, 믿음이 있는 곳에 자유가 있을 뿐입니다. 나 스스로는 절대로 자유할 수 없습니다. '아들이 자유롭게 하면'이란 무슨 말입니까? 주님께로부터 '네 죄를 사했느니라'는 말씀을 들을 때 내가 자유할 수 있고, '내가 너에게 영생을 약속하노라' 하실 때 자유할 수 있습니다. 우리가 잘 알고 있는 것처럼 예수님께서 십자가 옆에 있던 강도에게 말씀하시지 않습니까. '네가 오늘 나와 함께 낙원에 있으리라.' 그 한마디를 들으면서, 비록 죽어가지만, 그 강도는 그 시간 자유인이 된 것입니다. 속죄 받음으로 죄 문제를 해결하고, 그리스도로 인하여 사망의 문제를 해결하고, 영생의 문제를 해결할 때 비로소 자유한 것입니다. 죽음의 그늘에 매여 죄의 속박에서 벗어나지 못하고 옛사람의 그늘에서 헤어나지 못할 때 그는 절대로 자유인이 아닙니다.

지금은 소망교회 장로님입니다마는, 전에 집사님으로 있을 때 큰 조선회사의 사장을 하던 분이 있었습니다. 직원이 3만 명이나 되는 큰 회사의 사장으로 있을 때 저를 초대해서 옥포까지 일부러 구경을 간 적이 있습니다. 그날 저녁에 깜깜한 광장에 사람을 수천 명을 모아놓고 전도강연을 부탁해서 제가 설교를 한 적이 있습니다. 그때 그 집사님이 나를 소개하면서 한 말입니다. "여기 서신 이분은 내가 나가는 교회의 목사님입니다. 그런데 여러분들에게 딱 한마디로 소개하겠습니다. 위대한 분입니다." 무슨 말을 하나 했더니, 그 위대한 그 이유는 자신을 담배 끊게 한 사람이기 때문이라는 것입니다. 본인이 담배를 못끊어서 끊는 훈련소가 있는 청량리에 일주일 동안 코스를 다녔는데도 끊지 못했다고 합니다. 그곳에서 공부도 하고 훈련도 받았지만, 금연에 성공하지는 못했습니다. 담배가 얼마나 해롭다는 것을 보여주고, 폐암에 걸려 수술할 때 시커먼 물이 확 올라오는 장면의 사진을 보여주는데도 담배를 끊지 못했다는 것입니다. 그래서 이제 금연하는 것은 영영 힘들겠다 싶고, 아무래도 이대로 무덤까지 가는가보다 하고 생각했다는 것입니다. 그런데 어느 주일, 오늘처럼 8·15 예배 시간에 제가 자유라는 제목으로 설교하는 것을 들었습니다. 설교를 열심히 듣는 분이어서 아주 집중해서 듣다가 한 말씀에 큰 감동을 받았습니다. '창조주께서 주신 고귀한 자유를 하찮은 담배에게 빼앗기고 사는 불쌍한 사람들'이라는 말씀이 자신의 마음속에 쑥 들어갔습니다. '맞아 맞아, 창조주께서 주신 고귀한 자유를 이까짓 담배 한 대 때문에……' 감동받는 순간 싹 담배 맛이 없어지는데, 담배생각이 꿈처럼 없어지더라는 것입니다. 그래서 끊었다는 것입니다. 그래서 소개하는 말이 이랬던 것입니다. "여기 계신 목사님은 위대한 분입니다. 나 담배 끊게 한 분입니다." 여러분 가운데도 담배 못끊은 사람들 있는데요, 별것도 아닌 것같은데 이걸 못끊습니다. 요새는 여기저기 담배를 못피우게 해서 가만히 보면 조그마한 박스를 만들어놓고 거기에서만 허락합니다. 거기 들어가 앉아 담배 피우는 모습을 보면 원숭이 같기도 하고, 불쌍해 보입니다. 참 안타까운 일입니다. 사람 체면 구기는 일입니다. 오직 말씀과 성령의 역사가 내 안에 계실 때 나도 모르게 자연스럽게 담배 생각이 없어집니다. 나도 모르게 어느 사이에 술 생각이 없어집니다. 나도 모르게 세상 그것 별 것 아니게 됩니다. 이것이 자유함입니다.

　요새 나이가 들다보니 가끔 이런 질문을 많이 받습니다. 우리 젊은 목사님들 모인 곳에 가면 맨 마지막 시간에 이런 질문을 자주

받습니다. "목사님 볼 때마다 건강하신데, 그 비결이 무엇입니까?" "어려운 말이라서 알아들을지 모르겠다." 그리고 대답합니다. "자유 다. 자유함이다. 모든 욕심으로부터 자유하고, 모든 허영심으로부터 자유하고……" 모든 불안과 공포와 죄로부터 자유할 때 몸도 건강하고, 정신도 건강하고, 참 평안이 있습니다. 예수님께서 말씀하십니다. '내가 너희를 자유하게 하리니 참으로 자유하리라.' 오직 십자가의 은혜, 죄 사함 받고, 오직 성령 안에서 사랑의 종이 되고, 그 사랑을 확증할 때입니다. 로마서 8장 9절은 말씀합니다. "누구든지 그리스도의 영이 없으면 그리스도의 사람이 아니라." 또 고린도후서 3장 17절은 말씀합니다. "주는 영이시니 주의 영이 계신 곳에는 자유함이 있느니라." 말씀이 있고 성령이 있는 곳에 자유함이 있습니다. 십자가의 은혜를 믿음으로 과거의 모든 죄로부터 자유하고, 영생을 믿음으로 모든 불안으로부터 자유하고, 십자가의 사랑을 믿음으로 허무함으로부터 자유할 때 그를 통하여 하나님의 나라가 확장되며, 하나님의 뜻이 하늘에서 이루어진 것처럼 땅에서도 이루어질 것입니다.   △

들린 대로 행하리라

여호와께서 모세와 아론에게 일러 가라사대 나를
원망하는 이 악한 회중을 내가 어느 때까지 참으랴
이스라엘 자손이 나를 향하여 원망하는 바 그 원망하
는 말을 내가 들었노라 그들에게 이르기를 여호와의
말씀에 나의 삶을 가리켜 맹세하노라 너희 말이 내
귀에 들린 대로 내가 너희에게 행하리니 너희 시체가
이 광야에 엎드러질 것이라 너희 이십 세 이상으로
계수함을 받은 자 곧 나를 원망한 자의 전부가 여분
네의 아들 갈렙과 눈의 아들 여호수아 외에는 내가
맹세하여 너희로 거하게 하리라 한 땅에 결단코 들어
가지 못하리라 너희가 사로잡히겠다고 말하던 너희
의 유아들은 내가 인도하여 들이리니 그들은 너희가
싫어하던 땅을 보려니와 너희 시체는 이 광야에 엎드
러질 것이요 너희 자녀들은 너희의 패역한 죄를 지고
너희의 시체가 광야에서 소멸되기까지 사십 년을 광
야에서 유리하는 자가 되리라
(민수기 14 : 26 - 33)

들린 대로 행하리라

6·25전쟁 직후인 1955년도 아직도 사회가 혼란한 때입니다. 어느 시골 목사님에게 다섯 명의 자녀가 있었습니다. 위로 셋은 벌써 커서 중학교와 고등학교를 다니고 있었고, 늦둥이로 아들 쌍둥이를 낳았습니다. 그런데 사모님이 유달리 몸이 약해서 부엌일도 잘 할 수 없을 만큼 좀 힘들었습니다. 이렇게 몸이 약한 가운데 늦둥이 둘을 키우다보니 얼마나 힘들겠습니까. 살림도 엉망인데, 환경도 너무나 좋지 않았습니다. 그럴 때에 아이들을 키우면서 하도 힘이 드니까 그만 실언을 합니다. "저것들은 왜 태어나서 내 속을 썩이나? 저것들은 왜 늦게 태어나가지고 내 속을 또 썩이나? 나 저것들 때문에 못살아." 이렇게 늘 버릇처럼 말했습니다. 그래서 주변사람들이 듣다 못해서 말합니다. "사모님, 그렇게 말하면 안되는데요. 아이들이 얼마나 예쁜데요." 그래도 사모님은 형편도 어려운데 저 놈들 때문에 살 수가 없다고 계속해서 원망을 했습니다. 어느 날 두 아이가 외갓집에 간다고 나섰다가 군인을 만났습니다. 그 군인이 손에 들고 있던 수류탄이 마치 장난감처럼 보여서 이 아이들이 그것을 받아가지고 놀았습니다. 아무리 가지고 놀아도 안전핀만 뽑지 않으면 상관없는데, 이 장난꾸러기들이 어쩌다 그만 수류탄 핀을 뽑았습니다. 그래 수류탄이 터지면서 그 아이들이 그 군인과 함께 그 자리에서 죽고 말았습니다.

저는 이 사실을 너무나도 잘 알고 있습니다. 이때 사모님이 원망을 합니다. 하나님을 원망합니다. 하나님께서 우리 가정에 어찌 이러실 수가 있느냐고요. 어찌 이 예쁜 아이들을 둘 다 한꺼번에 폭 사시키실 수가 있느냐고 원망을 하는데, 어떤 말로도 위로할 수가 없었습니다. 그 누구도 그 원망을 말릴 수가 없었습니다. 그런데 그 분한테 권사님 언니가 한 분 있었습니다. 바로 그 권사님을 제가 잘 아는데, 그분한테서 이런 이야기를 들었습니다. 그 언니가 자기 동생인 그 사모님을 찾아가서 한마디 했다는 것입니다. "야, 정신 차려! 너 늘 그랬잖아. 저것들 없으면 좋겠다고, 저것들 왜 태어나서 말썽이냐고. 나 저놈들 때문에 못살아, 그랬잖아. 네 소원대로 됐는데, 입 다물어!" 그때부터 그 사모님이 울음을 멈추고, 하나님 앞에 무릎을 꿇었습니다.

유명한 심리학자 프로이트가 말하기를 사람한테는 의식과 무의식의 세계가 있다고 했습니다. 의식적으로 생각하면서 하는 말이 있고, 생각 없이 하는 말이 있다는 것입니다. 이제 물어보겠습니다. 의식 있는 세계에서 하는 말과 의식 없는 세계에서 하는 말 가운데서 어느 쪽이 진짜입니까? 어느 쪽이 참말입니까? 생각 많이 하고, 앞뒤로 다 재고, 또박또박 하는 말과 나도 모르게 어느 때 불쑥 나오는 말 가운데서 어느 쪽이 진짜인가, 하는 것입니다. 좀 우스운 얘기지마는, 술 취한 사람이 중얼중얼면서 하는 말과 술 깬 다음에 하는 말 가운데 어느 쪽이 진짜입니까? 분명히 잊지 말아야 합니다. 우리의 진실은 무의식 속에 있는 것입니다. 나도 모르게 불쑥 튀어나오는 말, 이것이 바로 나 자신입니다. 이것을 알아야 됩니다. 우리가 이 세상 떠날 때에도 마지막에 정신이 오락가락할 때 마지막으로 하는 신앙고백, 어떤 말이 나올는지, 그것도 바로 그 자체가 나 자신이라는 것을 잊지 말아야 합니다. 인간이라는 것은 말하는 동물입니다. 사고하는 존재입니다. 말이 마음 안에 있으면 사상이고, 말이 입 밖으로 나오면 말이고, 말이 고정되면 뜻이고, 말이 움직이면 행동이 됩니다. 말하면서 어떻게 됩니까? 선한 말을 할 때는 마음도 선해집니다. 말을 하는 그 자체가 우리 생각에 악센트를 주는 것입니다. 슬플 때도 참고 견뎌내면 얼마 안가서 없어지는데, 중얼중얼 소리내면서 울거나, 또 누구를 원망해보십시오 한 번 소리지르고 나면 점점 더 격해집니다. 점점 더 슬퍼집니다. 그래서 유명한 말이 있지 않습니까. 웃어서 웃는 것이 아니라 웃으면 마음속으로 웃어지는 것입니다. 좋은 말을 하면 마음이 좋아지는 것입니다. 말이 마음을 움직입니다. 격한 말을 하다보면 마음도 격해집니다. 이것을 잊지 말아야 됩니다.

그런가 하면 다른 사람을 향해서는 더욱 그렇습니다. 잠언 15장 1절에 아주 유명한 말씀이 있습니다. "유순한 대답은 분노를 쉽게 하여도 과격한 말은 노를 격동하느니라." 어떤 경우에도 유순하게 대답을 하면 그 말을 듣는 사람도 유순해집니다. 내가 선한 말을 할 때에 그 말을 듣는 모든 사람이 선해집니다. 내가 격하고, 내가 울분하고, 내가 분노하면 다른 사람까지 다 분노하게 됩니다. 이 분노가 1.5km까지 간다고 합니다. 나 하나에 따라서 주변 환경이 전부 어두워지기도 하고, 전부 밝아지기도 하고, 또한 하나님께 대해서는 더욱 중요합니다. 기도도 찬양도 마찬가지입니다. 감사도 신앙고백도 이와 같습니다. 하나님 앞에 말하는 것입니다.

오늘본문에 나타난 이 말씀은 제가 아주 어렸을 때부터 읽을 때마다 깜짝 놀라고, 제 일생을 마음속 깊은 곳에서 다스려주는 소중한 말씀입니다. 이 귀한 말씀을 여러분과 함께 나누고자 하는 것입니다. 간단합니다. 들린 대로 행하리라— 하나님 말씀하십니다. 하나님께서는 창조주 되십니다. 말씀으로 천지를 창조하셨습니다. 말씀의 관계 속에 우리와 함께하십니다. 하나님께서는 우리와 말씀하시는 분입니다. 우리는 하나님께 말씀드리고, 하나님께서는 우리에게 말씀하십니다. 듣고 말하고, 말하고 듣는 이 관계 속에 믿음이 있습니다. 우리의 말은 하나님 앞에서 하는 것입니다. 하나님께서는 무소부재 하셔서 들으십니다. 어디에나 계셔서 우리의 말을 듣고 계십니다.

오늘본문은 뭐라고 말씀합니까? 들린 대로 행하리라, 너희들로부터 들은 대로, 그대로 행하리라는 것입니다. 이스라엘 백성이 애굽에서 나와 가데스 바네아에 이른 다음 정탐꾼을 보냈습니다. 그들이 가나안 땅에 들어가서 정탐을 하고 돌아왔는데, 보고가 전혀 달랐습니다. 여호수아와 갈렙은 거기서 포도 한 송이를 메고 왔습니다. 그들은 가나안이 그토록 비옥한 땅이요, 아름다운 곳이라고 말했고, 하나님께서 저 땅을 우리에게 주셨다고 전했습니다. 저는 포도 한 송이를 둘이서 메고 왔다는 말을 잘 안믿었습니다. 좀 과장이다 싶었는데, 언젠가 한 번 미국에서 농촌을 방문했다가 농산물 대회를 본 적이 있습니다. 최고의 농산물들만 잔뜩 쌓아놓았는데, 정말로 포도 한 송이가 엄청 큰 것을 보았습니다. 저것을 들고 먼 길을 가려면 둘이서 매고 갈 수밖에 없겠다 싶었습니다. 그것을 보고야 제가 성경을 믿었습니다. 요새는 거봉이라는 것도 아주 큽니다마는, 정말 그곳에서 엄청나게 큰 것을 본 것입니다. 지금 여호수아와 갈렙은 가나안 땅을 자랑하는 것입니다. '아름다운 곳이더라. 젖과 꿀이 흐르는 땅이다. 우리 다 같이 들어갑시다.' 이러고 있는데, 열 사람은 '아니야. 그건 그렇지만, 그럴 데가 못된다. 그들이 아낙 자손들인데, 얼마나 키가 크고 장대한지, 우리가 가서 그 앞에 딱 섰더니 우리가 메뚜기 같더라. 우리가 어떻게 감히 거길 쳐들어가나. 어림도 없다. 큰일났다.' 이 말을 듣고 온 백성이 여호수아와 갈렙의 보고는 듣지 않았습니다. 나머지 열 사람의 부정적이고 절망적인 보고를 듣고 '이제 죽었다. 여기까지 왔는데 우리는 어디로 가란 말이냐!' 하고 원망과 불평을 늘어놓았습니다. 모세와 하나님을 원망하고, 심지어 모세를 죽이겠다고 협박도 했습니다. 또 애굽으로 다시 돌아가자고 난리를 쳤습니다. 그리고 그 중에 한 말이 나옵니다. '광야에서 일찍 죽었더라면 좋았을 것을……' 이 말을 하나님께서 들으시고 '그래, 들린 대로 행해주리라. 광야에 엎드러질 것이니라. 죽고 싶다고 하니, 죽여 주마. 소원 성취해주마' 하십니다. 그러니 이제 할 말이 있습니까.

사람의 운명이라는 것을 자기 말이 결정한다는 것, 생각해보았습니까? '망한다. 망한다' 하면 정말로 망합니다. '죽는다. 죽는다' 하면 정말로 죽습니다. 깊이 생각해야 합니다. 우리의 말이 참 중요합니다. 민수기 20장 10절에서 모세는 저들을 향하여 실수합니다. 백성들이 너무나 많이 원망을 하니까 그만 격분해서 '이 패역한 놈들아!' 하고 절망해버립니다. 시편 106편 32절, 33절을 보면 확실하게 말씀합니다. 모세가 입술로 망령되이 행하였음이라— 말로 죄를 지은 것입니다. 모세가 너무나 격분한 나머지, 그만 말로 하나님을 원망해버렸습니다. 그래서 그 소중한 지도자 모세가 가나안에 못들어갑니다. 잊지 말아야 합니다. 말에 대해서 깊이 생각해야 되겠습니다. 신앙적으로 이해해야 됩니다. 먼저는, 하나님께서 들으십니다.

골방에서 말한 것도 들으십니다. 무의식중에 말한 것도 들으십니다. 무소부재 하셔서 어디서나 우리의 생각을 감찰하시고, 우리의 말을 듣고 계십니다. 꼭 우리가 교회에 나와서 기도하는 것만 들으시는 하나님이 아니십니다. 아무 생각 없이 주고받는 말 속에 있는 그것이 전부 기도가 됩니다. 하나님께서 들으신다— 꼭 잊지 말기를 바랍니다. 말한 그대로 된다는 것을 잊지 말아야 합니다. 들린 대로 행하리라— 그러므로 하나님 앞에서 책임 있게 말해야 합니다. 확실하게 말해야 할 것입니다. 하나님께서는 심판하십니다. 하나님의 별다른 의지가 아니고, 들린 대로 행하시는 것입니다.

마태복음 12장 36절에서 예수님께서는 더 결론적인 말씀을 하십니다. "내가 너희에게 이르노니 사람이 무슨 무익한 말을 하든지 심판 날에 이에 대하여 심문을 받으리니" 무익한 말, 생각 없이 하는 말, 무책임하게 하는 말, 무의식적으로 하는 말, 아무 뜻 없이 하는 말, 하나님 앞에 가서 다 심판을 받으리라고 예수님께서 말씀하셨습니다. 그리고 하나님께서는 들으신 대로 행하신다고 말씀하십니다. 이사야 6장을 보면 이사야가 하나님 앞에 나아가 하나님의 성전에서 기도할 때 하늘이 열리는 경험을 합니다. 하나님의 얼굴을 뵙는 기쁨을 얻습니다. 그 순간 크게 회개합니다. '하나님이시여! 입술이 더럽습니다. 부정한 입술을 가진 백성 중에 처하였나이다. 입이 더럽습니다.' 하나님 앞에 이렇게 회개합니다. 그때 하나님께서 천사를 보내시어 저 재단에 있는 숯불을 집어다가 입을 지지십니다. 입을 지지시고 하시는 말씀이 이것입니다. '이제 정하게 되었으니 나가서 복음을 전하라.' 지져야 됩니다. 그 입 그대로는 안 됩니다. 그러고야 새로운 세계가 열린다는 것을 잊지 말아야 하겠습니다.

　　로마서 10장 10절은 말씀합니다. "입으로 시인하여 구원에 이르느니라." 우리의 구원도 입으로 시인하고, 예수를 구주로 고백하고, 하나님을 찬양함으로써 구원을 받는 것입니다. 자녀들이 가출할 경우에 답답한 부모들이 교회에 나와서 기도하다가 제 방에 들어와서 하는 말입니다. "이놈이 집을 나갔습니다. 내가 얼마나 사랑하는데……" 가출한 자녀들의 어머니들이 제 방에 들어와서 이렇게 몸부림치는 것을 많이 보았습니다. 그 푸념하는 것을 다 보고나서 제가 단 한마디 질문을 이렇게 합니다. "내 한마디만 딱 물어볼게요. '그럴 바엔 집을 나가라' 하는 말 했습니까, 안했습니까?" 이렇게 물으면 한술 더 떠서 이렇게 대답합니다. "아니오. 나가 죽어라고 이야기했습니다." 그러면 제가 그 부모에게 답하는 말입니다. "그러면 소원성취 했네요." 부모들이 벌벌 떱니다. 그래서 "그놈의 입방아가 문제입니다. 알았어요? 집을 나갈 수도 있지, 사내자식이 가출도 못해보면 되겠어요? 들락날락하면서 자라는 거지. 뭐 대단한 것처럼……" 제가 그런 얘기를 했더니, 어떤 분이 이렇게 말합니다. "목사님 자녀들은 그렇지 않으니까 그러시죠?" 제가 이렇게 대답했습니다. "우리 집 애들도 다 나갔다 왔어요." 사실 제 자식이 가출했다 돌아왔을 때 제가 아무 말도 안했습니다. 단지 "수고했다. 들어와"라고만 이야기했습니다. 우리가 다 그렇지 않습니까. 용기가 없어서 못나갔지요. 가출했다고 뭘 그렇게 난리를 칩니까. 깊이 생각해야 합니다. 말할 때마다 생각해야 됩니다. 첫째는 이 말이 사실인가, 둘째는 이것이 덕이 될 것인가를 생각해야 합니다. 이 말을 꼭 내가 해야 될 말인가를 생각하고 하나님 앞에서 말해야 됩니다.

　　성경에 있는 교훈들을 대체로 종합해보면 말에 대해서 여러 가지 교훈이 있습니다. 시간이 없어서 간단하게 한 번 나열해봅니다. '더러운 말을 입 밖에 내지 마라. 상스러운 말, 더러운 말을 하지 마라. 어리석은 말을 하지 마라. 아첨하는 말을 하지 마라. 망령되고 허탈한 말 하지 마라. 비방하는 말 하지 마라. 허탄한 자랑을 하지 마라. 망령된 평론을 하지 마라. 말다툼과 비방을 하지 마라.' 대체로 성경에 있는 얘기들을 모아보면 이런 말씀들입니다. 사도 바울이 빌립보 감옥에 들어가 있습니다. 사실 억울했습니다. 귀신들린 아이 하나 고쳐준 것 때문에 감옥에 들어갔습니다. 감옥에 들어가는 이유가 여러 가지 있지마는, 이런 죄목으로 들어간다는 것은 말이 안됩니다. 바울이 감옥에 들어가서 죽을 고생을 합니다. 매를 맞고 죽을 지경이 되었습니다. 그러다 으스스하게 새벽에 깨어난 모양입니다. 깨어나자마자 그는 무엇을 했습니까? 하나님을 찬양했습니다. 이 억울한 감옥에서 죽을 뻔하고도 하나님께 감사합니다. 글쎄 바울에게 물어보아야 알겠지만, 무슨 생각을 했을까 생각해보았습니다. 아마 '예수 믿는 사람을 핍박하다가 다메섹도상에서 벼락을 맞아 죽어야 될 내가 이제 예수의 복음을 전하다가 빌립보 감옥에서 죽는다'고 생각했을 것입니다. 그래서 그는 '오, 하나님! 감사합니다' 하고 조용하게 시편을 보면서 하나님을 찬양했습니다. 하나님을 찬양하고 감사했더니 옥문이 열립니다. 감사와 찬양이 옥문을 여는 것입니다. 홍해가 갈라지는 역사가 있는 것입니다.

　　원망불평을 멈추십시오. 혹시 꿈에서라도 절망하고 원망하는 말은 하지 말기를 바랍니다. 그것은 안됩니다. 하나님께서 말씀하십니다. 내 귀에 들린 대로 행하리라― 마음이 중생하고, 입이 중생하고, 생각이 중생할 때 그 운명 전체가 중생하는 것입니다.　△

신앙인의 자기 정체의식

우리가 알거니와 우리 옛 사람이 예수와 함께 십자
가에 못박힌 것은 죄의 몸이 멸하여 다시는 우리가
죄에게 종노릇 하지 아니하려 함이니 이는 죽은 자가
죄에서 벗어나 의롭다 하심을 얻었음이니라 만일 우
리가 그리스도와 함께 죽었으면 또한 그와 함께 살
줄을 믿노니 이는 그리스도께서 죽은 자 가운데서 사
셨으매 다시 죽지 아니하시고 사망이 다시 그를 주장
하지 못할 줄을 앎이로라 그의 죽으심은 죄에 대하여
단번에 죽으심이요 그의 살으심은 하나님께 대하여
살으심이니 이와 같이 너희도 너희 자신을 죄에 대하
여는 죽은 자요 그리스도 예수 안에서 하나님을 대하
여는 산 자로 여길지어다

(로마서 6 : 6 - 11)

신앙인의 자기 정체의식

앤소니 드 멜로의 「바다로 간 소금인형」이라는 유명한 저서가 있습니다. 많은 것을 생각하게 하는 가치 있는 책입니다. 거기에 이런 내용이 나옵니다. 소금인형 하나가 있었습니다. 소금으로 만들어진 인형입니다. 그 인형이 여행을 시작하고, 마침내 바다에 도착하게 되었습니다. 그래 바다를 마주 향해서 소금인형이 묻습니다. "당신은 누구십니까?" 소금인형이 바다한테 말을 건 것입니다. 바다는 빙그레 웃으면서 대답합니다. "들어와서 직접 확인해보려무나." 소금인형은 바다 속에 들어가서 바닷물을 헤치며 나아가기 시작했습니다. 소금인형은 점점 녹습니다. 그래 작아지고 또 작아져서 나중에는 마침내 작은 알맹이가 되어버렸습니다. 아주 작은 알맹이 하나로 남게 된 것입니다. 마지막에 소금인형은 크게 외쳤습니다. "아! 이제야 내가 누구인지 알았습니다." 소금인형은 어디까지나 소금일 뿐입니다.

현대인은 부분적인 것들에 대해서는 많은 지식을 가지고 있습니다. 전문화라고 하는 트렌드를 타고 세분화되어서 연구가 진행됩니다. 이 영향으로 제일 곤란한 곳이 병원입니다. 병원에 가서 보면 이런저런 과들이 정말 많습니다. 아래층 위층 할 것 없이 참 여러 가지 분야가 많습니다. 심장과도 심장과 하나가 아닙니다. 심장내과, 심장외과 등등 얼마나 많은 과들이 있는지 모릅니다. 제가 결혼주례를 해준 의사가 있습니다. 그의 부인이 유방암에 걸려서 죽었습니다. 결혼한 지 10년도 지나지 않아 그렇게 된 것입니다. 그래 제가 한마디 했습니다. "자네가 의사인데, 자기 사랑하는 아내가 병이 들었는지도 몰랐나?" 그랬더니 대답이 뭔지 아십니까? "저는 부인과가 아니거든요." 아무리 의사라도 본인이 연구하는 전공분야 외에는 잘 모르는 것입니다. 그래서 요즘은 '일반의과'라고 하는 것도 생기지 않았습니까. 가정의학과 같은, 다시 말해서 특별한 치료보다는 여러 병들에 대해서 상담을 해주고, 일반적인 치료와 추천을 해주는 과가 생긴 것입니다. 사회가 전문화되다보니 자기가 아는 그 조그마한 부분 말고는 아무것도 모르는 것입니다. 이런 세상이 되어버렸습니다. 다시 말하면 전체를 모르는 것입니다. 부분은 잘 알지만, 전체를 모릅니다. 나무는 알고 숲은 모르는 격이지요. 이것이 바로 문제입니다. 그런가하면 과거에 대해서는 우리가 참 많이 압니다. 요즘은 더구나 자료도 많고, 사료도 많고, 과학적인 연구도 많아서 과거에 대해서는 퍽 많이 알고 있는 것같습니다마는, 유감스럽게도 미래에 대해서는 모릅니다. 미래학이라는 학문이 있습니다. 하지만 그 결론은 '미래는 아무도 모른다'는 것입니다. 누가 알겠습니까. 도대체 누가 미래를 내다볼 수 있습니까. 이것이 오늘 우리의 현실입니다.

그런가하면 남에 대해서는 많이 알면서도 정작 자기 자신에 대해서는 모릅니다. 가만히 보니 이웃과 세상에 대해서, 특별히 연예계에 대해서는 참 아는 것이 많습니다. 그러나 자기 자신은 모르고 있더라는 말입니다. 심지어는 자기 자식에 대해서는 알면서도 자기 자신에 대해서는 모르고 있습니다. 바로 이것이 문제입니다. 요새 아이들이 너무나 똑똑해서 그렇습니다. 어느 선생님이 아이를 책망하면서 "야, 네 공부성적이 왜 모양이냐?" 하고 나무랐습니다. 그랬더니 그 아이가 옷 주머니에 손을 집어넣더니 무언가를 꺼냅니다.

보았더니 자기 아버지와 어머니의 옛날 학교성적표입니다. 컴퓨터로 출력해가지고 온 것입니다. 그것을 선생님 앞에 내놓으면서 "우리 아버지 어머니가 요 정도인데, DNA가 이것인데, 제가 무슨 성적이 나오겠습니까?" 하더랍니다. 그러니까 여러분, 자식한테 공부하라는 말도 알아서 하십시오. 거울을 보고 말해야 합니다. 이것이 바로 '남은 아는데 자기를 모른다'는 말입니다.

사람을 평가하는 기준이 요즘 화두가 되고 있습니다. 하나는 외모를 기준으로 내리는 평가입니다. 그래서 얼짱, 몸짱, 그러지 않습니까. 우리나라는 특별히 성형수술로 세계의 으뜸이라고 합니다. 며칠 전에 텔레비전에 나오는 것을 보고 한참 웃었습니다. 아주 유명한 사람은 아닙니다마는, 어느 탤런트가 얼굴 전체를 수술했습니다. 턱도 깎고, 코도 높이고…… 그렇게 송두리째 수술을 하고 거리에 나왔더니 아무도 자기를 못알아보는 것입니다. 그래 사람들을 따라다니면서 물어봅니다. "제가 누구인지 아시겠어요?" "모르겠는데요." 이것 참 기가 막힌 얘기입니다. 어느 탤런트는 일주일에 화장품으로 백만 원을 쓴다고 합니다. 이렇게 얼굴 하나 예쁘게 만들어보겠다고 무척이나 애를 쓰고, 투자도 합니다. 날마다 화장대 앞에 평균 두 시간이 넘게 앉아 있다고 하니, 그런 사람이 무슨 일을 하겠습니까. 왜 그렇습니까? 외모에 따라서 사람이 평가된다고 생각하기 때문입니다. 이렇게 보면 결국은 점점 나이가 들어가면서 다 늙기 전에 미리 죽을 수밖에 없겠다는 생각을 하게 됩니다.

또 하나가 소유에 의한 평가입니다. 얼마나 가졌느냐에 따라서 사람을 평가합니다. 많이 가졌으면 때로는 의인이 됩니다. 못가지면 죄인이 됩니다. 이것이 바로 문제입니다. 그런 것이 결코 아닌데, 가졌으면 성공한 사람이고, 못가졌으면 성공하지 못한 사람이 되고 맙니다. 며칠 전에 어느 잡지에서 읽은 내용입니다. 큰 회사의 CEO를 비롯하여 돈 많이 번 사람들은 젊은 시절 하나같이 공부를 못했습니다. 이른 바 일류대학을 나왔느니, 무슨무슨 박사학위를 받았느니 하는 사람들이 하는 일이라는 것이 결국 남 밑에서 굽실거리는 비서실장 노릇입니다. 공부 많이 한다고 잘되는 것 아닙니다. 그런데도 소유로써 평가합니다. 잘못된 기준입니다. 또 하나는 지식입니다. 그가 얼마나 많은 것을 알고 있느냐에 따라서 사람을 평가하고, 기술과 기능과 능력을 기준으로 사람을 평가합니다.

여자들은 어떤 경우에도 사랑한다는 말을 좋아한다고 합니다. 한평생 같이 살고 죽어가면서도 사랑한다는 말을 듣고 싶어합니다. 꼭 사랑한다는 말로 확인하면서 살아가고 싶은 것이 여자의 마음이랍니다. 그렇다면 남자가 듣고 싶은 말은 무엇입니까? 그것은 '필요하다'는 말이랍니다. 당신이 필요하다, 나한테는 당신이 필요하다, 우리집에는 당신이 필요하다…… 그래서 이것을 설명하는 책을 보니 이렇게 되어 있습니다. 혹 집에서 벽에 못박을 일이 있을 때 여자인 아내도 박을 수 있지만, 절대 박으면 안된다는 것입니다. 그럴 때는 못과 망치를 가져다주고 남편더러 박으라고 해야 된답니다. 그래서 남편이 못을 박은 다음 "역시 당신이 우리집에 필요해" 하고 말해주랍니다. 그래야 남자가 살 만하지, 아내가 "집어치워. 내가 할게" 하면 안된답니다. 다 아내가 하면 남자는 뭘 하라는 말입니까. 그렇지 않아도 직장조차 없는데, 집에서도 아무 쓸모가 없다면 남편은 정말 자신이 필요 없는 사람이라고 생각하게 됩니다. 그러니까 병들 수밖에 없다는 것입니다. 남자들이 원하는 말은 '필요하다'입니다.

그래서 어떤 일에도 "아, 이것은 당신만이 할 수 있어요" 해야 합니다. 예를 들어 전등 갈아 끼우는 것 정도는 누구나 쉽게 할 수 있는 일입니다. 하지만 "역시 남자가 필요해" 하면서 그 필요를 통해서 남편이 자존감을 가질 수 있도록 해줘야 된다는 것입니다. 그런데 문제가 있습니다. 가정교육부터 문제입니다. 우리가 자녀들을 가르칠 때 뭐라고 합니까? "필요한 사람이 되어라. 이 사회에 필요한 사람이 되어라" 하고 가르칩니다. 그러니까 사회에 필요치 않으면 안된다는 생각이 밑바탕에 깔려 있습니다. 필요에서 떠날 때 살 수가 없습니다. 이것은 올바르지 못합니다. '필요한 사람이 되어라'가 아닙니다. '착한 사람, 좋은 사람이 되어라' 해야 되지 않겠습니까. 이렇게 가르쳐야 될 텐데, 자꾸 '필요한 사람, 필요한 사람'만 외치다보니, 어느 순간 내가 필요치 않은 존재가 되어 있는 것입니다. 가정에서도 그렇고, 누구한테도 필요한 사람이 되지 못합니다. 그 필요에 미치지 못하니까 '이제는 죽어야지' 하게 된다는 것입니다. 필요에 의한 평가, 이것은 잘못입니다. 참 문제가 많습니다.

오늘본문은 사람을 세 가지 차원에서 설명해주고 있습니다. 첫째, 옛사람이라는 차원입니다. 이것은 시간적 차원이 아닙니다. 시간적으로 어제라는 말만은 아닙니다. 옛사람이라고 하는 하나의 인간상을 말해주는 것입니다. 죄와 사망과 사단과 율법과 진노 밑에 노예가 된 상태를 뜻합니다. 다시 말하면 정욕의 노예가 되고, 잘못된 습관의 노예가 되고, 혹은 감정과 분노의 노예가 되고, 시기와 질투의 노예가 되고, 특별히 탐욕의 노예가 되어서 벗어나지 못하는 것입니다. 이래서는 안되겠다고 생각하면서도 벗어나지 못하고 버둥거리는 비참한 노예상태, 곧 자기를 상실한 노예상태의 모습을 성경은 옛사람이라고 말씀합니다. 둘째, 옛사람이 죽고 죽은 자로서 사는 사람의 차원입니다. 오늘본문은 이것을 신비롭게 말씀합니다. 그리스도와 함께 십자가에 못박혔다는 것입니다. 갈라디아 2장 20절에서 사도 바울은 이렇게 외칩니다. "I am crucified with Christ(나는 그리스도와 함께 십자가에 죽었다)." 나는 죽었다, 하는 것입니다. 잊지 말아야 합니다. 가끔 보면 "내가 죽어야지. 나를 죽여야 살지. 나를 비워야 살지" 하고 말합니다. 이는 기독교적인 태도가 아닙니다. 성경은 말씀합니다. '이미 죽었다.' 지금 죽는다, 죽인다, 극복한다, 참는다…… 이런 종류의 이야기가 아닙니다. '벌써 죽었다'는 것입니다. 바로 여기서 시작하는 것입니다. 이 사람이 바로 그리스도인입니다.

저는 이런 말씀을 드리면 꼭 생각나는 옛날 이야기가 하나 있습니다. 저는 이 경험을 소중히 생각합니다. 한국 교회사에 나타나는 유명한 목사님입니다. 신천 장에서 유명한 조폭 두목으로 있던 사람이 예수를 믿고 신천서부교회 목사님이 되었습니다. 바로 김익두 목사님입니다. 김 목사님을 제가 고맙게도 직접 만난 적이 있습니다. 이것은 직접 들은 이야기니까 확실한 사실입니다. 이분이 청년들을 모아놓고 이런 이야기를 한 적이 있습니다. 본인이 예수를 믿고 목사가 되어 부흥회를 가는데, 여름 무더운 때에 몇 상자 보따리를 짊어지고 있었습니다. 교통수단이 좋지 않던 시절이니까 걸어서 가는 길이었습니다. 그래 언덕을 넘어가는데, 너무나 더워서 비지땀이 나지만, 그래도 꾹 참고 꼭대기에 올라서 좀 쉬었다 갈 생각으로 열심히 걸었습니다. 마침내 꼭대기에 도착하여 짐을 내려놓고, 웃옷을 벗고, 저쪽에서 불어오는 바람을 쐬고 있는데, 맞은편에서 웬 술 취한 청년이 하나 올라오더랍니다. 그가 비틀비틀 올라와 목사님을 쳐다보면서 하는 말입니다. "야, 너 왜 나보다 먼저 올라왔냐?" 그러더니 청년은 다짜고짜 목사님을 때리기 시작합니다. 이리 치고 저리 치는데, 이게 말이나 되는 일입니까. 같은 방향에서 올라온 것도 아니고, 먼저 올라오든 말든 어째서 그것이 문제가 됩니까. 하여튼 청년이 때려서 목사님은 한참을 맞았다고 합니다. 체구가 장대한 분이 그냥 조용히 맞았습니다. 아무리 때려도 상대가 대항을 하지 않으니까 그 청년도 나중에는 피곤해져서 때리기를 멈추고 헉헉 숨을 몰아쉬더랍니다. 그제야 김익두 목사님이 그 청년의 손을 꽉 붙잡았습니다. 저도 그분과 악수를 해본 적이 있는데, 손이 무척 큽니다. 그래 목사님이 청년한테 "다 때렸나?" 하고 물으니 "다 때렸다. 어때?" 하고 청년이 말을 받습니다. 그 다음에 목사님이 이런 유명한 말을 했습니다. "예수는 내가 믿고, 복은 자네가 받았네." 기가 막힌 이야기 아닙니까. "내가 예수를 안믿었으면 너 오늘 여기서 죽는 거야. 내가 예수를 믿었으니 네가 살았잖아. 예수는 내가 믿고, 복은 자네가 받았네." 그러자 청년이 벌벌 떨면서 "누구십니까?" 하고 묻습니다. "나 김익두야." 그 소리를 듣고 청년이 "아이고, 이제 죽었다" 하더랍니다. 그래서 청년이 "저 어떡하면 좋겠습니까?" 하니까 목사님이 "뭘 어떡해! 따라와" 하고는 그 청년을 데리고 교회로 가서 부흥회에 참석시킵니다. 훗날 그 청년이 장로가 되었더랍니다. 예수는 내가 믿고, 복은 자네가 받았네 이 사람 누구입니까? 나는 예수와 함께 이미 죽었습니다. 별다른 노력이 필요 없습니다. 이제 십자가를 쳐다보는 동안 나는 죽음을 확인하는 것뿐입니다. 이제 죽는다는 이야기가 아닙니다. 참느니, 죽느니…… 그런 어리석은 소리가 아닙니다. 이것은 기독교적인 태도가 아닙니다. 예수믿는 사람은 이미 죽었습니다. 벌써 죽었습니다.

한 사람 이야기를 더 하겠습니다. 제가 인천에서 목회할 때 인천방직공장에 다니는 한 여자 교인이 있었습니다. 얼굴이 아주 험하게 얽었습니다. 그렇게 된 사연이 있었습니다. 이 부인이 결혼을 하고, 그 남편이 그 공장에 다녔는데, 남편이 공장에서 기계 사고를 당해서 그만 죽었습니다. 사정이 너무나 딱하고 불쌍해서 그 부인을 죽은 남편 대신 공장에 취직시켜주었습니다. 그래서 부인이 그 공장 직공이 되었는데, 마침 유복자를 낳았습니다. 남편이 살아 있을 때 임신된 아이를 낳게 된 것입니다. 그런 형편에 아이를 낳아서 어떻게 키우겠습니까. 그 옛날 가난하고 어려울 때입니다. 부인은 아이를 숙직실에다 눕혀놓고 공장에 들어가서 일하다가 때때로 나와서 젖을 물리며 키웠습니다. 그러던 어느 날 숙직실에 불이 났습니다. 불길이 벌겋게 타오릅니다. 부인은 숙직실 안에 있는 아이를 구하려고 불길 속으로 뛰어들려 합니다. 소방대원들이 절대 들어가면 안된다고 말리는데도 이 아주머니는 그 불길 속에 자기 아들이 있으니까 그냥 뛰어 들어갑니다. 그래서 결국 아이를 품에 안고 나왔습니다. 덕분에 아이는 무사했지만, 그러느라 그 어머니가 그만 온몸에 화상을 입었습니다. 머리카락까지 다 타고, 얼굴이 얽어서 아주 보기 흉한 곰보처럼 되고 말았습니다. 아이가 어렸을 때는 몰랐는데, 좀 커서 대여섯 살이 되니까 친구들하고 놀다가 서로 다투게 되면 친구가 그걸 두고 놀리는 것입니다. "네 엄마는 곰보다." 그러면 꼼짝 못합니다. 집에 돌아와서 울면서 이 아들이 하는 말입니다. "엄마, 왜 우리 엄마는 곰보야? 왜 남의 엄마처럼 예쁘지 않고, 왜 우리 엄마는 곰보야?" 이렇게 말하면서 우는 것입니다. 그 어린아이를 앞에 놓고 엄마는, 좀 더 큰 다음에 말해주려고 했지마는, 부득불 사연을 얘기해주었습니다. "너는 벌써 죽었어. 불났을 때 내가 너를 싸서 안고 나왔기 때문에 내 얼굴이 이렇게 홀랑 타버린 거다." 그러면서 물었습니다. "이래도 보기 싫으냐?" 그 아이는 그 다음부터 일생을 통해서 "우리 엄마가 최고다. 우리 엄마가 최고의 미인이다" 하고 생각하면서 자랐습니다. 그리고 단 한 번도 말썽을 부린 일이 없었다고 합니다. 왜 그렇습니까? 엄마가 쳐다볼 때, 곰보 어머니를 바라보는 순간 내가 너무나 소중한 것입니다. 나는 벌써 죽었는데, 엄마가 곰보가 됨으로써 내가 살았습니다. 이 사실을 아는 순간 그는 아주 훌륭하게 자랄 수밖에 없었습니다. 잊지 마십시오. 지금 나를 죽이느니, 마음을 비우느니…… 그런 소리 하는 것이 아닙니다. 벌써 죽었습니다. 내 노력으로 극복하는 것이 아니고, 십자가를 쳐다보는 순간 이미 죽었음을 확인하는 것뿐입니다. 이것이 그리스도인입니다. 동시에 약속을 따라서 삽니다.

오늘본문 9절은 말씀합니다. "이는 그리스도께서 죽은 자 가운데서 사셨으매 다시 죽지 아니하시고 사망이 다시 그를 주장하지 못할 줄을 앎이로라." 사망으로부터 벗어난 자로 살라는 것입니다. 양자된 신분으로 삽니다. 약속된 미래를 바라보고 삽니다. 확실한 영생을 약속받고 오늘을 살아가는 것입니다. 이 믿음 안에 살아가는 것입니다. 이것이 그리스도인입니다. 문제는 여기에 있습니다. 네가 나를 어떻게 평가하느냐 하는 것입니다. 오늘본문 마지막 절은 말씀합니다. "죄에 대하여는 죽은 자요 그리스도 예수 안에서 하나님을 대하여는 산 자로 여길지어다(11절)." 여길지어다— 이 말씀은 '그

렇게 안다', '인정한다', '그렇게 확증한다'는 뜻입니다. 죄에 대해서
는 벌써 죽은 자로 여기라는 것입니다. 그쪽에 매력이 없습니다. 세
상 것에 매력을 느끼지 않습니다. 동시에 하나님을 대하여는 산 자
로 여기는 것입니다. 세상을 향해서는 죽은 자요, 하나님을 대하여
는 산 자로 의롭다 하심을 얻는 것입니다.

　여러분, 탕자를 생각해봅시다. 돌아온 탕자를 생각합시다. 돌아
온 탕자가 지금 아버지 앞에 있습니다. 자기가 저지른 일을 생각하
면 도저히 이 자리에 있을 수 없습니다. 그러나 아버지가 자기를 사
랑하는 것을 생각할 때는 너무나 자신이 소중합니다. 아마 이런 생
각을 했을지도 모릅니다. '아버지가 이렇게 나를 사랑하는 줄 알았
다면 진작 돌아올 걸.' 여러분, 꼭 잊지 말아야 합니다. 나 자신에 대
해서는 아무 소용이 없습니다. 나를 위해서 죽으신 십자가를 생각하
고, 그 구원의 약속을 생각하면 나는 너무나 소중한 것입니다. 여기
에 우리의 자존감이 있습니다. 하나님을 사랑하는 자, 나를 위해서
희생한 자를 생각합시다.

　구약성경 사무엘하 9장 8절을 대할 때마다 저는 아주 감격하
여 눈물 없이는 읽을 수가 없습니다. 다윗 왕이 유대나라를 평정합
니다. 모든 원수를 다 몰아내고, 이제 다윗왕국을 온전히 세우게 됩
니다. 그 다음에 모든 정사를 정리해나가는 중에 그는 중요한 질문
을 합니다. '요나단의 후손이 없나?' 그랬더니 요나단의 아들 므비보
셋이라는 사람이 있어서 그를 오게 합니다. 여기에 묘한 관계가 있
습니다. 자기를 죽이려고 따라다니던 사울 왕 쪽으로 생각하면 그는
사울 왕의 손자입니다. 죽어 마땅합니다. 그러나 자기의 가장 사랑
했던 중요한 친구 요나단의 아들입니다. 그러기에 소중합니다. 그런

데 불러오고 보니 그는 지금 벌써 절름발이입니다. 육체적으로는 아무 일도 할 수 없는 사람입니다. 그런데 다윗이 말합니다. '사울 왕을 생각하면 너는 내 원수요, 요나단을 생각하면 너는 가장 사랑하는 내 아들이기에, 너는 평생 왕의 궁전에서 먹으라.' 왕자로서 대접을 하는 것입니다. 그때에 이 절름발이 꼽추인 므비보셋이 이렇게 고백합니다. '이 종이 무엇이기에 왕께서 죽은 개 같은 나를 돌아보시나이까!' 죽은 개 같은 나, 아무 쓸모없는 자를 왜 사랑하시는 것입니까? 왜 그렇습니까? 요나단 때문에, 요나단의 후손이기에 므비보셋의 자존감이 있는 것입니다. '죽은 개 같은 나를 어찌하여 이렇게 사랑하십니까?' 이 마음과 감격으로 사는 것이 그리스도인입니다.

우리 주변에 나를 위해서 수고하는 분들이 많습니다. 나를 위해서 평생을 바친 분도 있습니다. 평생 기도하는 분도 있습니다. 그를 보고 나를 보십시오. 나를 위해서 한평생을 희생한 그를 보고 나를 보십시오. 나는 소중한 존재입니다. 저는 늘 생각합니다. 날마다 생각합니다. 나를 위해서 한평생 기도하신 어머니를 생각합니다. 제가 20여 년 전 처음 북한에 갔을 때 거기에 있는 분들이 제 어머니를 찾아주겠다고, 무덤이라도 찾아준다고 무척 애를 썼습니다. 마지막에 호적등본 한 통을 가지고 왔습니다. 보니까 어머니가 4년 전 94세에 돌아가셨습니다. 그날 밤 호텔에 들어가서 묵상을 하며 생각했습니다. '어머니, 이 척박하고 어려운 세상에 왜 그렇게 오래 살아 계셨습니까?' 제 귀에 어머니의 음성이 쟁쟁하게 들려옵니다. '너를 위해서 기도하느라고 오래 살았다.' 여러분, 나를 위해서 기도하시는 분을 생각하고, 그리고 나를 보십시오. 나는 너무나 소중한 존재입니다. △

구원에 이르는 근심

　　우리가 마게도냐에 이르렀을 때에도 우리 육체가
편치 못하고 사방으로 환난을 당하여 밖으로는 다툼
이요 안으로는 두려움이라 그러나 비천한 자들을 위
로하시는 하나님이 디도의 옴으로 우리를 위로하셨
으니 저의 온 것 뿐 아니요 오직 저가 너희에게 받은
그 위로로 위로하고 너희의 사모함과 애통함과 나를
위하여 열심 있는 것을 우리에게 고함으로 나로 더욱
기쁘게 하였느니라 그러므로 내가 편지로 너희를 근
심하게 한 것을 후회하였으나 지금은 후회하지 아니
함은 그 편지가 너희로 잠시만 근심하게 한 줄을 앎
이라 내가 지금 기뻐함은 너희로 근심하게 한 까닭이
아니요 도리어 너희가 근심함으로 회개함에 이른 까
닭이라 너희가 하나님의 뜻대로 근심하게 된 것은 우
리에게서 아무 해도 받지 않게 하려 함이라 하나님의
뜻대로 하는 근심은 후회할 것이 없는 구원에 이르게
하는 회개를 이루는 것이요 세상 근심은 사망을 이루
는 것이니라 보라 하나님의 뜻대로 하게 한 이 근심
이 너희로 얼마나 간절하게 하며 얼마나 변명하게 하
며 얼마나 분하게 하며 얼마나 두렵게 하며 얼마나
사모하게 하며 얼마나 열심있게 하며 얼마나 벌하게
하였는가 너희가 저 일에 대하여 일절 너희 자신의
깨끗함을 나타내었느니라
　　　　　　(고린도후서 7 : 5 - 11)

구원에 이르는 근심

제가 소망교회에서 시무할 때 교인들 가운데 정신장애를 가진 자녀가 있는 가정이 많았습니다. 사람들이 흔히 말하는 저능아라고 하는 것입니다. 정신장애아가 백 명이 넘었습니다. 그래서 그들을 위해서 특별 프로그램을 만들어 운용하다가 이것만 가지고는 안될 것같아서 이천 쪽에 특별시설을 만들었고, 지금까지 잘 운영하고 있습니다. 정신장애아가 있는 어머니들이 제게 와서 여러 가지 딱한 사정들을 얘기함으로 마침내 그런 큰 시설을 만들고 경영하게 되었는데, 그 가운데 어느 어머니가 이런 이야기를 저한테 하였습니다. 고등학교에 다닐 정도 나이의 정신장애아를 둔 어머니입니다. 이 자녀가 고등학교 다닐 정도의 나이인데, 정신지능이 네 살 밖에 안된다고 합니다. 이 아이가 장난감을 가지고 놀면서 중얼중얼하는 것을 보니 그 얼굴이 그렇게 밝을 수 없다는 것이었습니다. 어떤 때는 이런 생각까지 했다고 합니다. '네가 복이 많다.' 그를 위해서 걱정하는 어머니는 이대로 속이 썩어가지마는 그 아이 본인은 그렇게 태평한 것입니다. 공부할 걱정을 합니까, 대학 갈 걱정을 합니까, 시집갈 걱정을 합니까. 편안히 앉아서 장난감 가지고 노는 것을 볼 때 얼마나 평화로운지, '도대체 내가 지금 무슨 생각을 하고 있나?' 하는 생각을 할 때가 있었다고 합니다.

오늘날 인류를 위협하는 질병이 많습니다마는, 세계보건기구가 내놓은 보고서에 의하면 21세기 인류를 위협하는 최대의 질병은 우울증이라고 합니다. 요새 흔히 우리가 자살이라는 말을 너무나 많이 듣습니다. 자살예방을 위한 특별시설을 만들어야 한다고 해서 제가 중요한 모임에 간 적이 있습니다. 제가 그 모임에서 자살예방이라고 하지 말고, 생명존중이라고 하면 안되겠느냐고 제안해서 이름을 바꿔놓은 적이 있습니다. 정말로 자살자가 많습니다. 세계 제1위입니다. 점점 더 많아집니다. 어떻게 생각하면 살았으나 죽은 것입니다. 살았다고 할 것이 없습니다. 그냥 죽은 자로 사는 것같은 비참한 모습을 많이 봅니다. 생활은 나아졌다고 하는데, 그 생명력은 아주 제로 수준으로 떨어지고 있습니다. 21세기에 인류를 위협하는 최대의 질병은 우울증인데, 하버드대학 보고서에 의하면 실제로 인구의 15퍼센트가 여기에 노출되어 있다고 합니다. 우리나라의 최근 건강보험심사평가원이 내놓은 우울증 진료현상을 국회에 보고한 자료에 의하면 2006년으로부터 2010년까지 5년간의 병원치료 환자가 265만 명입니다. 놀라운 얘기 아닙니까. 멀쩡히 몸은 살아 있는 것같지만, 우울증에 걸려 정신적으로는 벌써 죽어 있는 것입니다. 사실 우리가 자살이라는 말을 많이 합니다마는, 교역자에게도 참 어려운 일입니다. 왜냐하면 자살을 어떻게 평가해야 되는가가 중요하기 때문입니다. 저는 확실하게 대답을 합니다. 그것은 우울증에서 온 것이라고요. 우울증이라는 병이 자살이라는 행동으로 이어진 것이지, 자살이라는 사건 하나만 놓고 생각하지 말라고 말입니다. 벌써 그 전에 우울증이라는 중증의 병을 앓다가 그 병이 사건으로 나타난 것입니다. 이것을 깊이 생각해야 합니다. 이 우울증에 걸리면 내가 나를 죽이든지 남을 죽이든지, 거기까지 가는 것입니다. 이것은 자기 자신이 마음을 관리하지 못해서 발생하는 것입니다. 생각이 지배하지 못하는 단계에 다다른 것입니다. 생각하지 말아야지, 하고 결단하고, 쓸데없는 일이라고 생각하면서도 계속 생각합니다. 잊어버려야 되겠다고 하지만 잊어버리지 못합니다. 잠을 자지 못하고, 식욕도 감퇴합니다. 모든 의욕이 없어지고, 판단력도 흐려집니다. 두려움에 떨고, 마침내 절망하게 됩니다. 그 주원인은 과도한 스트레스 때문이라고 합니다. 이것이야말로 우리 교회가 지닌 마지막 사명입니다. 지금 선교한다, 구제한다, 나눈다고 하지만, 별로입니다. 가장 중요한 것은 우울증이라고 하는 이 중병에 걸려가는, 이 전염병 같은 병으로부터 구원하는 일이 절박하다고 저는 생각합니다.

　근심이라는 것은 하나의 버릇이나 습관과 같은 것입니다. 그 구체적인 내용 일곱 가지를 말할 수 있는데, 첫째가 지나간 일을 생각하는 것입니다. 지나간 일은 지나간 일입니다. 이제 와서 뒤척거려봐야 아무 소용이 없습니다. 이미 끝난 일을 왜 뒤돌아보고 있느냐는 것입니다. 이것이 우울증의 시작입니다. 그런가하면 오지도 않을 일, 단 1퍼센트도 가능성이 없는 일에 대해서 걱정을 합니다. 기우(杞憂)라는 말이 있습니다. 중국 고사에 나오는 이야기입니다. 옛날 기 나라에 한 사람이 살았습니다. 이 사람은 평소 걱정이 많았습니다. 하늘이 무너질까봐 걱정이고, 땅이 꺼질까봐 걱정입니다. 좌우지간 침식을 못할 정도로 늘 걱정을 하고 살았습니다. 그래서 이것을 '기인지우'라고 말해왔습니다. 줄여서 요새는 '기우'라고 합니다. 이런 걱정입니다. 땅이 꺼질까봐, 하늘이 무너질까봐서 아무 일도 할 수가 없습니다. 이것을 흔히 기우라고 하는데, 상식화된 이야기 아닙니까.

　또 하나는 뜻대로 안된다고 걱정하는 것입니다. 뜻대로 되는 일이 어디에 있습니까. 되어본 일도 없고, 되지도 않습니다. 그런데도 뜻대로 안된다고 걱정하는 것은 얼마나 오만한 자세입니까. 언제 뜻대로 된 일이 있습니까. 뭐 하나 되는 일이 없습니다. 제 시간에 일어나는 것 하나도 못하는데, 아무것도 못하는 무능한 존재가 내 마음대로 안된다는 건방진 소리를 하고 있는 것입니다. 그 자체가 벌써 우울증으로 들어가는 것입니다. 자신을 내세우기를 좋아합니다. 자기라는 것은 별것이 아닙니다. 우울증을 깊이 심층 분석하면 교만한 사람이 걸리는 것입니다. 교만한 사람이 우울증으로 치닫습니다. 애당초 자기 평가를 낮춘 겸손한 사람, 좀 더 나아가 감사하는 사람에게는 우울증이 없습니다. 교만한 사람에게 많이 나타납니다. 이른바 잘났다는 사람들이 이 병에 걸립니다.

또 하나는 완전히 내맡기지 못하는 것입니다. 다시 말해서 남을 잘 믿지 못합니다. 남편도 믿지 못하고, 아내도 믿지 못하고, 자식도 믿지 못합니다. 무엇을 맡겼으면 다음일은 그에게 넘겨야 되는데, 여전히 내가 걱정하는 것입니다. 이것이 바로 문제입니다. 옛말 가운데 이런 것이 있습니다. '막내딸 시집을 보내느니 내가 가는 게 낫지.' 시집보내놓고 걱정하는 것입니다. 잊어버리십시오. 이것이 얼마나 어리석은 생각입니까. 남을 믿지 못하고 신뢰하지 못하면 이것이 병이 되는 것입니다. 그 다음에는 상식적인 이야기입니다. 날씨에 대한 걱정입니다. 내가 걱정한다고 달라집니까. 그런 맹랑한 생각을 왜 합니까. 비 오면 우산 쓰면 되고, 또 우산 없으면 비 좀 맞으면 됩니다. 뭘 그렇게 걱정을 합니까. 날씨 걱정하는 것 우울증입니다. 그대로 맞춰가면서 사는 것입니다. 옷이 젖으면 말리면 되는 것입니다. 또 병들세라 걱정하는 것입니다. 병 안걸리는 수가 있습니까. 제가 한 가지 알려드리겠습니다. 많은 사람들이 건강하겠다고

운동 많이들 하려고 애쓰는데, 실은 병원에 오는 사람 적지 않은 수
가 운동 많이 한 사람들입니다. 한 가지만은 잊지 마십시오. 운동선
수는 단명합니다. 중국 사람들 말 가운데 '일병백세'라는 말이 있습
니다. 제가 들은 이야기입니다마는, 병 하나 있는 사람이 많이 산다
는 뜻입니다. 비실비실하면서 오래 사는 것입니다. 그 대표자가 한
경직 목사님입니다. 어느 해에 저를 만나서 말씀하시기를 "곽 목사,
나 사표 내야 될 것같아" 하십니다. 그래 "왜 사표를 내세요?" 하고
여쭈었더니 하시는 말씀입니다. "내가 벌써 일 년 동안을 강단에 못
섰거든. 병원에 들락날락하면서. 그러니 내가 사표내야 되지 않겠
나?" 그렇게 말씀하시면서 백 세까지 사셨습니다. 그러니까 어디가
아프거든 '아, 오래 살 증거다' 하고 생각하십시오. 아픈 데 없다는
사람, 병원에 한 번도 가보지 않았다고 자신하던 사람으로 제가 아
는 한 분이 있습니다. 장로님입니다. 그분, 교회에서 기도하다가 죽
었습니다. 어디가 아프거든 좋은 증상이라고 생각하며 살면 됩니다.

또 하나는 죽을까 걱정하는 것입니다. 죽음에 대해서는 걱정과
는 아무 상관이 없습니다. 걱정하면 더 단명합니다. 그러니까 죽을
까 하는 걱정만은 떼어놓고 살아야 합니다. 더구나 예수믿는 사람이
죽는 것 걱정하는 것은 정말 맹랑한 일입니다. 이것이 우울증으로
작용합니다. 유명한 말이 있지 않습니까. 아이큐가 70이하인 사람은
자살하는 법이 없습니다. 똑똑한 사람들이 미리 생각하는 것입니다.
이것 생각하고 저것 생각하고, 이런 예측하고 저런 예측하고…… 그
러다 죽게 되는 것입니다.

제가 언제 한번 유명한 한의과 병원 원장인 장로님을 만나러 갔
던 일이 있습니다. 환자가 너무나 많아서 따로 얘기할 시간이 없었

습니다. 그때 장로님 말씀이 차라리 환자 보면서 얘기하는 것이 좋겠다고 해서 그분 옆에 의자를 놓고 앉았습니다. 그래 그분이 환자하고 대화하는 것을 들었습니다. 의사 장로님이 "아주머니, 걱정이 너무 많으시네요. 남편하고 너무 싸우지 말고, 시어머니 미워하지 말고, 아이들에 대해서 너무 그렇게 걱정할 것 없는데요" 하고 한참 말하니까 이 환자가 화가 났습니다. "병이나 고치지 남의 가정 얘기는 왜 해요?" 제가 거기서 아주 놀라운 광경을 보았습니다. 의사가 말하기를, 걱정 때문에 병들었으니 걱정하지 말라는 말을 내가 안하겠느냐고, 그것 없이는 약물로 치료할 수 있는 것이 아니라는 것입니다. 그런데 이 사람은 걱정은 내가 할 테니까 병만 고치라는 것입니다. 이런 모순이 어디 있겠습니까. 병원에 갈 때는 조심하십시오. 85퍼센트는 나한테 달렸습니다. 내 마음이 중요합니다. 15퍼센트만 의사가 할 수 있는 일입니다. 문제는 마음을 다스리는 것입니다. 내 마음을 다스리는 것이 첫째라는 것입니다.

그렇다면 근심이라는 것은 먼저 무엇에 대한 근심이냐는 것입니다. 이것이 첫째고, 둘째는 '얼마까지 할 수 있느냐?'입니다. 한계가 문제입니다. 그 다음에는 '그 결과는 무엇이냐?'입니다. 이 세 가지 측면을 생각해야 할 것입니다. 오늘본문에는 짧은 말씀이지마는 아주 오묘한 진리가 있습니다. "너희로 잠시만 근심하게 한 줄을 앎이라(8절)." 한계(limitation)입니다. 여러분은 여기까지만 이런 걱정 저런 걱정 합니까? 보니까 어떤 젊은이들이 결혼문제를 놓고 '이 사람하고 할까, 저 사람하고 할까?' 하고 할까말까 걱정을 많이 합니다. 그래서 제가 오래 걱정하지 말고 몇 월 며칠까지만 걱정하기로 정하라고 말해준 적이 있습니다. 그렇게 무제한으로 걱정만 하다가는 죽을 때까지 해도 시집 못갑니다. 오늘까지만 하기로, 또는 몇 월 며칠까지만 하기로 하고 끝내야 합니다. 이처럼 한계를 정할 줄 알아야 되고, 또 무슨 일이나 다 걱정해서는 안되는 것입니다. 조금 전에 말씀드린 것처럼 걱정은 할 수 있습니다. 그러나 할 필요 없는 걱정이 있다는 것입니다. 시간적으로나 사건의 내용으로 제한을 해야 됩니다. 왜 그렇습니까? 인간자체가 제한적 존재이기 때문입니다. 그런고로 '여기까지만'이 중요합니다. 그 이상은 내가 걱정할 문제가 아닙니다.

또 하나는 근심의 방향이 문제입니다. 생각해야 될 일을 생각하는 사람은 생각할 필요 없는 일을 생각하지 않게 됩니다. 해야 할 일을 하는 사람은 안해야 될 일은 하지 않게 됩니다. 우리가 어린이들의 세계에서 보지 않습니까. 해야 할 공부를 열심히 하면 나쁜 친구를 사귀고 잘못될 겨를이 없습니다. 마땅히 해야 될 일을 하지 않으니까 해서는 안될 일을 하게 되는 것입니다. 이것이 문제입니다. 그런고로 해야 할 근심을 해야 됩니다. 염려라는 것을 생각해보십시오. 죄에 대해서는 염려하지 않고, 죄의 결과에 대해서만 염려하는 것입니다. 이것이 잘못된 것입니다. 죄를 걱정해야 되는데, 죄로 인한 결과만 생각합니다. 또 자기성찰에는 관심이 없고, 다른 사람에 대해서 걱정을 합니다. 내가 할 수 있는 일이 있는데, 그것은 접어두고 다른 사람이 어떻게 하는지를 걱정하고 있다는 것입니다. 그리고 원망하는 것입니다. 회개는 없고 형벌만 걱정하는 것입니다. 하나님의 뜻은 저버리고 자기 뜻에 집착하고 있을 때 걱정은 끝이 없습니다. 마땅한 일을 걱정하는 나머지 불필요한 일은 자연적으로 다 떠날 수 있는 것입니다.

　　그래서 오늘본문은 우리에게 중요한 말씀을 합니다. "하나님의 뜻대로 하는 근심은⋯⋯(10절)" 내 뜻을 버리고 하나님의 뜻을 따르는 근심입니다. 저는 특별한 경험이 한 번 있었습니다. 아주 오래전 북한에서 제가 아직 남하하지 않고 있을 때 연세가 칠십이 넘은 어떤 목사님이 남쪽으로 내려오게 되었는데, 그분을 인도하고 배를 주선하는 일을 제가 도와드린 적이 있습니다. 그분이 저희 집에 와서 하룻밤을 쉬고 그 다음날 새벽 아주 컴컴할 때 숲 속을 통과해서 배를 타러 나가는데, 그 배를 타고 나갈 때 서서 울며 제게 말한 것을 잊지 못합니다. 그 목사님 말씀입니다. "내가 나이 칠십이 넘어서 뭘 더 살겠다고 남쪽으로 가겠나. 더구나 교회를 버리고 간다는 게 마음이 아파. 지금도 주일에 그래도 예배를 보는데, 내가 해야 할 일이 있는데, 이걸 버리고 도망가듯이 남쪽으로 가자니 너무 마음이 아파." 제가 드릴 말씀이 없었습니다. 그 다음 설명을 제가 들었습니다. "내 아들이 먼저 남쪽에 가 있는데, 그 남쪽에서 나한테 몇 번 인편에 편지가 왔거든. 이걸 저 사람들이 알고 나를 간첩죄로 잡는다는 거야. 내통한다고 그러니 목사로서 죽으라면 죽겠는데, 반동으로 체포하겠다니 내가 갈등이 생겨서 이렇게 원치 않는 길을 가게 되는 것이야."

　　여러분은 어느 쪽으로 걱정합니까? 나의 행동으로 인해서 하나님의 이름에 누가 가는 것, 하나님의 영광이 가려지는 것 때문에 걱정해야 되는데, 당연히 하늘 걱정은 하지 않고, 내 뜻이 이루어지지 않는다고 걱정하는 것은 잘못된 걱정입니다. 우리가 주기도문을 늘 외웁니다. '뜻이 하늘에서 이루어지는 것처럼 땅에서도 이루어지이다.' 말을 바꾸면 '하나님 앞에서 이루어진 것처럼 또 그리스도로 말미암아 이루어진 것같이 나 자신과 이 현실을 통해서 하나님의 뜻이 이루어지이다'입니다. 하나님의 뜻을 이루기 위한 걱정, 혹시라도 하나님의 뜻에 누가 가지 않나 하는 걱정입니다. 얼마나 중요한 일입니까. 병원에 환자들을 방문해보면 그런 일이 좀 있습니다. 병이 낫기도 하고 안낫기도 하고, 아프기도 하겠지만 어떤 분은 꽤나 아플 것같은데도 잘 참습니다. 왜냐하면 내가 아프다고 하면 여러 사람이 마음이 아프기 때문입니다. 그래서 잘 참습니다. 잘 참는 것을 보면 참 귀하게 보입니다. 그런가하면 어떤 사람은 남이야 어쨌든 고래고래 소리지르고, 영 주변사람들을 못살게 굽니다. 이 사람 참 교양 없습니다. 나의 행동으로 인해서 하나님의 영광이 가려지든가, 하나님의 교회에 누를 끼치든가, 나의 행동으로 인해서 주변 사람들의 마음에 근심을 끼쳐서는 안됩니다. 이런 걱정 말입니다. 하나님의 사랑을 알고, 그 능력을 믿고, 그 지혜를 의지하고, 하나님의 뜻을 전적으로 수용하면서 하나님의 거룩하신 뜻을 이루기 위한 걱정을 하게 될 때 쓸데없는 걱정은 다 사라지는 것입니다.

특별히 오늘본문은 말씀합니다. 구원에 이르게 하는 것, 이런 거룩한 걱정, 신령한 걱정, 하나님의 뜻대로 하는 걱정에 집중하면 어느 사이에 구원에 이르게 됩니다. 자유로워집니다. 신비로운 하나님의 능력을 체험하게 됩니다. 마태복음 6장 33절은 말씀합니다. "너희는 먼저 그의 나라와 그의 의를 구하라 그리하면 이 모든 것을 너희에게 더하시리라." 그의 나라와 그의 의, 하나님의 나라와 하나님의 의, 여기에다가 초점을 맞추고 걱정을 하면 그 시시하고 쓸데없는 걱정은 다 사라질 것입니다. 그리고 구원에 이르게 되는 것입니다. 염려할 것을 염려합니다. 염려할 필요 없는 일은 염려하지 않게 된다는 말입니다. '염려하라. 하나님의 뜻을 이루기 위한 걱정을 하라.' 그리하면 구원에 이르게 되고, 자유함에 이르게 되고, 하나님의 은총을 순간순간마다 체험하게 되고, 건강한 영혼이 되고, 달관하는 하나님의 사람이 될 것입니다.   △

내 이름으로 모인 곳

네 형제가 죄를 범하거든 가서 너와 그 사람과만
상대하여 권고하라 만일 들으면 네가 네 형제를 얻은
것이요 만일 듣지 않거든 한 두 사람을 데리고 가서
두 세 증인의 입으로 말마다 증참케 하라 만일 그들
의 말도 듣지 않거든 이방인과 세리와 같이 여기라
진실로 너희에게 이르노니 무엇이든지 너희가 땅에
서 매면 하늘에서도 매일 것이요 무엇이든지 땅에서
풀면 하늘에서도 풀리리라 진실로 다시 너희에게 이
르노니 너희 중에 두 사람이 땅에서 합심하여 무엇이
든지 구하면 하늘에 계신 내 아버지께서 저희를 위하
여 이루게 하시리라 두 세 사람이 내 이름으로 모인
곳에는 나도 그들 중에 있느니라
(마태복음 18 : 15 - 20)

내 이름으로 모인 곳

키이스 페라지라는 세계적으로 유명한 재벌이 있습니다. 그가 지은 「혼자 밥 먹지 마라」라는 재미있는 책이 한 권 있습니다. 혼자 밥 먹는 사람은 다 죄짓는 것입니다. 또 혼자 밥 먹게 하는 사람도 죄를 짓는 것입니다. 혼자 밥 먹는다는 것이 얼마나 비참한지, 여러분 다 잘 알고 있지 않습니까. 혼자 먹으면서 무슨 생각을 합니까? '이것 먹고 살아야 되나?' 아주 비참한 것입니다. 먹는다는 것이 얼마나 중요한지 모릅니다. 한 식탁이라는 것이 얼마나 중요합니까. 그래서 일본사람들이 하는 아주 유명한 말이 있습니다. 일본신학자들이 쓰는 말입니다. '천국은 같이 먹는 곳이다.' 얼마나 먹는 것이 중요한가를 알 수 있습니다. 예수님께서는 십자가에 돌아가시기 바로 몇 시간 전에 제자들과 함께 유월절 잔치를 열어 함께 잡수십니다. 이것이 굉장히 중요한 의미입니다. 그렇다고 이 잔치를 통해서 제자들이 예수님을 다 이해하고, 깊이 사랑하고, 깊이 하나가 된 것은 아닙니다. 알고 보면 제자들은 맹추 같은 사람들입니다. 예수님께서 지금 십자가를 지시려고 하시는데, 저들은 예수님께서 출세하시고 왕이 되시면 누가 우편에 앉느니, 누가 좌편에 앉느니 하고 위계싸움이나 하고 앉았고, 그러다가 질투와 시기 때문에 발도 씻지 않고 유월절잔치를 먹게 되었습니다. 그 마음과 심정을 생각하면 얼굴도 보고 싶지 않을 정도입니다. 그들이 뭐 인간들이라고 상대합니까. 그런 절박하고 형편없는 인간들인데도 다 상관이 없었습니다. 예수님께서는 넓은 가슴으로 "이리 와라. 가져다 먹어라. 받아먹어

라" 하고 성찬예식을 하십니다. 같이 먹는다는 것이 이렇게 중요한
것입니다. 더 말할 것이 없습니다. 십자가 지시기 몇 시간 전에도 예
수님께서는 제자들과 함께 잡수셨습니다. 음식을 나누셨습니다. 아
주 중요합니다. 음식은 종합예술입니다. 모든 마음과 생각이 다 여
기서 소화될 수 있습니다.

　치매라고 하는 무서운 병이 있습니다. 어느 책에 보니 치매를
고칠 수 있는, 이른 바 예방할 수 있는 방법 가운데 하나가 '같이 먹
는 것'이라고 합니다. 어떤 이유로든지 같이 먹어야 되는데, 정 같이
먹을 사람이 없거든 강아지하고라도 같이 먹으라고 합니다. 개라도
데려다 놓고 같이 먹으면 훨씬 치유가 잘 된다고 합니다. 얼마나 비
참한 얘기입니까. 내가 여기서 보니 여러분들 가운데 혼자 먹는 사
람들 많은 것같습니다. 이같은 중병에 걸린 사람이 많습니다. 같이
먹어야 합니다. 같이 먹는 동안에 소화가 되고, 먹는 동안에 이해가
되고, 먹는 동안에 거기에 귀중한 진리의 소통이 이루어집니다. 그
러면 왜 함께 먹지 못합니까? 간단합니다. 자기개방을 두려워하는
취약성 때문입니다. 자기 자신을 솔직하게 내놓고 싶지 않은 것입니
다. 그 쓸데없는 한푼 값어치도 없는 자존심 때문에 같이 먹을 수 없
는 것입니다. 남에게 굽히고 싶지 않습니다. 낮아지고 싶지 않습니
다. 이것이 문제입니다. 자기개방을 두려워하는 것입니다. 함께하는
공간에서 진정성을 보여야 합니다. 함께 먹으려면 진실하고 겸손해
야 되고, 거짓 없는 자기 모습을 내세워야 합니다. 밥 먹으면서 교만
하고 자기 자랑하는 것처럼 맹랑한 것이 없습니다. 적어도 그 시간
만은 깨끗하게 모든 위선과 거짓과 탐욕을 버리고 순수한 마음으로
돌아가야 함께 먹을 수 있습니다.

또한 편견을 가지지 않고 상대방을 수용할 수 있어야 됩니다. 우리는 조건적 현실을 너무나 많이 가지고 있습니다. '고치고 와라', '좀 더 나아지면 대해줄게', '좀 더 변화되면 내가 상대해줄게'……잘못된 것입니다. 키 작은 사람더러 키 크면 만나주겠다는 말과 마찬가지입니다. 나이 오십이 넘은 사람들을 생각해보십시오. 저 버릇 오십 년이 넘었습니다. 오십 년 동안 못고친 것, 이제 고치겠습니까? 그냥 받아들이려면 받아들이고, 싫으면 그만두어야 합니다. 안 되는 것입니다. 그냥 수용해야 됩니다. 성격이 불같든지, 말씨가 어떻든지, 절대 상대방에게 달라지라고 하지 마십시오. 달라지기를 기대한다면 영영 함께 앉아서 식사를 못할 것입니다. 그러니까 그냥 있는 그대로, 홀리는 사람은 홀리는 대로, 그저 이상한 버릇이 있으면 있는 대로 그대로 수용해야만 함께 식사할 수 있습니다.

또한, 열정과 목표와 꿈을 공유해야 됩니다. '너와 나는 한 운명이다. 이렇게 살다가 함께 가는 것이다. 한 배를 탔다. 한 운명이다. 행복도 기쁨도 영광도 다 우리는 함께하는 것이다.' 이것이 바로 함께 먹는 마음입니다. 그리고 더 중요한 것이 있습니다. 나 자신에 대한 걱정과 나약성을 그대로 다 내놓아야 됩니다. 나는 자랑스러운 사람이 아니요, 나도 나약함이 있고, 내게도 실수가 있고, 내게도 부족함이 있고, 그래서 당신이 필요하다는 것입니다. 가장 중요한 말이 'I need you(당신이 필요합니다)'입니다. TV프로그램들 가운데 '세상에 이런 일이'라는 것이 있습니다. 최근에 방송된 한 내용이 이렇습니다. 수십 년 동안을 앉아 지내는, 의식도 없는 환자인데, 그를 돌보는 사람이 말합니다. "내게는 당신이 필요하오. 당신이 있어야 내가 있는 거야." 이것을 잊지 말아야 됩니다. 마음의 진실에서부터 '당신이 내게 필요합니다. 당신이 없으면 내가 존재하지 못합니다. 나는 살아갈 수 없습니다. I need you' 하는 고백이 있을 때 비로소 한 식탁에 앉은 사람의 마음에 드는 것입니다.

오늘 본문에 나타난 것은 기독론적으로 매우 중요한 말씀입니다. 심오한 진리가 여기에 있습니다. 예수님께서 말씀하십니다. 내 말이, 내 교훈이, 내 기억이, 내 이념이 너희와 함께 있다는 말씀이 아닙니다. '내가 너희 속에 있다. 내 이름으로 모인 곳에 나도 너희 중에 있느니라.' 예수님께서 세상에 계실 때는, 육체로 계실 때는 여기 계시면 저기 안계셨습니다. 갈릴리에 계시면 유대에 안계시고, 유대에 계시면 갈릴리에 안계시는 것입니다. 그것이 예수님이셨습니다. 육체를 입은 예수님이십니다. 시간과 공간의 제한을 받으십니다. 그러나 오늘 이 자리에서는 놀라운 말씀을 하십니다. '두세 사람이 내 이름으로 모이면 그곳에 내가 있다.' 무소부재하심을 말씀하시는 것입니다. '내 이름으로 모인 그곳에 내가 있다.' 대단히 귀한 말씀입니다. 사도행전 16장 31절은 말씀합니다. "주 예수를 믿으라 그리하면 너와 네 집이 구원을 얻으리라……" 유명한 바울의 설교입니다. 로마서 10장 13절은 말씀합니다. "누구든지 주의 이름을 부르는 자는 구원을 얻으리라." 주의 이름을 부르는 순간에 구원의 역사가 거기에 나타난다는 말씀입니다. 십자가의 은총이 거기에서 역사됩니다. 하나님의 사랑의 능력이 그 속에 나타났습니다.

사도행전 9장에는 다메섹으로 가는 사울이라는 사람이 나타납니다. 예수믿는 사람들이 예루살렘에서 다메섹으로 피난을 간 것같은데, 이 사람들을 쫓아 예수믿는 사람들을 박멸할 생각으로 다메섹으로 가는 길이었습니다. 사울이라는 사람이 그런 악랄한 마음으로 다메섹까지 갔는데, 가는 도중 정오에 예수님께서 그 길을 가로막으십니다. 환한 불빛이 비칩니다. 광명이 그를 사로잡습니다. 사울은 엎드립니다. 거기에 "사울아, 네가 어찌하여 나를 핍박하느냐?" 하는 음성이 들려옵니다. 그때에 참 사울이라는 사람 당돌합니다. 그 무서운 상황에서도 이렇게 물어봅니다. "주여, 뉘십니까?" 확인을 하는 것입니다. 주께서 가라사대 "나는 네가 핍박하는 예수다" 하십니다. 부활하신 예수님께서 사울에게 나타나신 것입니다. 나는 네가 핍박하는 예수다— 굉장히 중요한 말씀입니다. 사울은 교회를 핍박했는데, 예수님께서는 말씀하십니다. "네가 나를 핍박하고 있다. 교회를 핍박하는 것은 바로 예수 그리스도를 핍박하는 것이다. 여기에 내가 있다. 교회에 내가 있다. 그런고로 네가 나를 핍박하고 있는 것이다." 오늘본문에는 깊은 말씀이 있습니다. '내 이름으로 모인 곳' 거기가 교회입니다. 예수의 이름으로 모였습니다. 그래서 저는 이 교회 이름을 어떻게 지을까 많이 생각하다가 예수소망교회로 지었는데, 지금 생각해보아도 소망교회보다 한 수 위입니다. '예수소망'이 좋은 것입니다. 그냥 소망이 아니라 예수소망 아주 이름 잘 지었습니다. 이것은 아주 성령의 특별한 능력이라고 저는 생각해봅니다.

그런데 '내 이름으로 모였다' 무슨 말씀입니까? '내 이름으로 기도하는 집'입니다. '예수믿는 사람이 누구냐?' 하고 물으면 '교회 나오는 사람', '교회에 출석하는 사람' 하고 답하기 쉽지만, 아닙니다. 예수믿는 사람은 한마디로 '예수의 이름으로 하나님께 기도하는 사람'입니다. 예수의 이름으로— 얼마나 귀중한 말씀인지 모릅니다. '그리스도의 이름을 부르고, 예수의 이름으로 찬송하고, 예수의 말씀을 듣고, 예수의 이름으로 모여 예배하는 곳'입니다. 이것이 교회입니다. 그런데 '그곳에 나도 있다. 예수의 이름으로 모인 바로 거기에 내가 있다. 내 이름이 있는 곳에 내가 있다. 내 이름이 가는 곳에 내가 있다. 내 이름을 핍박하는 자는 나를 핍박하는 것이다.' 그 이름의 중요성과 그 존재성을 깊이 생각해야 합니다.

아주 극적인 장면을 여러분이 알고 있습니다. 사도행전 3장을 보면 베드로와 요한이 성전에 올라갑니다. 거기에 미문이라는 큰 문이 있었습니다. 그곳은 사람들이 제일 많이 모이는 장소입니다. 그곳을 지나갈 때 항상 거기 와서 앉아 있는, 나면서부터 앉은뱅이 된 거지가 있었습니다. 프로급 거지입니다. 항상 거기 나와 앉아서 손만 내밀고 얻어먹고 사는 사람인데, 지나가는 길에 보니 오늘은 전과 달라보였습니다. 늘 보던 거지입니다마는, 오늘 따라 보는 순간 손을 내밀었습니다. 손을 보는 순간 베드로의 마음속에 '너 왜 그냥 지나가느냐? 저 사람을 왜 그냥 외면하느냐?' 하는 생각이 들었습니다. 그러고 보니 돈이 없습니다. 가까이 가서 마주서서 하는 말입니다. '나를 보라. 은과 금은 내게 없다.' 돈이 없다는 말입니다. '당신이 내게 바라는 은과 금은 내게 없다.' 만약 거기까지만 하면 그 앉은뱅이가 뭐라고 했겠습니까? '그러면 그냥 지나가. 돈 없는 주재에 왜 연설을 하나? 누가 뭐라나? 그냥 지나가지.' 바로 그 순간 베드로가 말합니다. '은과 금은 내게 없거니와 내게 있는 것으로 네게 주노니 나사렛 예수의 이름으로 일어나라.' 그가 벌떡 일어납니다. 저는 이 장면을 볼 때마다 생각합니다. 기가 막히고 중요한 시간입니다. 앉은뱅이가 놀랐겠습니까, 베드로가 놀랐겠습니까? 저는 아무리 생각해도 베드로가 놀랐을 것같습니다. 이런 일이 어디에 있을 수 있겠습니까. 나면서부터 앉은뱅이가 이 많은 사람들 보는 데서 벌떡 일어나는 것입니다. 이것이 예수의 이름이요, 이것이 예수의 이름의 권세입니다. 이것을 잊지 말아야 합니다.

나사렛 예수의 이름을 부르는 순간 예수님께서 나타나셨습니다. 많은 사람들이 모여 놀라서 베드로를 쳐다볼 때 그는 말씀합니다. '어찌하여 우리를 쳐다보느냐? 너희가 십자가에 못박은 예수께서 오늘 이 자리에 나타나셔서 이 앉은뱅이를 일으키셨느니라.' 이상하게 볼 것이 없다는 것입니다. 예수의 이름이 이 놀라운 기적을 나타냈다고 그는 고백합니다. 이제 또 한 번 생각합시다. 예수의 이름으로 모였다는 것입니다. 예수의 이름을 부르는 곳에 예수님께서 나타나셨고, 예수의 이름으로 모인 곳에 예수님께서 함께하신다는 것입니다. 놀라운 말씀입니다. 예수 때문에 용서하고, 예수 때문에 사랑하고, 예수 때문에 화해합니다.

제가 아는 장로님 한 분이 예수믿기 전인 왕년에 못된 짓을 참 많이 했습니다. 좌우간 부지기수로 못된 일 많이 하다가 저한테 세례를 받고 예수믿고, 지금 소망교회 장로가 되었습니다마는, 그분이 하는 말입니다. "내가 예수믿어서 달라졌지. 내가 만일 예수를 안믿었다면 저 여자하고는 안삽니다." 예수믿은 덕에 저 여자하고 살고, 그래서 자식들에게도 내가 아버지 노릇을 하고 있는 것이라고, 만약에 예수를 안믿었다면 우리 가정은 다 풍비박산되었으리라 생각한다고 합니다. 예수 덕에 함께 사는 것입니다. 제가 목사로서 결혼주례를 많이 하는데, 보면 신랑 신부의 부모님들이 나란히 앉아 있습니다. 제가 그렇게 앉아 있는 두 사람의 모습을 자세히 봅니다. 어떤 관계인가, 하고 봅니다. 천태만상입니다. 둘이 앉아 있기는 하지만, 둘 다 먼 산 보고 있는 경우가 있습니다. 자식 때문에 여기 와서 앉아 있지마는, 둘은 영영 벌써 딴살림 한 지 오래된 것입니다. 체면상 둘이 와서 앉았는데, 먼 산만 보고 있는 것이지요. 제가 척 보면서 '가관이다. 이 불쌍한 사람들아' 하고 생각합니다. 그런데 여기에 고백이 있습니다. 남편이 결혼하고 아이도 낳았는데, 그만 어디 출장 갔다 오고 하면서 실수를 했습니다. 어디 가서 아이를 하나 낳았습니다. 바로 그 순간입니다. 부인이 말합니다. '더러운 손 나한테 대지 마라. 영영 나는 너를 용서할 수 없다.' 그리고 헤어졌습니다. 그런데 그때 헤어졌지마는, 그 아이는 커서 오늘 장가를 가는 것입니다. 어떡하면 좋습니까. 엄연히 아버지가 있는데, 그래서 아버지 어머니가 30년 만에 처음으로 둘이 앉았는데, 둘이 먼 산만 보고 앉아 있는 것입니다. 문제는 그 부인입니다. 이제와서 말합니다. 그때 한 번 실수 했을 적에 내가 예수의 이름으로 용서했더라면 운명이 달라졌을 텐데, 그 순간 인격이니 뭐니 하고 따지다가 우리가 잘못된 것은 30년이고, 아이들까지 운명이 저렇게 불쌍해지지 않았느냐는 것입니다. 딱 한 번만 예수의 이름으로 두 사람이 모였더라면 세상은 달라지는 것입니다. 이것을 잊지 말아야 됩니다.

그래서 오늘본문은 말씀합니다. "두세 사람이 내 이름으로 모인 곳에는 나도 그들 중에 있느니라(20절)." 예수의 이름으로 용서하고, 예수의 이름으로 사랑하는 새로운 가치관을 말씀하는 것입니다. 바울의 유명한 윤리적 가치관이 있습니다. 고린도전서 8장 11절은 말씀합니다. "그러면 네 지식으로 그 약한 자가 멸망하나니 그는 그리스도께서 위하여 죽으신 형제라." 그리스도께서 위하여 죽으신 형제를 식물로 망하게 하지 마라, 나를 볼 때도 그리스도께서 위하여 죽으신 나, 이웃을 볼 때도 그리스도께서 위하여 죽으신 소중한 존재…… 그렇게 이웃을 볼 것입니다. 이렇게 될 때 '두세 사람이 내 이름으로 모인 곳'입니다. 유명한 토마스 모어의 순교에 대한 이야기는 제가 여러 번 말씀을 드렸습니다. 토마스 모어가 순교하게 될 때 재판장이 사형선고를 합니다. 그 풍속대로는 지금 사형선고하자마자 바로 옆에서 화형식을 하게 되어 있습니다. 그래서 한편에서는 장작더미를 쌓아 놓고 재판을 합니다. 사형이라고 재판장이 선언했을 때 토마스 모어는 빙그레 웃으면서 마지막으로 한마디를 합니다. "성경에 보면 스데반이 사도 바울을 죽였습니다. 그런데 내가 믿기는 하늘나라에서 스데반과 사도 바울이 모여서 얼마나 행복하게 주님 앞에서 살겠습니까. 그처럼 오늘 당신은 나한테 사형선고를 내리지마는, 당신도 빨리 예수를 믿고 먼 훗날 하나님 앞에 가서 스데반과 바울처럼 우리가 만나서 행복하게 영생할 수 있기를 바랍니다." 재판장이 가슴이 뜨거워져서 오히려 이렇게 말합니다. "나는 당신에게 사형선고를 했는데, 당신은 어째서 내게 이렇게 놀라운 은혜로운 말을 할 수가 있습니까?" 그때에 토마스 모어의 유명한 말이 있습니다. "주님께서 내게 그렇게 하셨습니다." Jesus Christ did so for me. 얼마나 중요한 얘기입니까.

그리스도를 보고 나를 보고, 그리스도를 보고 이웃을 볼 때 두세 사람이 하나가 됩니다. 여기서 '두세 사람'이라는 말은 가정(家庭)을 의미한다고 히브리사람들은 해석합니다. 예수의 이름으로 모인 가정, 예수 때문에 화해하는 가정, 예수께 소망을 두고 하나가 된 바로 거기에 주님께서 함께하십니다. 내가 거기에 있다 그리스도께서 함께하실 때 기적이 나타나고, 그리스도께서 함께하실 때 중생이 있고, 그리스도께서 함께하실 때 새로운 세계가 열립니다. 하나님의

사랑과 능력과 지혜를 동시에 경험하게 될 것입니다. 그리스도의 임
재와 함께 주의 이름으로 내가 있고, 주의 이름으로 네가 있고, 바로
여기에 주님께서 함께하시고, 우리 가정에, 우리 사이에, 우리의 교
재에, 우리의 모임에 주님께서 함께하실 때 놀라운 역사는 이루어집
니다. "두세 사람이 내 이름으로 모인 곳에는 나도 그들 중에 있느니
라." △

만나로 먹인 그 이유

내가 오늘날 네게 명하는 여호와의 명령과 법도와 규례를 지키지 아니하고 네 하나님 여호와를 잊어버리게 되지 않도록 삼갈지어다 네가 먹어서 배불리고 아름다운 집을 짓고 거하게 되며 또 네 우양이 번성하며 네 은금이 증식되며 네 소유가 다 풍부하게 될 때에 두렵건대 네 마음이 교만하여 네 하나님 여호와를 잊어버릴까 하노라 여호와는 너를 애굽 땅 종 되었던 집에서 이끌어 내시고 너를 인도하여 그 광대하고 위험한 광야 곧 불뱀과 전갈이 있고 물이 없는 건조한 땅을 지나게 하셨으며 또 너를 위하여 물을 굳은 반석에서 내셨으며 네 열조도 알지 못하던 만나를 광야에서 네게 먹이셨나니 이는 다 너를 낮추시며 너를 시험하사 마침내 네게 복을 주려 하심이었느니라 또 두렵건대 네가 마음에 이르기를 내 능과 내 손의 힘으로 내가 이 재물을 얻었다 할까 하노라 네 하나님 여호와를 기억하라 그가 네게 재물 얻을 능을 주셨음이라 이같이 하심은 네 열조에게 맹세하신 언약을 오늘과 같이 이루려 하심이니라 네가 만일 네 하나님 여호와를 잊어버리고 다른 신들을 좇아 그들을 섬기며 그들에게 절하면 내가 너희에게 증거하노니 너희가 정녕히 멸망할 것이라 여호와께서 너희의 앞에서 멸망시키신 민족들같이 너희도 멸망하리니 이는 너희가 너희 하나님 여호와의 소리를 청종치 아니함이니라

(신명기 8 : 11 – 20)

만나로 먹인 그 이유

너무나 잘 알려진 이솝 우화에 이런 이야기가 있습니다. 개구리들에게 한 가지 소원이 있었습니다. 밤낮 땅에서 기고 있는 개구리가 하늘을 나는 새들을 볼 때마다 자신도 새처럼 날고 싶은 마음이 들었습니다. '왜 우리는 항상 땅에 기어다니고 물속에만 있나?' 이렇게 자기들 신세를 한탄하며 새처럼 푸른 하늘을 날고 싶어했습니다. '왜 이렇게 운명이 비참한가?' 하고 생각하다가 그 가운데 아주 똑똑한 개구리 하나가 어떻게 해서라도 꼭 한 번 하늘을 날아보고 싶어서 독수리한테 갔습니다. 그리고 청원을 합니다. "당신들은 이렇게 늘 하늘을 훨훨 날아다니는데, 우리는 늘 땅에서만 기어 다닙니다. 우리에게 자비를 베풀어서 저도 한 번 하늘을 훨훨 날아갈 수 있게 해주시면 정말 고맙겠습니다." 독수리는 흔쾌히 대답했습니다. "어떻게 하면 좋겠느냐?" 개구리가 아이디어를 냈습니다. 막대기를 하나 물어다놓고 이것을 독수리가 두 발로 쥐고 하늘로 올라가면 자기는 막대기 가운데 부분을 입으로 물고 따라 올라가겠다는 것입니다. 독수리는 개구리의 생각에 동의합니다. 그래서 독수리는 두 발로 막대기를 쥐고, 개구리는 그 막대기를 물고 하늘로 힘차게 올라가게 되었습니다. 어렵지 않은 일이었습니다. 그 큰 독수리가 훨훨 올라가는데 너무나 멋있었습니다. 너무나 환상적이었습니다. 그렇게 하늘을 훨훨 돌고 있는데, 밑에 있던 개구리들이 쳐다보니 그 개구리가 하늘을 날고 있는 모습이 보였습니다. 너무나 부러워서 물었습니다. "누가 이런 기가 막힌 아이디어를 냈느냐?" 그랬더니 그 개구리가 자기를 자랑하고 싶어서 "내가 했지" 하고 말하려고 입을 벌렸습니다. 그래 그만 그 개구리는 그대로 추락해버리고 말았습니다. 이 이솝우화가 말해주려고 하는 것이 무엇입니까? 우스갯소리 같지마는, 많은 진리가 이 속에 담겨 있습니다.

　오늘본문 16절은 말씀합니다. "네 열조도 알지 못하던 만나를 광야에서 네게 먹이셨나니 이는 다 너를 낮추시며 너를 시험하사 마침내 네게 복을 주려 하심이었느니라." 마침내 복을 주시려 함이니라— 이것을 알아야 합니다. 우리는 시험을 통해서 성장하고, 시험을 통해서 깨닫고, 시험을 통해서 온전하게 됩니다. 그리고 마침내 복을 주시려고 하나님께서 만나를 주셨다는 것입니다. 시험입니다. 아무래도 시험은 별로 좋은 것이 아니지요. 학교에서도 제가 여러 해 가르치면서 보면 꽤 나이많은 신학생들인데도 불구하고 어떻게 해서든지 시험을 안보려고 "무시험 하면 안되겠습니까?" 하고 질문하는 학생들이 많습니다. 그러나 사실 시험은 필요합니다. 시험은 꼭 있어야 합니다.　공부하면서 생각해봅니다. 그 시험이 없다면 어떻게 되겠습니까. 확실히 시험은 중요한 것입니다. 시험을 통해서 발전하는 것입니다. 시험이 없는 사람은 죽은 사람입니다. 죽은 사람에게는 시험이 없습니다. 살아 있는 동안, 내가 숨을 쉬고 있는 동안, 의식이 있는 동안은 계속 시험이 있습니다. 시련이 있습니다. 아니, 있어야 합니다. 오늘본문이 주는 귀한 교훈은 이 시험의 끝은 무엇인가 하는 것입니다. 마침내 복을 주시려 함이라고 말씀합니다. 얼마나 귀한 말씀입니까. 최종적으로 결국 복을 주시기 위하여 우리에게 시험이 있다는 것입니다.

　이 시험에 대해서 오해가 너무나 많습니다. 여기서부터 생각을 해야 됩니다. 우리는 흔히 실패하면 시험인 줄 알고, 성공하면 시험이 아니라고 생각합니다. 그렇지 않습니다. 병들면 시험이라고 합니다. 그리고 건강하면 시험이 아니라고 생각합니다. 무엇이 잘못되면 시험이라고 해서 울부짖고, 괴로워하기도 하고, 기도도 합니다마는, 일이 뜻대로 잘되면 시험이라고 생각하지 않습니다. 목회하면서 보니 어떤 사람들은 개인적으로 나와서 철야기도도 하고, 금식기도도 하고, 몸부림치면서 기도합니다. 어려운 일 당한 사람들입니다. 그러나 일이 잘돼서 성공하면 철야기도 안합니다. 자녀들이 시험 본다고 해서 합격해달라고 어머니들이 밤새워 기도하지마는, 합격한 다음에 기도하는 사람 보았습니까? 저는 하나도 못봤습니다. 그것 참 묘한 일 아닙니까. 여기에 시험이 있습니다. 사실은 어느 쪽이 시험입니까? 건강이 시험입니까, 병이 시험입니까? 조지 왁스의 유명한 명언이 있습니다. '마귀도 병들면 천사가 된다.' 악한 사람도 병들어 누우면 착해집니다. 건강하니까 문제가 됩니다. 조폭이 다 건강해서 그런 것 아니겠습니까. 주먹이 세니까 조폭이지, 비실비실하면 조폭 되겠습니까. 생각하면 이것이 더 큰 시험입니다. 건강, 형통함, 성공이 시험입니다. 제가 만들어놓은 잠언이 하나 있습니다. '작은 성공이 큰 미래를 망친다.' 우리 앞에 있는 작은 성공, 별것도 아닌 것인데, 여기에 도취되어가지고 일생을 망치는 사람이 있습니다. 정말 일생이 망가집니다. 제가 아는 잘 아는 분들 가운데도 그런 사람들이 있습니다. 옛날 어려울 때 공부해서 남들 못들어가는 일류대학에 들어갔습니다. 좋은 일입니다. 그런데 그 일류대학 나왔다는 것 하나 때문에 일생이 망가졌습니다. 말끝마다 '내가……' 그래서 어쩌라는 말입니까. 맹랑한 것입니다. 저는 많이 보았습니다. 그 사람 일류대학 안나왔으면 좋은 사람 되었을 텐데 말입니다. 그래서 말인데, 학교는 몇 번 떨어지고 들어가는 것이 좋습니다. 단번에 들어갔다고 자랑할 것이 못됩니다. 잘못하면 일생이 망가지기 때문에 그렇습니다. 이것은 제가 50년 목회에서 경험한 것입니다. 성공이 무서운 시험이요, 건강이 시험입니다. 형통함이 시험이라는 것입니다.

오늘본문은 말씀하지 않습니까. '내 힘으로 얻었다 할까 하노라.' 성공해서 부자 될 때 내 힘으로 성공했다고 생각하는 순간 시험에 빠지는 것입니다. 또 시험을 당할 때 원인분석을 합니다. '이것이 나 때문일까, 남 때문일까? 내가 피해자냐, 가해자냐?' 여기에 시험이 있는 것입니다. 우리는 언제나 자신이 피해자라고만 생각합니다. 가해자라는 생각은 잘 하지 않습니다. 내가 누구 때문에 손해를 보았다는 생각은 하지만, 나 때문에 손해를 본 사람, 나 때문에 우는 사람을 생각하는 사람은 없습니다. 바로 이것이 문제입니다. 바로 이것이 시험입니다. 또한, 시험 중에 깊이 생각해야 합니다. '그 종국은 무엇이냐? 그 궁극적 관심은 무엇이냐?' 이 모든 시험은 다 과정에 불과하고, 이 모든것을 통하여 끝에 가서는 마침내 복을 주시려 한다는 여기에 열쇠가 있습니다. '마침내 복을 주시려 한다.' 끝에 가서 복이 될 것이기에 지금은 복을 지향하는 과정일 뿐입니다. 오늘 당하는 이 모든 시련은 복으로 가는 길이요, 복을 위해서는 필요한 필수과정입니다. 이 과정이 꼭 있어야 합니다. 저는 옛날에 공부하면서 그런 생각을 했습니다. 너무나 어려웠습니다. 제 호적이 기숙사입니다. 집이 없어서 겨울방학에도 갈 데가 없었습니다. 기숙사 방에서 추운 겨울을 지내야 했는데, 너무나 고통스러웠습니다. 그렇지마는, 최종에는 내가 목사가 되어서 하나님의 일을 한다는 생각으로 낙심하지 않고 공부했습니다. 그러나 하도 추우니까 할 일이 없어 도서관에서 책을 가져다가 부지런히 겨울에도 앉아서 책을 읽었습니다. 그렇지 않으면 추워서 못살겠는 것입니다. 집중하지 않으면 견디기 힘들었습니다. 그래서 이것은 어디까지나 거짓말입니다마는, 제가 도서관 책을 다 읽었다는 소문이 났습니다. 아무튼 겨울 방학에도 책을 갖다 놓고 앉아서 읽던 생각이 납니다. 생각하면 고생스럽고 어려웠습니다마는, 어떻습니까. 제가 얼마나 공부를 잘했는지 아십니까? 졸업하자마자 바로 강사로 들어갔습니다. 신학대학 졸업하고 바로 신학대학에서 가르쳤습니다. 제가 무엇을 가르쳤는지 저도 모르겠습니다마는, 좌우간 그만큼 인정을 받았습니다. 어려운 시련이 얼마나 소중한가를 알아야 합니다. 지금부터 이것이 마침내 복을 주시려는 그 복을 지향하는 과정인 줄을 알아야 합니다. 지금도 복이다, 지금도 이것이 복이라는 믿음을 가지고 살아가야 한다는 말씀입니다.

　오늘본문은 '낮추시며, 주리게 하시며, 그리고 만나를 주셨다'고 말씀합니다. 신명기 8장 3절은 말씀합니다. "너를 낮추시며 너로 주리게 하시며 또 너도 알지 못하며 네 열조도 알지 못하던 만나를 네게 먹이신 것은 사람이 떡으로만 사는 것이 아니요 여호와의 입에서 나오는 모든 말씀으로 사는 줄을 너로 알게 하려 하심이니라." 아주 중요한 것입니다. 왜 이렇게 만나로 먹이셨을까요? 그것은 생명의 근원이신 하나님께서 우리를 먹이신다는 것, 사람이 떡으로 사는 것이 아니고 말씀으로 사는 것을 알게 하려 하신 것입니다. 만나라는 것이 무엇입니까? 하나님께서 이스라엘 백성을 애굽에서 해방시키십니다. 출애굽, 엄청난 기적입니다. 또 그 다음에는 홍해를 건너 나

옵니다. 엄청난 기적입니다. 광야로 나왔습니다. 먹을 것도 없는 척
박한 곳입니다. 낮에는 타죽고, 밤에는 얼어 죽을 정도로 기온차가
심한 곳입니다. 지금도 이 광야에는 절대 사람이 못들어갑니다. 그
런 무서운 광야를 60만 대중이 지나갑니다. 하나님께서 밤에는 불기
둥으로, 낮에는 구름을 덮어서 잘 지나가게 해주셨습니다. 기적 속
에 살아갔습니다. 물이 없는 곳입니다. 반석에서 물이 나와 그 물을
먹습니다. 참 기가 막힌 이야기입니다. 지금도 이스라엘 나라에 가
면 큰 바위에서 물이 쫙 솟아나오는 것을 볼 수 있는데, '아마 이랬
던 것같다' 하는 생각을 하게 됩니다. 그런가하면 가장 귀중한 것은
만나를 주셨다는 것입니다. 그 만나라는 것은 하늘에서 내려오는 떡
가루입니다. 밤새 이슬과 같이 내려와서 아침에 나가보면 떡가루가
있습니다. 그것을 다 거두어다가 빵을 만들어 먹었다는 것입니다.
이 만나, 과거에도 없었고, 미래에도 없는 것입니다. 조상들도 보지
못한 이 신기한 만나를 그들이 먹었습니다. 하늘양식을 먹었습니다.
정말 귀중한 이야기 아닙니까. 시편 78편 25절을 보면 그것에 전설
을 따라서 '천사의 양식'이라는 별명이 붙었습니다. 하늘에서 빵가
루가 내려와서 이것을 가지고 빵을 만들어 먹는데, 여기에 좀 중요
한 것이 있습니다. 밤마다 내려와 아침에 걷어야 됩니다. 욕심을 부
려서 좀 많이 거두었다가 내일도 먹어야겠다는 생각으로 많이 거두
면 그 다음날에는 썩어버립니다. 꼭 일용할 양식이요, 날마다 먹을
만큼만 내려오는 것입니다. 이것이 얼마나 중요한 것입니까. Daily
bread, 곧 일용할 양식입니다. 그래서 주일마다 교회에 나와야 하는
것입니다. 한 주일 안나오면 시험에 빠집니다. 계속해서 말씀을 먹
어야 합니다. 계속해서 말씀을 들어야 합니다. 그런가하면 또 묘한

것이 하나 있습니다. 안식일은 안식일 전날 두 몫을 거두게 했습니다. 그래 배로 거두었습니다. 안식일에는 걷지 말고, 이미 거두어둔 것을 먹어도 그것은 썩지 않았습니다. 희한하지 않습니까. 안식일에 편히 쉬게 하시기 위해서 안식일 전날은 배로 거두게 하신 것입니다. 그것은 썩지 않는다는 것입니다. 이 속에 또한 신비로운 교훈이 있습니다. 하나님 말씀대로 하는 데 대해서는 하나님께서 책임을 지십니다.

저는 구약성경을 읽을 때마다 그런 생각을 해봅니다. 유월절을 지켜라, 일주일 동안 노는 것입니다. 그 다음에는 장막절을 지켜라, 또 오순절을 지켜라— 한 해에 3주일을 완전히 노는 것입니다. 그런가 하면 월삭을 지켜라, 좀 더 나아가서는 안식년을 지켜라, 무려 한 해를 그저 쉬고 놉니다. 농사도 안짓습니다. 그것도 과학적이랍니다. 과수들도 계속 따먹으면 안된다고 합니다. 한 6년에 한 번은 쉬고, 다음에 다 따야 됩니다. 그래야 그 다음에 더 결실하게 된답니다. 그래서 사람들이 잊어버린 안식년을 식물이 지킨다고 하지 않습니까. 참 귀한 교훈입니다. 또 희년을 지켜라, 5십 년에 한 번 또 희년을 지킵니다. 제가 생각해보았습니다. 그것 다 지키고 나면 언제 일하느냐고 말입니다. 어쨌든 이 사람들 많이 놀았습니다. 그러나 중요한 것은 하나님께서 말씀하시는 안식일, 안식년은 하나님께서 책임을 지신다는 것입니다. 이 때문에 절대로 굶지 않습니다. 아주 중요하지 않습니까. 저는 십계명 읽을 때도 생각을 하는데, 안식일을 지키라고 하시는 말씀을 생각해봅니다. 쉽게 말해서 놀라는 말씀입니다. 일하라는 것이 계명이 아니고, 놀라는 것이 계명입니다. 놀라면 놀아야지요. 왜 일하다 죽어야 합니까. 이 얼마나 어리석은 일입니까. 하나님께서 쉬라고 하시면 쉬어야 됩니다. 이렇게 하는 중에 상징적으로 만나가 있는 것입니다. 만나가 아침마다 내려오는데, 절대 더 거두어도 안되지만, 안식일 전날은 그 배를 거둡니다. 아주 오묘한 말씀입니다. 이 말씀을 잘 따라서 지켜야 합니다. 이것이 무엇을 말하는 것입니까? 그리고 우리에게 무엇을 가르쳐줍니까? 계속 하나님을 의지하라, 내일을 염려하지 마라, 그리고 그날그날 감사함으로 지내라, 겸손하고 온유하게, 전적으로 신뢰하고 감사함으로 지내라…… 하나님께서 원하시는 것입니다. 그래서 내가 재물을 많이 얻었다고 교만하지 말고, 내 손으로 했다고 오만불손하지 말라고 하십니다. 왜 그렇습니까? 오히려 생각한다면 하나님께서 이것을 할 수 있는 능력을 내게 주셨다, 할 수 있는 지혜를 주셨다, 할 수 있는 건강을 주셨다, 할 수 있는 협력자를 주셨다…… 이렇게 감사할 것입니다. 내가 했다는 교만한 마음을 가지지 못하게 하기 위해서입니다.

잊지 말아야 합니다. 철저하게 겸손해야 됩니다. 어느 순간이라도 교만하면 안됩니다. 기도하며 마음을 짚어보십시오. 혹시라도 내 자랑을 하고 있지 않나, 내가 교만하고 있지 않나, 교만한 생각을 하지 않나…… 조심해야 됩니다. 오늘 보니까 두렵건대 아주 두려워하라고 하십니다. 교만해질까 두려워하라— 얼마나 귀중한 말씀입니까. 돈이 있다고 교만하고, 지식이 있다고 교만해서는 안되고, 건강이 있다고 교만할 것도 아닙니다. 오늘 내가 형통했다고 교만하면 안되는 것입니다. 감히 어찌 그런 생각을 할 수 있습니까. 저는 가끔 이런 말을 들을 때 좀 섭섭히 생각했습니다. 양가의 결혼문제 때문에 서로 다투다가 저한테까지 와서 이야기를 하는 사람들이 있습니다. 한번은 두 가정이 왔는데, 보니 신랑이 가난하고 신부집은 부자입니다. 그 부잣집 어머니가 가난한 신랑을 바라보면서 하는 말입니다. 저 가난하고 못난 것이 감히 우리 가문을 어떻게 알고 우리 딸과 결혼하려 하느냐고 말합니다. 그때 가슴이 섬뜩합니다. 저는 아주 좋아하지 않습니다. 옛날 장가갈 때 제가 가난했습니다. 그렇다면 저도 장가 못갔을 것입니다. 말조심해야 합니다. 어떻게 그런 말을 할 수 있습니까. 돈 좀 몇푼 있다고 감히, 안되는 것입니다. 제가 두고 봅니다. 그냥 꽝합니다. 그 한마디 말조심하고, 마음 조심해야 합니다. 어떻게 네가 감히 우리를 넘보느냐, 이것은 안되는 것입니다. 그 돈 몇푼이 뭐 대단한 것입니까. 겸손해야 합니다. 하나님께서 왜 이 만나를 주셨습니까. 그 만나의 이름이 재미있습니다. '만 후'라는 히브리말로, 그 뜻을 그대로 직역하면 '이것이 뭐냐'라는 뜻입니다. 하늘에서 떡가루가 내려왔으니 얼마나 기가 막히겠습니까. 이것이 무엇입니까? 찬송이요, 감사입니다. 그것이 만나입니다. 항상 하나님께 감사합니다. 식사 때마다 감사하고, 아침에 일어날 때마다 감사하고, 길을 걸을 때마다 감사합니다. 감사한 마음으로 겸손해야 감사할 수 있습니다. 바로 그것을 하나님께서는 원하십니다.

그리스도인의 축복관에 대한 7가지 윤리가 있습니다. 첫째, 복보다 복 주시는 자에게 관심을 가져야 합니다. 둘째, 복을 바라기보다 복 받는 자세를 가져야 됩니다. 내가 복 받을 만한 자세가 있나에 관심을 가져야 합니다. 셋째, 복을 받을 때마다 교만할까 걱정해야 합니다. 혹시라도 교만하면 안됩니다. 흔적이 있어서는 안됩니다. 하나님을 망각할까 걱정해야 되는 것입니다. 넷째, 복 자체가 시험이 될 수 있다는 것을 반드시 알아야 합니다. 형통이 시험이요, 영광이 시험이요, 건강이 시험이요, 이것이 더 무서운 시험이 될 수 있다는 것을 생각해야 됩니다. 다섯째, 복 받을 때마다 교만의 함정에 빠지지 않도록 조심해야 합니다. 이기심의 노예가 되지 말아야 합니다. 여섯째, 복 받으면 받을수록 더 겸손해지는 마음을 가져야 됩니다. 마지막으로 일곱째, 동시에 복은 곧 사명이라는 것을 알아야 합니다. 이 복이 나만을 위한 것이 아닙니다. 이 복을 통해서 많은 사람에게 복을 베풀고, 많은 사람을 복되게 하라고 내게 주신 사명이라는 것도 잊지 말아야 합니다. 믿고 순종하는 자에게 하나님께서 책임지고 복을 주십니다. 겸손하고 순종하고, 또 하나님만 신뢰할 때 이 모든 시련의 과정을 통해서 더 겸손해지고, 더 하나님 앞에 감사하게 될 때 마침내 복을 주시는 것입니다. 궁극적인 복을 더하실 것입니다. 하나님께서 왜 우리에게 만나를 주십니까? 왜 일용할 양식으로 제한하셨습니까? 그 속에 깊은 뜻이 있습니다. 그리고 그 주신 말씀에 조용히 응답하면서, 오늘도 약속대로 마침내 주시는 그 복을 받는 성도 여러분이 되시기를 바랍니다. △

신령과 진정으로 예배하는 자

우리 조상들은 이 산에서 예배하였는데 당신들의
말은 예배할 곳이 예루살렘에 있다 하더이다 예수께
서 가라사대 여자여 내 말을 믿으라 이 산에서도 말
고 예루살렘에서도 말고 너희가 아버지께 예배할 때
가 이르리라 너희는 알지 못하는 것을 예배하고 우리
는 아는 것을 예배하노니 이는 구원이 유대인에게서
남이니라 아버지께 참으로 예배하는 자들은 신령과
진정으로 예배할 때가 오나니 곧 이 때라 아버지께서
는 이렇게 자기에게 예배하는 자들을 찾으시느니라
하나님은 영이시니 예배하는 자가 신령과 진정으로
예배할지니라 여자가 가로되 메시야 곧 그리스도라
하는 이가 오실 줄을 내가 아노니 그가 오시면 모든
것을 우리에게 고하시리이다 예수께서 이르시되 네
게 말하는 내가 그로라 하시니라

(요한복음 4 : 20 - 26)

신령과 진정으로 예배하는 자

미국의 보스턴 지역에서 능력 있는 말씀을 전하던 A. J 골든이라는 목사님이 있었습니다. 그는 한평생 아주 능력 있는 말씀의 사자로서 많은 사람에게 큰 감동을 주었고, 귀한 역사적 발자취를 남긴 분입니다. 이 골든 목사님이 큰 교회를 목회하면서 늘 정성을 다하여 설교준비를 했습니다. 그래서 이 골든 목사님은 유명한 설교가로 기억되고 있습니다. 그에 관한 이야기입니다. 어느 날 골든 목사님이 사무실에서 설교준비를 하는데, 너무나 애를 쓴 나머지 준비 중에 피곤이 밀려와 그만 의자에 앉은 채 엎드려 잠이 들게 되었습니다. 그 꿈 내용입니다. 주일에 교인들 앞에서 설교를 하게 되는데, 한 사람도 앉을 자리가 없을 만큼 교인들이 예배당 안에 꽉 차 있어서 목사님의 마음이 기뻤습니다. 그래 감사한 마음으로 설교를 하는 도중에 회중석 가운데에 청년 한 명이 앉아 있는데, 한 30세쯤 되어 보였습니다. 얼굴에는 환한 빛이 있고, 어딘가 모르게 깊은 인상을 주는 청년이 앉아서 설교말씀을 듣고 있는 것이었습니다. 이 청년이 목사님의 시선을 끌었습니다. '아주 특별한 인상의 청년이다.' 목사님은 이런 생각을 하면서 설교를 했습니다. 설교가 끝난 다음에 교인들이 나갈 때 인사를 하면서 유심히 보았습니다. 그 청년이 어디에 있는가 보았는데 보이지를 않았습니다. 그래서 옆에 서 있던 집사님한테 물어보았습니다. "내가 한 30세 되는 청년을 보았는데, 어디 갔는지 보았습니까?" "모르겠는데요?" 목사님은 그 청년을 한 번 만나고 싶었습니다. 안내하는 집사님 한 분이 이 소식을 듣고 목사님께로 와서 혹시 이러이러한 옷을 입은 분이 아니냐고 물었습니다. 목사님이 들어보니 그 청년이 틀림없었습니다. 그래서 "지금 그 청년이 어디에 있습니까?" 하고 물었습니다. "예, 목사님. 방금 저쪽으로 나갔는데요." "저 하나 물어봅시다. 그 사람이 누구입니까?" "예수님인데요." 깜짝 놀라서 꿈에서 깼습니다. 깬 다음부터 그는 일생동안 생각합니다. 이 가운데 예수님께서 계시다, 내 설교를 예수님께서 듣고 계시다는 것입니다. '이 예배 중에 예수님께서 계시다. 우리를 찾아와서 여기에 함께 앉아 계시다.' 이런 마음으로 한평생 설교를 해서 유명한 골든 목사님의 설교가 힘있는 설교가 되었다는 이야기입니다.

　오늘본문에서는 간단한 에피소드처럼 지나가는 이야기지만, 이 속에 엄청난 예배학이 있습니다. 또한 신학이 있습니다. 아주 높고 귀한 구원의 말씀이 여기에 있다는 것입니다. 예배는 간단합니다. 예수님을 만나야 합니다. 예수님을 만나야 하고, 예수님을 만나는 체험이 있어야 하고, 만나는 감격이 있어야 하고, 만남의 깨달음이 있어야 됩니다. 이것이 예배입니다. 그러나 유감스럽게도 세계 교회를 향해서 크게 경고하는 중요한 내용이 하나 있습니다. 「그리스도 없는 기독교(Christless Christianity)」라는 책이 있습니다. 참 놀랍지 않습니까. 이래서 교회가 문제입니다. 교회에 그리스도가 없기에 신앙이 흐트러지고, 세상이 망가지고 있는 것입니다. 깊이 생각해야 합니다. 그리스도 없는 기독교— 저 밖에 문제가 있는 것이 아닙니다. 이 세상에 문제가 있는 것이 아니라, 문제는 교회에 있습니다. 우리 성도들의 마음속에 있습니다. 예수가 없습니다. 교회 안에 예수가 없습니다. 그래서 흔히들 쉽게 생각합니다. '예수를 배운다.'

이 말은 '예수는 선생님이요, 그는 구주가 아니다'라는 것입니다. '예수를 본받는다(Imitation of Christ)' 말은 좋지만, 예수는 우리가 본받는 대상이 아닙니다. 그분은 구주이십니다. 그는 만왕의 왕이시라는 말입니다. 또 혹은 어떤 사람들은 '예수를 닮아간다'고 합니다. 안되는 소리입니다. 누가 예수를 닮습니까. 누가 예수님처럼 합니까. 말도 안되는 소리입니다. 예수님께서 불쌍한 사람을 만나셨으니, 우리가 불쌍한 사람 만난다고 예수님처럼 됩니까.

참 미안한 이야기입니다마는, 제가 인천에서 목회를 14년 동안 했는데, 인천은 아무래도 서울과 다릅니다. 옛날이니까 더더욱 가난하고 어려웠습니다. 그 가난하고 어려운 집들을 다니면서 제가 하루에 평균 스물일곱 집을 심방했습니다. 최고로 서른네 집까지 한 기록이 있습니다. 그러니 얼마나 힘들었겠습니까. 좌우간 구두를 한 해에 세 켤레 신었습니다. 정말 제가 그래서 옛날 어른들이 한 이야기를 한번 외워보았습니다. 목회가 무엇인지 아느냐고, 연자 맷돌을 돌리는 당나귀라는 말이 있습니다. 연자 맷돌을 돌리는 당나귀처럼 새벽기도회 마치고 바로 나가서 심방을 했습니다. 하루 종일 돌아다니고, 저녁 식사 한 뒤에는 직장에서 돌아오는 사람 몇 사람을 찾아서 또 심방을 하고, 집에 들어오면 밤 10시입니다. 그리고 새벽에 또 새벽기도 인도했습니다. 참 그렇듯 힘들게, 열심히 목회해보았습니다. 그러나 제가 저녁에 돌아와서 하나님 앞에 기도할 때 가만히 '내가 지금 뭘 했나?' 하고 생각했습니다. 그러다가 예수님을 생각해보았습니다. 그리고 제가 예수님 앞에 억지를 부렸습니다. 어디까지나 이것은 예수님과 제가 한 농담입니다. "예수님, 예수님께서는 목회하기 좋으셨겠어요. 환자가 있으면 '일어나라' 하시면 되고, 죽은

사람 앞에 가서 '청년아, 일어나라' 하시고, 문둥병 환자는 '깨끗해
져라' 하시면 되었으니 말입니다. 이렇게 목회한다면 얼마나 좋습니
까. 저는 스물일곱 집 다녀왔지마는, 아무것도 한 일이 없습니다. 아
픈 사람 찾아가서 어떡합니까, 주여? 제가 찾아간다고 달라지는 것
있습니까. 맥 빠지고 피곤하게 내가 하루 종일 다녀왔는데, 예수님
께서는 이 사정 모르시지요? 예수님께서는 장례식을 못해보셔서 이
마음을 모르실 것입니다." 누가 예수님을 닮겠다는 것입니까. 무엇
을 흉내 내겠다는 것입니까. 말이 안됩니다. 오늘도 감히 건방진 사
람들이 많습니다. 가난한 사람, 나눔의 교회, 흩어지는 교회, 불쌍한
사람…… 어쩌라는 말입니까? 가서 악수하고 온다고 달라지지 않습
니다. 돈 몇푼 쥐어줬다고 달라지나요? 아니지 않습니까. 누가 예수
님처럼 말입니까? 처음부터 빗나간 이야기입니다. 이것이 바로 그
리스도 없는 기독교입니다. 예수님께서는 말씀으로 오신 하나님이
십니다. 예수님께서는 능력이시요, 예수님께서는 진리시요 부활이
시요 생명이십니다. 어떻게 그 예수를 감히 본받겠다고 합니까. 어
떻게 흉내라도 내겠다는 것입니까. 그러나 요새는 걸핏하면 '예수님
을 본받아, 예수님을 따라서, 예수님처럼……' 합니다. 이것을 요새
우리말로 뭐라고 하는지 아십니까? 웃긴다 그러는 것입니다. 말도
안되는 소리 하고 있지 않습니까. 성경 어디에 이런 말이 있습니까?
예수를 본받아서, 곧 예수를 하나의 휴머니스트로 만들면서부터 기
독교는 쇠퇴해 가는 것입니다. 그리스도가 없습니다. 그리스도 없는
기독교, 그것이 사실입니다.

　　예수님을 만나야 합니다. 오늘본문을 보면 예수님을 만납니다.
우리가 예배 중에 예수님을 만납니다. '영과 진리로……' 여기 '영으

로'라는 말은 '프뉴마티'라는 말로, 일반적인 영이 아닙니다. 그래서 저는 거기다 신령이라고 붙이고, 옛날 번역에는 신령이라고 했는데, 요즘은 영이라고 했습니다. 영이 틀린 말은 아니지만, 중요한 것은 일반적인 영이 아니라는 점입니다. 교회에서 쓰는 성경이 말씀하는 영이니까 신령이 옳다고 생각해서 저는 신령이라고 생각합니다. 또 여기에 진정이라는 말로 번역했는데, '알레테이'란 진리라는 말입니다. 그래서 신령과 진리로— 저는 옛날부터 늘 그렇게 해왔습니다. 그런데 이것을 생각해야 됩니다. 예배 가운데, 설교 중에, 우리의 봉사 중에 주님을 만나는 것입니다. 주님을 전하는 것입니다. 테레사 수녀의 유명한 말이 있지 않습니까. 어떤 사람이 '죽어가는 사람들만 위해서 일평생을 사는데, 왜 그런 소망 없는 일을 합니까. 죽어가는 사람들 돌보아도 곧 죽을 텐데 말입니다' 하고 묻자 그분의 유명한 말이 있지 않습니까. '이 죽어가는 사람들을 위하여 복음을 전하며, 그의 손을 잡고 위로할 때 나는 여기서 그리스도를 만난다.' 그리스도를 만남으로 그것이 예배라는 것을 알아야 됩니다. 바로 이것이 영으로 만나는 것입니다. 신령한 것입니다. 영으로 예배 중에, 기도 중에, 설교 중에, 봉사 중에, 우리 생활 속에, 아니 꿈속에서라도 주님을 만날 때 그것이 바로 예배라는 말씀입니다.

오늘본문은 아주 드라마틱하게 나타납니다. 예배자를 찾으시는 예수님을 볼 수 있습니다. 오늘 이 요한복음 4장을 잘 보면 예수님께서 이 여자를 찾아가 만나주십니다. 아주 독대해서 일대 일로 만나주십니다. 우물가에서 예수님께서 이 여자를 만나주시고, 또 마음 문을 두드립니다. 물 길러 온 여자입니다. 두레박이 없어 우물은 있는데 물을 마실 수는 없습니다. 그래서 이 물 길러 온 여자에게 예수님께서 물 좀 달라고 한마디 하십니다. 우물가에 앉아서 물 주는 것 쉽습니다. 한 두레박 떠서 드리면 되니까요. 하지만 이 여자가 참 까칠합니다. 이스라엘 남자가 왜 사마리아 여자에게 물을 달라고 하느냐고 안줍니다. 인심도 참 야박합니다. 이 사람이 콤플렉스가 있는 여자입니다. 마음에 갈등이 있어서 까칠합니다. 우물가에 앉아서 물 한 그릇을 주지 못하겠다는 것입니다. 그러나 예수님께서는 만나주십니다. 마음을 두드려 주십니다. 아리송한 말씀을 하셨습니다. '네게 물 좀 달라 하는 자가 누구인지 알았더라면 그에게 구하였을 것이요 그가 생수를 네게 주었을 것이다.' 아리송합니다. 그래 이 여자가 또 '그런 물을 내게 주어서 목마르지도 않고, 또 여기 물 길러 오지도 않게 해주세요' 하고 말합니다. 매너가 없습니다. 그러나 예수님께서 말씀하십니다. '내가 주는 물은 영원히 목마르지 않는다.' 신비로운 말씀입니다. 이렇게 계속 사마리아 여자를 만나주십니다. 더 가까이 가십니다. 예수님께서 말씀하십니다. '네 남편을 데려오라'고 진실의 문을 두드리십니다. 그랬더니 여자가 딱 한마디 합니다. '제게 남편이 없는데요.' 여기 귀중한 시간이 왔습니다. 예수님께서 말씀하십니다. '남편 다섯이 있었는데, 지금 있는 남편은 네 남편이 아니니라.' 남의 남편 빼앗아 살고 있습니다. 진실을 말씀하십니다. 이때 여자의 말입니다. '당신은 메시야입니다. 제 모든 사실을 아시니까, 그러고도 나를 만나주시니까 당신은 메시야입니다.' 이렇게 고백하게 됩니다.

이 여자의 진실, 남편이 없습니다. 다른 사람들이 물어보면 내 남편이라고 오늘도 같이 잤고, 같이 사니까 내 남편이지, 무슨 소리냐고 말할 수 있을지 모르지만, 예수님 앞에서만은 진실합니다. '저는 남편이 없습니다.' 예수님께서 '네 말이 옳도다. 네 정직함, 네 진실함, 네 겸손, 이것은 참되다' 말씀하시고, 이 여자를 만나주십니다. 아주 중요한 사건입니다. 이 여자는 마음속 깊은 데서부터 예배할 곳을 찾고 있었습니다. 그리심 산입니까, 예루살렘입니까? 어디서 예배하면 되겠습니까? 어디서 예배하면 내가 구원을 받겠습니까? 이런 갈증이 있었습니다. 구도자의 마음이 있었던 것입니다. 예수님께서 '이곳도 저곳도 아니다. 예배할 때가 오나니 곧 이때라. 바로 이 시간이다' 하십니다. 그리고 예수님께서 '내가 메시야다. 내가 그로라' 말씀하시고, 이 여자를 만나주십니다. 너무나 아름다운 이야기 아닙니까. 이 여자가 정오에 물을 길러 왔다고 되어 있습니다. 이 지역은 뜨거운 사막이기 때문에 아침저녁 서늘할 때 물 길러 오지, 뜨거운 낮에는 물 길러 다니지 않습니다. 물 길러 갈 때 많은 여자들이 같이 갑니다. 그러면서 온 동네 소식을 이야기합니다. 이런저런 이야기를 하면서 오고 가고 하는 것인데, 이 여자는 지금 혼자서 물 길러 왔습니다. 이 땡볕에는 이유가 있습니다. 이 여자 문제가 있는 여자입니다. 그래서 물을 길러 온 것입니다. 이 사람을 만나주십니다. '네 말이 옳도다.' 진실한 말을 인정해주십니다. 이 여자, 자신의 진실을 인정받습니다. 그 다음 예수님께서 자신을 말씀해주십니다. 정직함에 마음의 문을 여셨습니다. 예수님께서 만나주시며 '내가 그로라. 네가 찾는 메시야다. 내가 너를 만나는 것이 바로 예배다. 내가 만나는 것이 곧 구원이다' 하고 말씀하십니다. 여기에 예배자의 감격이 있습니다. 이 여자가 예수님을 만나자마자 확 돌아갑니다. 내가 메시야를 만났다는 것입니다. 그래서 그렇게도 만나기 싫어하던 사람들, 부끄럽고 가능하면 보고 싶지 않았던 그 동네 사람들을 찾아갑니다. 자기를 멸시하던 사람들을 찾아가서 내가 메시야를 만났다고 전도합니다. 거기에는 부끄러움이 없습니다. 새 사람이 되고 전도자가 됩니다. 아주 귀한 시간입니다. 예배자는 이렇게 변하는 것입니다. 이 사람이 말합니다. '와 보라. 내가 메시야를 만났다. 나의 모든 비밀을 다 아는 사람이다. 내가 메시야를 만났다.' 이 감격으로 동네방네 다니며 전도하게 됩니다.

유명한 파스칼의 「팡세」에 이런 말이 나옵니다. '하나님을 알면서도 자기 자신의 비참함을 모르면 교만해지고, 자기 비참함을 알면서 하나님을 모르면 절망하게 된다.' 깊이 생각해야 됩니다. 메디슨 세레트라고 하는 유명한 수학 교수는 시험을 볼 때마다 이렇게 말했다고 합니다. 이제는 유명한 이야기가 되었습니다. 학생들을 앞에 놓고 말합니다. '지금 시험을 봅니다. 시험은 두 가지입니다. 하나는 수학시험이요, 하나는 정직시험입니다.' 여러분도 다 시험을 보았습니다. 시험 볼 때마다 두 가지 시험을 보는 것입니다. 하나는 학과적인 시험이고, 하나는 양심시험입니다. 그래서 세레트는 말합니다. '수학시험은 조금 성적이 나빠도 좋고, 정직함의 시험은 백점을 맞아야 한다.' 그 말이 너무 유명한 이야기가 되었습니다. 우리가 비록 돈을 못벌어도 좋고, 출세 못해도 좋습니다. 그것이 문제가 아닙니다. 하나님 앞에 정직함이 있어야 됩니다. 그래야 주님을 만날 수 있기 때문입니다.

그리스도께서 나를 찾으십니다. 신령과 진리로 예배하는 자를 찾고 계십니다. 베드로가 물고기 잡을 때 찾아가서 베드로를 만나주시는 예수님이십니다. 가장 드라마틱한 장면은 예수님께서 재판받으실 때 베드로가 예수를 세 번이나 모른다고 한 것입니다. 모른다고 할 때 예수님께서 딱 돌아보십니다. 예수님과 눈이 마주쳤습니다. 눈이 딱 마주쳤는데, 주고받는 말은 없지마는, 예수님께서 이렇게 말씀하셨다는 것입니다. '베드로야, 네가 나를 모른다는 것이 사실이냐? 네가 어찌 그리 말할 수 있느냐?' 바로 이것이 주님이십니다. 우리가 시험당할 때 찾아주십니다. 우리가 죄의 길로 빠질 때 찾아와서 만나주십니다. 이것을 잊지 말아야 합니다.

마태라는 사람은 세관에서 세금을 받고 있을 때 예수님께서 그를 만나주셨습니다. 사도 바울은 예수님을 핍박할 때, 교회를 핍박하고 다메섹으로 갈 때 길을 막고 그를 만나주시고 불러주셨습니다. 베데스다 못가에는 38년 된 환자가 있었습니다. 아무도 거들떠보지 않는 환자, 조용하게 예수님께서 개별적으로 찾아가시어 이 사람을 만나주셨습니다. 십자가 옆에 있던 강도가 마지막 숨을 몰아쉬며 고백합니다. '당신의 나라가 임할 때 저를 기억하소서.' 예수님께서 말씀하십니다. 그를 만나주십니다. '네가 오늘 나와 함께 낙원에 있으리라.' 기가 막히지 않습니까. 이것이 바로 예배입니다. 예수님과 나와 만나면서 영적으로 스파크가 일어나는 것입니다. 주의 거룩한 사랑에 감격하게 됩니다. 내가 소중해집니다. 여러분은 구도자가 아닙니다. 배우는 자가 아닙니다. 본받겠다는 사람이 아닙니다. 그리스도는 나의 구주시요, 영과 진리로 오늘도 나와 함께하시는 분입니다. 그는 나를 찾고 계십니다. 우리가 병 걸릴 때, 사업에 실패할 때, 우리가 어려운 일 당할 때 바로 그 시간, 그 현장에서 나를 찾고 계십니다. 그런 나를 만나주십니다. 여기서부터 새로운 역사가 나타나는 것입니다. 죄인 됨을 알면서도 부르십니다. 내 한계를 알면서도 주님께서는 나를 사랑하십니다. 그때마다 하나님의 사랑을 확증하게 되고, 더 나가서는 그 사랑 안에서 내가 너무 소중하다는 것을 재발견하게 됩니다. 이것이 예배입니다. 하나님께서는 신령과 진리로 예배하는 자를 찾으십니다. △

곽선희목사 설교집·강해집·기타

〈강해집〉
(빌립보서 강해) 희락의 복음
(갈라디아서 강해) 은혜의 복음
(고린도전서 사랑장 강해) 진정한 사랑의 의미
(예수님의 이적 강해) 이적으로 계시된 말씀
(사도신경 강해) 사도들의 신앙고백
(야고보서 강해) 참믿음 참경건
(예수님의 잠언 강해) 예수의 잠언
(사도행전 강해)(상) 교회의 권세
(사도행전 강해)(하) 교회의 권세
(로마서 강해) 믿음에서 믿음으로
(고린도전서 강해) 복음의 능력
(고린도후서 강해) 생명에로의 길
(예수님의 비유강해)(상) 하나님의 나라/(중) 이 세대를 보라/(하) 생명
에로의 초대
(에베소서 강해) 내게 주신 은혜의 선물
(골로새서 강해) 위엣것을 찾으라
(데살로니가서 강해) 사도의 정체의식
(디모데서 강해) 네 직무를 다하라

〈기타〉
행복한 가정/참회의 기도/영성신학/종말론의 신학적 이해/생명의 길